赫尔巴特

(Johann Friedrich Herbart，1776—1841)

◆ 本书是西方“科学教育学的奠基人”赫尔巴特的经典著作，被称为教育史上第一部具有科学体系的教育学著作。内容主要包括三编：教育的一般目的、兴趣的多方面性、道德性格的力量。主要的教育观点包括：教育的最高目的是道德和性格的完善；教育学要根据伦理学建立教育目的论，根据心理学建立教育方法论；教育要根据学生的多方面兴趣，发展学生的多方面潜能；教学可以按照清楚、联合、系统、方法四步去进行。赫尔巴特的教育理论对 19 世纪以后的教育实践和教育思想产生了巨大影响，被看作是传统教育理论的代表。

外国教育名著丛书

普通教育学
PUTONG JIAOYUXUE

［德］赫尔巴特 著
李其龙 译

人民教育出版社
·北京·

图书在版编目（CIP）数据

普通教育学/（德）赫尔巴特著；李其龙译. —北京：人民教育出版社，2015.1（2025.7 重印）
（外国教育名著丛书）
ISBN 978-7-107-28601-8

Ⅰ. ①普… Ⅱ. ①赫… ②李… Ⅲ. ①教育学 Ⅳ. ①G640

中国版本图书馆 CIP 数据核字（2014）第 302519 号

外国教育名著丛书　普通教育学

出版发行　人民教育出版社
（北京市海淀区中关村南大街 17 号院 1 号楼　邮编：100081）
网　　址　http://www.pep.com.cn
经　　销　全国新华书店
印　　刷　保定市中画美凯印刷有限公司
版　　次　2015 年 1 月第 1 版
印　　次　2025 年 7 月第16次印刷
开　　本　890 毫米×1 240 毫米　1/32
印　　张　8.75
插　　页　1
字　　数　226 千字
印　　数　52 001～56 000 册
定　　价　36.00元

《外国教育名著丛书》再版说明

在人类数千年的教育史上产生过无数鸿篇巨制，尤其是近现代以来，许多教育家、思想家、理论家和实践家，通过对人类教育所进行的长期艰辛的探索、严密的思考和审慎的研究，撰写了不少对人类教育发展产生了巨大而深远影响的伟大著作。即使人类历史进入了21世纪，这些著作仍然保持着强盛的生命力。

本着“服务教育、繁荣学术、积累文化”的宗旨，在原社长兼总编辑叶立群倡导下，人民教育出版社组织专家学者从这些著作中精选了对世界和中国教育产生过并将继续产生重大影响的作品，汇编成《外国教育名著丛书》。这套丛书共40种46册，自1984年陆续出版以来，受到教育界、学术界的热烈欢迎和普遍好评，一经问世即售罄。为满足读者尤其是高等院校教育专业师生教学与研究的迫切需要，我社2001年曾从这套丛书中选择了部分图书进行重印，以解燃眉之急。现在，我社决定全面再版这套丛书，在文字和技术上进一步做了编辑工作。热忱希望广大读者对这套丛书的编辑出版工作提出宝贵意见，以使之更臻完善。

人民教育出版社

2004年2月

《外国教育名著丛书》出版说明

为了发展我国社会主义教育事业，建立具有中国特色的社会主义教育体系，不仅需要研究我国教育的历史和现状，总结我国教育的经验，而且需要研究外国教育的历史和现状，借鉴外国教育的经验。为了给我国教育工作者提供研究外国教育思想的理论著作，并给师范院校提供教学参考书，我社决定出版这套丛书。

这套丛书选收古代、近代、现代对世界、对中国有较大影响的外国教育家、心理学家的有代表性的教育理论著作，包括整本专著、文章汇编或者著作节选。

毋庸置疑，本丛书所收选的书既闪耀着人类教育智慧的光辉，又由于作者所处时代、阶级的限制不可避免地存在着糟粕；有的虽非糟粕，但由于地区条件的不同，也可能并不适合于我国。因此，我们在阅读时一定要以马克思列宁主义、毛泽东思想作武器，对书中的内容进行分析，批判地吸收其中有益的东西，而不要照搬照抄。

为了帮助读者阅读和理解书的内容，我们请译者或有关专家为每一本书撰写了前言，有的书还附有年表、图片或其他参考资料。当然，前言只是一家之言，而不是对某书的定评；读者完全可以对这本书进行更加广泛更加深入的研究。

由于我们水平有限，经验不足，本丛书定有不少缺点和错误，欢迎读者批评指正，以便我们改进工作。

人民教育出版社

1984 年

译者前言

约翰·弗里德里希·赫尔巴特（Johann Friedrich Herbart，1776—1841）是德国著名的教育家、心理学家和哲学家。从19世纪中叶以来，几乎没有一个教育家像他那样对学校教育实践有如此直接、如此广泛、如此巨大、如此久远的影响。在西方教育史上，他被誉为“科学教育学的奠基人”；他的教育理论代表作《普通教育学》被视为教育史上第一部具有科学体系的教育学著作。德国杰出的教育史家鲍尔生写道：“在很长的时期里，人们便把‘赫尔巴特理论’和‘科学教育理论’作为同义词。”①

一、生活与实践

赫尔巴特在1776年5月4日生于德国奥尔登堡一个司法官家庭。其母亲是个有教养的人，聪慧而意志坚强。赫尔巴特从小在她的熏陶下成长。因为赫尔巴特幼年时不幸跌入沸水中，童年时期身体一直很弱，所以母亲为他请了家庭教师，让他在家学习。这位家庭教师是沃尔夫学派的哲学家于尔岑（Ültzen），有比较丰富的教育经验。在他的教育下，赫尔巴特在语言、逻辑、哲学等方面受益匪浅。这时他已对哲学萌发了浓厚的兴趣，并接触到了许多关于沃尔夫哲学、心理学和伦理学方面的问题。

---

① ［德］弗·鲍尔生著，滕大春、滕大生译：《德国教育史》，人民教育出版社1986年版，第165页。

1788年，12岁的赫尔巴特进入奥尔登堡拉丁语学校（1792年改为文科中学）二年级学习，并于1794年从该校毕业。在这期间赫尔巴特已开始钻研康德哲学思想了。他的兴趣是多方面的，在学校他爱好哲学、物理学、数学和历史学，在课余他学习了钢琴、小提琴等四种乐器的演奏与谱曲。11岁时他已能登台演奏钢琴，在1808年还发表了他创作的一首奏鸣曲。他不但聪明，而且勤奋好学，意志顽强。17岁时，他曾为毕业班同学作了题为“略论一个国家中道德兴衰的一般原因”的报告。从报告中可以看出他所受法国革命的影响。这一报告受到了好评，并被刊登在当地一家杂志上。在他毕业时，他用拉丁语作了讲演，对西塞罗与康德的至善观念与实践哲学原理作了分析比较，深受赞许。学校在他的毕业评语中写道：“在毕业生中，如同在他所有的同学中那样，赫尔巴特始终以守秩序、有良好的操行、学习用功和顽强著称，并且努力通过孜孜不倦的勤奋学习使自己出色的天赋得到了发挥与训练。”①

根据他父亲的意见，赫尔巴特于1794年进了耶拿大学学习法学。耶拿大学是当时德国的哲学中心。他入学的那年，正巧费希特开始在耶拿大学任哲学教授。赫尔巴特被哲学深深吸引，不久就成了费希特热诚的学生，他对费希特的教学评价极高。然而，虽然他非常感激这位导师的教诲，认为没有费希特他将在哲学方面一事无成，但他已渐渐地成了费希特哲学的批判者，并与费希特的哲学分道扬镳，走上了自己独立的道路。

在耶拿，赫尔巴特加入了“自由协会”，该协会每隔两周聚会一次，由各会员发表文章与评论，开展讨论。议题常常是法国革命、康德和费希特哲学以及当代德国新诗，特别是席勒与歌德的诗作，有时候也探讨一些现实政治问题。赫尔巴特认为每个人应树立

---

① 转引自［德］G. 魏斯：《约翰·弗里德里希·赫尔巴特传略》，朗根萨尔察，1926年版，第10页。

公民意志，而公民意志主要表现在行动上。这种行动可以是政治活动，也可以是教育工作。他自己毫无疑问地选择了后者。

自赫尔巴特到耶拿后，其母亲因与丈夫感情不和而颇觉孤独寂寞，于是便移居耶拿与赫尔巴特住在一起。她在耶拿大学结识了不少教授，也结识了席勒，与他建立了友谊。她有意识地通过这种友好交往使赫尔巴特受到席勒的有益影响，并使他也同席勒建立了友谊。

赫尔巴特和康德、费希特、黑格尔一样都有当家庭教师的经历。按照母亲的意见，他到瑞士一个贵族家里当了三年家庭教师。赫尔巴特对施泰格尔家庭的教学条件相当满意。施泰格尔赏识赫尔巴特的才华，放心地将其三个孩子交给他管教。赫尔巴特不仅在这里得到了一个安静的工作环境，而且获得了进行教育实践的好机会。这种实践活动丰富了他的教育经验，对他以后教育理论的形成产生了很大影响。他开始对教育萌发越来越大的兴趣。在瑞士他拜访了当时已负盛名的教育家裴斯泰洛齐，旁听了裴斯泰洛齐的课，与他结下了忘年之交。这位53岁的教育家常常从布格多夫前往伯尔尼看望赫尔巴特，① 两人频繁交往，切磋教育问题。赫尔巴特后来成了第一个在德国用文字传播裴斯泰洛齐教育思想的人。他在1802年发表的《论裴斯泰洛齐的新作〈葛笃德怎样教育她的子女〉》一文，形象生动地、富有启发性地介绍了裴斯泰洛齐的教育思想。

赫尔巴特在瑞士期间正好是欧洲发生政治大地震的年代。法国革命冲击着欧洲。这导致了瑞士贵族统治的崩溃与法国式的共和国的诞生。施泰格尔作为瑞士很有影响的贵族受到了很大的打击。赫尔巴特的工作一度受到影响。他表现出对当时的政治缺乏热情，希

① 德国研究赫尔巴特的专家阿施穆斯认为，有关裴斯泰洛齐常去伯尔尼看望赫尔巴特的说法，出自施泰格尔的日记，当时施泰格尔已74岁高龄，可能是把事情搞颠倒了，事实上可能是赫尔巴特常去拜访裴斯泰洛齐。——译者注

望在伯尔尼风景秀丽的平静环境中不受干扰地工作若干年，但政治事件阻碍了他的愿望的实现。同时其父母要他回乡谋取一官半职，于是他于1800年辞去家庭教师工作，回到了奥尔登堡。

这时候，赫尔巴特内心充满着矛盾，他自己希望研究哲学，将来争取在大学里谋一个教席，而他母亲要他从事一种实际的职业。她深信哲学不会产生面包。正当他处在困苦之中的时候，友谊给他带来了安慰。他的朋友施密特——一位不来梅的议员——写信邀请他前往不来梅。在那里他得以继续研究哲学。他一面接受了邀请，为一位青年准备大学学习作辅导，担任一所教堂学校的数学教学工作，并给三位贵妇人上课；一面进行自己的研究与写作。他的思想渐趋成熟。他被邀请对文科中学改革提建议，在不来梅学术团体“博物馆”作教育学讲演。正是在那里他开始利用他在瑞士获得的宝贵经验，结合他的哲学研究，尝试从哲学的角度说明教育目的。他首次在当时声望很高的学术杂志《格廷根学术指南》上发表论文。

1802年赫尔巴特从不来梅移居格廷根，在那里既作为一些年轻人的教师，又作为学生听格廷根大学开设的法典和高等力学等课程。他与许多年轻人交往，并建立了一个新的“自由协会”。不久他通过了博士学位考试，稍后又获得了教授备选资格，开始了他的大学教学生涯。他作为讲师在格廷根大学讲授哲学与教育学。刚刚登上大学讲台的他必须加倍努力把课教好。而他的努力并没有付诸东流，他的讲演很快为人们所注意。三年之后他的影响越来越大。海德堡大学向他发出了担任该校正教授的邀请书。但他这时还迷恋着格廷根的学术环境，谢绝了这一邀请，宁肯接受格廷根大学对他担任副教授的聘请，继续留在格廷根进行教学和研究。

1806年他发表了著名的《普通教育学》，接着又发表了《形而上学概要》《逻辑概要》《一般实践哲学》等。1808年他在给朋友的信中写到当时格廷根逐渐恶化的境况：“现在一切是如此阴暗，因此我常常认真地考虑离开这个地方。”① 正在这时柯尼斯堡大学向他发出了接任该校康德哲学教席的邀请，于是他欣然接受，于1809年前往柯尼斯堡。他在给友人施密特的信中写道：“我能有此机会获得那个教席乃是意想不到的荣幸，我在少年时代学习柯尼斯堡哲人著作时已常常在充满景仰的梦中渴望这一教席了。”②

赫尔巴特在柯尼斯堡度过了四分之一世纪，这是他学术生涯的高峰期。当时普鲁士战败于法国，并被迫与法国签订了屈辱的《梯尔西特和约》。普鲁士国王威廉三世立志进行教育改革，主张通过精神力量来补偿物质方面的损失。这一切也正符合赫尔巴特的愿望，他积极参与了改革活动。他创办了教学论研究所、教育研究所、师范研究班和附属实验学校，按照他的理论来培训教师，并使他们有实践的机会。他认为教育学不能仅仅停留在理论上，必须加以示范与实习。他定期向有关教育当局汇报他的实践工作，受到了高度重视。他被聘为柯尼斯堡“公共教育学术团”的成员，负责考核高级中学见习教师以及文科中学毕业生成绩，审核教科书、教学计划，后来还担任过该机构主席，并在1829年被任命为教育委员。

他在柯尼斯堡大学的讲学颇受学生们的欢迎。他讲演时，教室里座无虚席，不少学生在他上课前就在教室门口等候工友开门。与此同时，他大力开展心理学研究，撰写了《心理学教科书》《论数学应用于心理学的可能性与必要性》等重要心理学著作。

赫尔巴特的住处与实验学校的学生宿舍正好在一起，因此他常常接触这些学生的家长。后者多数是官吏与贵族。这无疑对他的立场、观点有不可抹杀的影响。

1815年在维也纳召开的神圣会议结束以后，德国各邦的政府

---

① 转引自［德］G. 魏斯：《约翰·弗里德里希·赫尔巴特传略》，朗根萨尔察，1926年版，第39页。

② ［德］V. W. 阿施穆斯：《赫尔巴特》第一卷《思想家》，海德尔堡，1968年版，第268页。

转向保守、反动，在教育上也开始采取反动措施。1824年普鲁士颁布反动命令，反动势力对大学进行严格控制。学生团体被取缔了，师生言行受到监督。赫尔巴特对这种监狱式的生活越来越感到不舒服，加上柯尼斯堡的气候对他健康不利，他便产生了离开的念头。但当时他的同事与学生对他的这个念头还是半信半疑，后来得知他真的接受了格廷根大学的聘请，大家都深表惋惜。他们出于对他的崇敬，在他生日的时候开了一个音乐晚会欢送他。

1833年他到格廷根大学第二次执教，当时大家对哲学的兴趣渐淡，而且学生的科学精神较差，但他的教学越来越受到学生的欢迎。1837年威廉四世去世。新国王即位以后决定撤销1819年带有民主主义色彩的宪法。七名教授联名抗议国王的这一行动，这就是德国历史上著名的“格廷根七教授事件”。当时身为格廷根大学哲学院院长的赫尔巴特虽反对国王的做法，但没有加入签名者行列，并在国王开除这七名教授后，避免与他们来往，这引起了广大学生对他的不满，并抵制他的课。听他课的学生大大减少。对此他写了《对格廷根危机的回忆》，希望能在他死后发表。他认为抗议行为不会有结果，只能给大学带来害处。他说：“评判德国人的政治生活能作出什么样的改善，能改善多少，这不是我的事情。我只能说大学精神不能模仿政治生活，因为大学的本质在科学中。”① 但是这一切不能消除他内心受到的打击。从此他感到生命的高峰已经过去。他的精力衰退了，尽管后来学生还是恢复了对他的热诚。1841年8月11日他猝然昏厥，并于14日与世长辞。8月16日他的亲属、朋友、学生把他安葬在老式的阿尔巴尼教堂公墓。在他的墓碑上镌刻着这样的墓志铭：

① 转引自［德］G. 魏斯：《约翰·弗里德里希·赫尔巴特传略》，朗根萨尔察，1926年版，第57～58页。

探求神圣深湛的真理，
甘于为人类幸福奋斗，
是他生活之鹄的。
此刻，他的自由的灵魂，
充满光明，飞向上帝，
此地，安息着他的躯体。①

二、政治观点与哲学思想

赫尔巴特生活的年代正是欧洲大陆资本主义处于上升时期的年代。当时德国是一个经济上相当落后、政治上分裂的封建王国。刚刚诞生并逐渐成长的资产阶级力量极为软弱，但由于不能忍受封建统治阶级的压迫，已表现出对封建贵族统治的不满，有了争取自己地位与权力的要求。正如恩格斯指出的那样："德国中间阶级或资产阶级的政治运动，可以从 1840 年算起。在这以前，已经有种种征兆表明，这个国家的拥有资本和工业的阶级已经成熟到这样一种程度，它再也不能在半封建半官僚的君主制的压迫下继续消极忍耐了。"②

从 18 世纪末至 19 世纪初，启蒙运动、法国革命和拿破仑时期，德国各邦的君主大多力求实行较开明的政治，改革教育，努力发展教育。在意识形态方面，德国正处在启蒙运动顶峰时期，出现了一个充满着"叛逆精神"的批判时代，涌现了许多伟大的思想家、文艺家，其中有诗人歌德、席勒，哲学家康德、费希特和黑格尔，作曲家贝多芬等。

---

① 转引自［德］G. 魏斯：《约翰·弗里德里希·赫尔巴特传略》，朗根萨尔察，1926 年版，第 59 页。

②《马克思恩格斯全集》第 8 卷，人民出版社 1995 年版，第 14 页。

赫尔巴特的政治观点与社会态度深深地打上了他所处时代的思想潮流的烙印。他早期向往自由、解放与社会变革，希望建立一个讲道德、有理性的幸福社会。在大学学习期间他加入了“自由协会”，受到了不少激进同学的影响。在他彷徨时，“自由协会”使他振奋，使他充满信心。他说：“我要不断努力向上，带着火一般的热情不知疲倦地进行斗争——直到坟墓打开，太阳神把她的光芒播撒在我身上……”①

他在《教育学讲授纲要》中提出了“可塑性”这个教育学的基本概念，认为人人具有可塑性，人人都能受教育。他写道：“每个学生不管其身份地位有何差别，都必须养成求学的习惯，使自己成为整个社会的有用之才……”② 同时，他认为人人都应受平衡的多方面的教育，认为：“多方面性是没有性别、等级和时代差别的。它具有灵活性与普遍存在的可接受性，适合于男女老少，任意地存在于贵族和平民身上……”③ 同时他强调重视个性，追求个性的和谐发展。这一切都明显地体现了资产阶级民主主义思想，在当时历史条件下无疑是进步的。

赫尔巴特坚定地树起了教育改革的旗帜，与当时德国传统的教育制度相悖。他明确地提出，国家不应干预教育，指出“由国家方面来安排的教育最后会违背国家本身”④。这显然表明了他企图使教育摆脱封建专制统治的影响，使其为资本主义发展服务并朝着资本主义教育制度方向发展。

赫尔巴特的国家观与社会观具有温和的自由主义色彩，介于自

---

① 转引自［德］G. 魏斯：《约翰·弗里德里希·赫尔巴特传略》，朗根萨尔察，1926年版，第17页。

② ［德］赫尔巴特著，李其龙译：《教育学讲授纲要》，人民教育出版社2015年版，第10页。

③ 本书第38页。

④ 转引自［德］B. 艾伯特：《赫尔巴特教育学体系的作用》，本书第192页。

然法思想与后期浪漫主义国民组织学说之间，是两者的妥协，但更接近启蒙运动派的自然法思想。他认为国家应当按一定的道德规范组织起来，应当是一种“有灵魂的社会”①。

在赫尔巴特生活的时期，德国出现了1815～1830年和1832～1840年两个政治反动时期，资产阶级争取到的某种程度的自由与民主等权利遭到剥夺。反动势力对大学进行了严格限制和控制，师生的言行、教授的讲义受到了监督与检查。1819年，普鲁士政府利用激进派学生杀死了一个俄国奸细的机会，镇压学生和教师的自由主义运动。赫尔巴特对此表示反对，他在讲演中谈到自己所感受到的压抑，婉转地抗议政府的压制措施，呼吁不应当因为青年人的过激行为而侵犯学术自由。

但是，赫尔巴特的政治观点明显地反映了当时德国新兴资产阶级的软弱性与妥协性的特征，表现出某种程度的保守性。赫尔巴特早期虽然主张解放，主张打碎封建等级制度的锁链，主张社会变革，但是他认为这种变革的杠杆是教育。在他看来，通过教育可以培养德性，传递文化，从而使国家变成一个有道德的理性社会。他说“道德的进步”通过教育比通过“国家改革”或“革命”更有希望实现。② 出于资产阶级的妥协性他对资产阶级在封建专制下争得的权利感到满足，强烈主张维持现有社会秩序，并写道：“我们生活在正统和自由的统治下，这种统治也许能够通过保护我们而持续地给我们带来幸福，只有在这种保护下才可能使我们如此从容地、如此无拘无束地……触及各种政治意见。”③ 他一直希望保持社会秩序，主张通过对学生同情心的培养，“让他了解自己在其一切社会关系中所具有的正确地位，并让他感到其生存的全部条件与对他

---

① 详见［德］B. 艾伯特：《赫尔巴特教育学体系的作用》，本书第188页。

② 转引自［德］F. 霍夫曼主编：《约翰·弗里德里希·赫尔巴特教育学文选》，柏林国营人民与知识出版社1976年版，“引言”第16页。

③ 转引自［德］B. 艾伯特：《赫尔巴特教育学体系的作用》，本书第189页。

人的依赖性。通过同情心把这种感觉化为对所有人相互依赖的了解，通过越来越清楚地了解和越来越如所期待的那样明白社会运动在不断进行，乃至反复来回摇摆，儿童必然会珍惜一般秩序，不损害这种秩序，甚至觉得值得为这种秩序作出牺牲，假如有一次可能要求他立即作出牺牲的话。”①

赫尔巴特步入老年后政治观点更趋保守，如果说他在年轻时还有一定的政治热情，参加并组织诸如“自由协会”等自由运动，那么到了老年，这种热情丧失殆尽。这充分反映在他对1837年的“格廷根七教授事件”的态度中。

与夸美纽斯、卢梭、裴斯泰洛齐和第斯多惠等伟大的教育家相比，赫尔巴特无疑缺少前者所具有的那样高的积极性去为社会进步而斗争。

赫尔巴特在年轻时期就对哲学产生了强烈的兴趣，并深受莱布尼茨、沃尔夫、康德和费希特等哲学家的影响，其中康德和费希特的哲学思想对他的影响特别深。但赫尔巴特并不停留在追随康德和费希特的哲学学说方面，而是很快就独辟蹊径，独树一帜，站到了对康德，特别是对费希特的批判战线上。

赫尔巴特自称是个实在论者，他说：“这里我可以假定，人们从我的形而上学的主要观点出发可以了解我是个实在论者，我是在驳斥唯心主义的基础上建立实在论的。”②

赫尔巴特同意康德关于“自在之物”存在的说法，认为物质是实在的。他不同意康德关于主体先天就具有感觉形式，而没有这种形式主体就不能取得任何感性认识的观点。他认为人能通过经验揭示现象，而现象蕴含着实在，现象恰恰在同样程度上暗示存在。

费希特从右边批判继承了康德哲学，发展了康德唯心主义的一

① 本书第87页。

② 转引自［意］B. M. 贝莱拉泰：《约翰·弗里德里希·赫尔巴特与德国科学教育学的建立》，汉诺威，海曼·施洛德尔出版社1979年版，第126页。

面，摒弃了带有唯物主义倾向的“自在之物”的观点，认为这是康德哲学中“没有意义的幽灵”。他认为“自我”创造一切，在“自我”之外没有独立存在的其他事物，指出认识的本源是“自我”，心是构成一切东西的基础。赫尔巴特明确反对费希特的论断，认为认识来源于经验。他写道：“感觉是唯一我们能把握的本源事件。”①

康德认为空间与时间是主观认识事物的先天具有的感觉形式，是主观加到“自在之物”之上的。而赫尔巴特则认为空间与时间是客观的，指出经验中的空间与时间是不能任意改变的，只能客观地接受。针对唯心主义的先验论，赫尔巴特写道：“从绝对的意义上说，心灵原来是一张白纸，没有任何生命或观念的形式，因此，在它里面既没有原始的观念性，也没有形成它们的素质，所有的观念，毫无例外，都是时间和经验的产物。”② 其实，虽然时空是客观的，但应该指出，人类感知时空这两种“一切存在的基本形式”是社会实践的结果。

众所周知，哲学问题的核心之一就是认识论。赫尔巴特认为：“认识是在观念中摹写在它面前的东西。”③ 他认为认识事物的各种尝试，其目的就是在我们头脑中反映我们感知的事物。

在认识的阶段方面，赫尔巴特认为感知本身不能在实质上把握事物，感知只能显示现象。人只在感知事物的过程中同事物产生接触点，但人不能停留在感知阶段。因为这种感觉仅仅是简单的感觉，只是显示事物，而不是反映事物的实质。感知是单纯的接受行为。他认为人们的认识目的是把握事物的实质，把实质从感知中抽

---

① 转引自［德］B. 艾伯特：《论赫尔巴特教学著作中关于人在自然界与社会中的地位》，《教育史年鉴》，1981年版，第117页。

② 转引自［英］博伊德、金著，任宝祥、吴元训译：《西方教育史》，人民教育出版社1985年版，第335页。

③ 本书第50页。

象出来，认识比感知高一层。他指出，认识是头脑中的加工活动，是头脑中的积极活动。在这方面，赫尔巴特企图调和经验主义与唯理论的矛盾，把两者统一起来。经验主义者坚信知识来自感觉，但是他们不重视对感觉材料还需要上升到理性认识的过程。而唯理论者轻视感觉与经验，认为只有理性认识才是唯一可靠的。赫尔巴特认为仅仅接受两者中的任何一种而忽视另一种就不能真正认识事物。他写道："唯理论若无经验主义，则是空的，并且不仅是空的，而且也是无基础的……经验主义若无补充它的唯理论，则是不可理解的，并且不仅不可理解，而且也是非常矛盾的，同自身相对立的。"①

赫尔巴特认为，认识过程这种头脑加工活动不是随心所欲的，它通过经验获得材料，按一定形式在意识中描述实在。这种形式就是概念。他说："认识是通过概念系统来表达的。"②他认为任何概念都是从纯粹的感知出发，从经验中产生的。它是历史地在人类普遍思维中发展起来的。人的思维就是在这种概念领域中进行的；人的认识就是通过概念在意识中描述认识对象，或者说"反映"认识对象的。

关于认识过程，赫尔巴特还使用了"统觉"这个术语。它指的是，人在经验中获得了一定的观念，于是在吸收新的观念时就依靠这种旧的观念来同化新的观念，形成观念体系或"统觉群"。或者说，人在认识某一新事物时利用原有的经验来理解新事物。例如在鉴别茶的质量时，品茶者根据已积累的经验了解所要品尝的茶的味道和优劣，并把要品尝的茶的这种味道吸收到意识中去，或者吸收到已有的对茶的经验中去。统觉过程也就是使分散的感觉联合成一个整体的过程，即借助旧观念吸收新观念、扩大"观念团"的一个

①② 转引自［瑞士］A. 布吕克曼：《约翰·弗里德里希·赫尔巴特的教育学与哲学思想》，苏黎世，1961年版，第18、23页。

过程。赫尔巴特的这些思想属于传统的联想主义。他的统觉理论在教育上的影响是很大的。

此外，赫尔巴特还提出了关于自然是“力与运动体系”的论点。在心理学研究方面他注意到了心理的生理解剖基础，认为人的精神活动是有物质条件的。凡此种种都明显地反映了他的实在论倾向。但是，这种哲学倾向主要表现在赫尔巴特的自然观上。在社会观方面，当他提出道德教育等一系列问题时，他并不强调人的精神活动是有物质条件的，而总是脱离人类物质生产和各种社会活动基础。同时赫尔巴特确认上帝的存在，也和牛顿一样，认为自然这个力与运动的体系是由上帝推动的。这也并不奇怪，即便是启蒙思想家，多数也只是反对当时教会的罪恶，而不反对宗教。他还从形而上学出发认为实在是不变的。他认为事物实际上是由许多实粒（实在的微粒）复合而成；事物的变化只是现象上的变化，而非实质的变化；事物的变化仅是实粒的来去，实粒本身没有变化。这表现了他的形而上学的思想倾向，因为科学的发展证明任何层次的微粒都是有变化的。赫尔巴特的哲学思想是当时德国哲学主流中的一个支流，对哲学界影响很小，后来也没有为人们所注意和重视。

三、教育思想

赫尔巴特的教育思想集中反映在他的代表作《普通教育学》与《教育学讲授纲要》中，后者是前者的补充与具体化。在这两本著作中，赫尔巴特提出了作为独立的一门科学的教育学理论体系。他认为教育学的基础是哲学与心理学，教育的目的是培养道德性格的力量，这主要体现在五个道德观念上，即内心自由的观念、完善的观念、仁慈的观念、正义的观念和公平的观念。他把实现这种教育目的的手段分为三种，即管理、教育性教学和训育。

管理的目的在于对儿童进行外部的领导，维持教学与教育的秩序，为实施教学与教育创造条件。他写道："这种管理并非要在儿童心灵中达到任何目的，而仅仅是要创造一种秩序。"① 管理的主要措施是威胁、监督、命令、禁止、惩罚、权威和爱。他认为教育者应在儿童心目中树立权威形象，受到他们的爱戴。树立权威的关键在于卓越的智慧；而受到爱戴的关键在于教育者自己要爱儿童，与他们保持亲密的关系。

赫尔巴特认为要使知识影响道德品格的培养，学生必须对知识产生强烈的兴趣，从而产生坚强的行为意志。这种兴趣还必须是多方面的、平衡的，这样道德的培养才能是多方面的、平衡的。所以教育性教学的目的是培养学生平衡的多方面兴趣，使他们形成思想范围。多方面兴趣分为经验的兴趣与同情的兴趣，对事物的联系与规律性的思辨的兴趣，对真、善、美的审美兴趣。同情的兴趣包括对人的同情兴趣、对社会的兴趣和对宗教的兴趣。

赫尔巴特指出教育性教学的条件是注意与统觉，即在教学中必须引起学生的注意和兴趣，同时必须让学生在原有观念的基础上掌握新的观念。教育性教学的途径是分析教学与综合教学。② 分析教学是从学生及其经验出发进行的，即将学生的杂乱经验分析为各种组成部分或因素；而综合教学是从材料与提示出发展开的，即将学生的一些部分的认识概括成整体、系统。这种教学都以学生的专心与审思为基础。学生通过专心达到"清楚"与"联合"，通过审思达到"系统"与"方法"。清楚、联合、系统与方法在赫尔巴特看来乃是教学过程的四个主要阶段，或者说教学的四个主要环节。

---

① 本书第 18 页。

② 赫尔巴特在《普通教育学》一书中，把教学方法分为"单纯的提示教学""分析教学""综合教学"，后在《教育学讲授纲要》中，把三种教学方法归纳成"分析教学"与"综合教学"两种，把"单纯的提示教学"归入"综合教学"中，作为"综合教学"的一种形式。所谓"单纯的提示教学"又译作"叙述教学"，它是教师用生动的叙述来补充学生直接经验的一种教学方法。——译者注

“清楚”指教师讲述新教材，将新观念分解出来深入研究；“联合”指通过师生谈话，将新旧观念联系起来；“系统”指在教师指导下寻找结论和规则；“方法”指通过练习将所学知识应用于新的场合。

教育的第三个手段就是训育。赫尔巴特指出训育是一种持续的诱导工作，它通过交际、榜样、启发使学生直接得到积极的发展。训育就是要直接和间接地陶冶儿童的性格，在儿童身上培养一种有利于教学的心理状态。训育的措施可以是抑制、惩罚、赞许和奖励。

综上所述，赫尔巴特提出的教育学体系是一个比较严密的体系。

列宁曾经指出，在分析社会科学问题时，最重要的就是“不要忘记基本的历史联系”①。如果从一定的历史背景出发，按照当时的社会关系，用历史唯物主义观点来考察赫尔巴特教育思想的话，那么完全可以肯定地说，赫尔巴特的教育思想是进步的，他对于教育理论与实践的贡献是卓著的。正如德国弗兰茨·霍夫曼教授在1976年赫尔巴特诞生200周年纪念会上作的报告中指出的那样：“无疑，约翰·弗里德里希·赫尔巴特属于资产阶级教育学的经典作家。他对于教育科学发展的贡献是不可抹杀的……”②

从赫尔巴特提出的教育目的，也就是道德教育目标看，他主张培养学生树立“内心自由”“完善”“仁慈”“正义”“公平”这五种道德观念。联系到他主张打碎封建等级制度的锁链，强调教育应从个性出发，使个性得到发展，可以说，他所提出的教育目标代表了德国当时正在兴起的软弱的资产阶级的要求。众所周知，法国资产阶级革命前启蒙运动思想家曾经提出过“自由”“平等”“博爱”“理性”“进步”等反封建的口号。赫尔巴特提出的教育目标与这些

① 《列宁选集》第四卷，人民出版社1995年版，第26页。

② ［德］F. 霍夫曼：《论赫尔巴特的教育学》，《教育学》1976年第9期，第852页。

口号显然有些类似。尽管他提出的教育目标只是和康德相似，仅仅把法国革命的政治要求变成抽象的道德律令，缺乏战斗性，不能和启蒙运动思想家所提出的具有具体内容、针对性很强的反封建口号相提并论，但其一定的进步意义是不容否认的。

赫尔巴特在把道德教育作为每个人都必须达到的必要目的同时，提出了教育可能达到的目的，即主张为成长中的一代将来能从事某种职业实施一定教育，帮助他们发展能力与兴趣。他特别强调培养平衡的多方面兴趣。他为教学提出了两条主线——历史的主线与自然科学的主线，选择这两条主线来培养学生的多方面兴趣。他在《教育学讲授纲要》中写道："第一条主线不仅仅包括历史，而且也包括语言常识；而第二条主线不仅仅包括自然科学，而且也包括数学。"为此他在把古典语言、文学和历史作为重要教学内容的同时，提出了教授实用内容的自然科学主张，建议设置数学、物理、化学、地理与博物学等等。同时他还指出青少年学习"技术知识"的必要性，甚至说："每个青少年应当学习使用木匠最常用的工具，应当像使用直尺与圆规一样出色。使用机械的技巧往往比体操练习有用。前者有助于智力发展，后者对身体有利。"我们知道，当时德国封建势力为了保障自己的教育特权，一方面在文科中学（古典中学）中特别强调人文科学教学，贬低自然科学教学，另一方面在国民学校中把教学局限于宗教与读、写、算的初步知识教学方面，在实科学校中则偏重自然科学和商业、工业等技术知识。赫尔巴特虽然主张维持这样的双轨制，而且认为未来的领导者应该进文科中学，但他提出的两条主线的主张反映了他同封建专制的教育政策的分歧，体现了对资本主义发展需要的实用人才的要求。

在管理方面，赫尔巴特指出："如果不紧紧而灵巧地抓住管理的缰绳，那么任何课都是无法进行的。"① 他认为，一个不可驾驭

① 本书第16～17页。

的儿童是无法施以教学的。他强调严格的纪律，要求在一定情况下采取威胁与惩罚手段，甚至主张体罚，认为儿童还没有形成道德意志，必须凭借惩罚乃至体罚来约束他们。众所周知，18世纪德国学校体罚盛行。赫尔巴特没有摆脱这种教育实际的影响，而且为它寻找理由，这反映了他思想中保守的一面，但是他也认识到不加节制地运用体罚不是好事情，认为威胁不过是管理的一种消极措施。他在《教育学讲授纲要》中写道：“当责备无济于事的时候，人们就常常采用体罚手段；事实上，试图完全排除体罚是徒劳的，但是必须极少采用……”他主张建立以“情感一致”为基础的师生关系，并把建立在这种关系基础上的多样性活动作为真正的教育手段。同时他反对专制式地让学生“盲目服从”。他写道：“难道有谁愿意通过纯粹的约束措施，完全通过军事式的严厉手段来逼迫儿童服从吗？人们只能理智地把这种服从同儿童本人的意志结合起来，并只能把这种服从当作一种已经进行了一段时间的真正的教育的结果来期待。”① 他的这些进步的见解也是我们应该加以注意的。

赫尔巴特十分重视教学问题，把教学作为培养德行的核心。在他看来，德行是一种在人身上发展成为根深蒂固的内心自由的观念。内心自由就是认识与意志的关系。他反对康德的“绝对命令”说，不同意他的先验自由观点。他认为意志不处于对认识的关系中，就不能说有了内心自由。用通俗的话来说，康德认为人可以不受自然的必然性的支配而去执行超验的道德规范，人的意志是自由的，道德与人的经验无关。而赫尔巴特则认为人只有认识了道德规范，才能产生服从它的意志，并达到自由，从而强调了认识的重要性。基于自己的这种伦理学观点，他把教学作为教育的核心，主张通过教学使儿童建立能客观地决定意志的思想范围，认为愚蠢的人是不可能有德行的。这里也体现了他一定的进步性。诚然，我们认

① 本书第23页。

为道德属于意识形态范畴，是有社会性的，并非有“知识”的人都有“德行”。

赫尔巴特因而主张建立一种踏实严密的教学体系，反对浅尝辄止，他指出：“正因为人的专心能力太弱，不能在许多地方仓促逗留而有许多成就……所以我们必须防止草率的逗留，想时而在这里，时而在那里有所作为。”① 而同时他也反对教师对某一点讲得太多而引起学生厌烦，从而使教学结果适得其反。

在通过教学培养兴趣方面，赫尔巴特既把培养兴趣作为教学目的，使兴趣伴随一个人的终身；又把兴趣作为教学手段，认为：“在兴趣中，一个人可以容易地去完成他的各种决定，而且使他觉得到处都很容易，并不会因为有其他要求而取消他的计划。”② 赫尔巴特的兴趣观对现代教育产生了积极的影响。

在教学中，赫尔巴特提倡让学生具有主动性，反对把他们置于被动状态。他在《教育学讲授纲要》中指出，当把学生兴趣引上正确道路时，“会使他们在某种程度上处于被动，但这种被动性不应当压制他们身上较好的主动性，倒是应当激发起这种较好的主动性”。他写道：“使听者仅仅处于被动状态，并强迫他痛苦地否认自己活动的一切方式，本身就是使人厌恶与感到压抑的。”③ 他认为兴趣本身就是主动性，他排斥以往常用的教学方法中强调学生接受的一面，指出：“教师在确保正在进行的工作能顺利进行下去的范围内，可以给学生最大限度的自由，这种方式乃是最好的方式。”④ 同时他虽然主张某些学科内容的背诵是完全必要的，但他反对对什么内容都采取死记硬背的学习方法，而强调自由想象。他在《教育学讲授纲要》中写道：“仅仅引向死记硬背的学习，会使大部分儿童处于被动状态，因为只要这种学习继续下去，就会排斥儿童通常可能具有的其他思想。”他说：“有些学生在我这儿受到的教育比指望

①②③④ 本书第47、49、69、69页。

得到的要少。为什么？我想让人尽可能自己发现。假如他们很少有所作为，那自然可惜！但是，我不喜欢那种与其说是促进自由想象不如说是妨碍自由想象的教学。”① 提倡发挥学生的主动性是现代教育的一大特点，赫尔巴特的这些意见也是有价值的。

赫尔巴特真诚地希望通过教学使学生的各方面能力得到培养，反对任何损害智力的做法。在《教育学讲授纲要》中我们可以看到这样的文字：“对于教育性教学来说，一切都取决于其所引起的智力活动。”“假如体格要忍受这样多的学习，坐着不动，特别是常常徒劳无益地抄写各种教科书，以致迟早对健康造成危害，那么这就会削弱智力活动。”“凡不能激发每个学生智力活动的做法，根本不会受他们重视，而也许会被视为负担。”

赫尔巴特从他的认识论出发认为：“人通过经验从自然中获得认识，通过交际获得同情。”② 他把教学作为经验与交际的补充，并以此为标题作了专门论述。他指出：“事实上，有谁在教育中想撇开经验与交际，那就仿佛避开白天而满足于烛光一样。”③ 为此他在强调课堂教学的同时，重视让儿童进行其他各种活动。他说道：“当我们重新回忆起我们的目标、兴趣的多方面性的时候，就会很容易想起，固定在一个地方，机会是多么有限……”④ 他主张让学生自行进行观察，主张有时可送他们到布商那里学习，以便使他们学会像布商一样出色地用触觉辨别毛织物的质地。他还提出应当让学生学会手的运用，让学生参加一定的手工劳动。他认为，教学不能仅限于书本知识，应当把学生学习书本知识与接触环境结合起来。他认为，孤立地在周围世界或书本之中寻找，是找不到这种智力活动的，“而如果把周围世界与书本这两者结合起来的话，就可以在它们的结合之中找到它”⑤。他在自己创办的师范研究班中，

① 转引自［德］赫尔曼·诺尔：《不朽的赫尔巴特》，本书第 177 页。

②③④⑤ 本书第 54、55、56、3 页。

让学生学习理论的同时，也让他们在实验学校进行教学实习，通过理论与实践的结合来培养学习习惯。以上这些意见至今仍有现实意义。

赫尔巴特提出的著名的四个教学阶段，其依据是在教学中学生认识过程的规律性。这四个阶段细致地考虑到了学生学习时的心理状态。在当时，这四个阶段的提出，对教师教课和学生掌握知识很有帮助，是教学论发展史上的一座丰碑，为提高教学质量作出了卓越的贡献。后来赫尔巴特学派把它发展成为五段教学法（或其他教学阶段），影响极大，传播极广。

赫尔巴特是教学史上第一个把心理学作为基础理论来阐明教育学问题的教育家。他认为教育者的首要科学就是心理学。教育科学的发展证明了赫尔巴特开辟的道路是正确的。他在心理学发展史上也有不少建树。他“完全摒弃官能（康德之术语）的概念”①，在心理学史上“帮助摧毁了直到那时一直占统治地位的官能心理学”②。他在教育理论中十分强调的“统觉论”是从心理学的研究中得来的。关于意识与无意识的阈限的学说也是他首先提出的。他主张对心理现象作定量分析，并第一个尝试把数学应用到心理学研究中，为实验心理学的形成开辟了道路，因此赫尔巴特受到了心理学界的高度评价，认为他“在心理学中的永恒地位在于他对心理机能进行数学分析的贯彻到底，那是后来受到韦伯和费希纳并且再往后又受到艾宾浩斯……的称颂的；这种永恒地位还在于他在统觉概念中形成的关于注意和整合作用的见解，在于他使学习过程成为一种实验和定量研究领域的坚决努力”。③

① 《简明不列颠百科全书》第三卷，1986年版，第735页。

② 常导直：《赫尔巴特的教学论的评价》，《华东师范大学学报（人文科学）》1958年第8期，第72页。

③ ［美］加德纳·墨菲、约瑟夫·柯瓦奇著，林方、王景和译：《近代心理学历史导引》，商务印书馆1980年版，第83页。

赫尔巴特教育思想无疑存在着一定的局限性。他强调了观念，而认为人的其他心理机能如情绪、意志、思维、想象等，都不过是变形的观念，这种看法也是很片面的。在管理与训育方面，他主张把体罚作为必要的措施，表现了他未能完全摆脱封建专制性的强迫教育观念；在其教学理论方面他主要植根于联想主义，存在着某种程度的机械主义倾向；同时，他一方面强调科学的启蒙教育，另一方面则要求发展儿童的宗教兴趣，向儿童灌输宗教蒙昧思想。但是，正如列宁指出的那样："判断历史的功绩，不是根据历史活动家没有提供现代所要求的东西，而是根据他们比他们的前辈提供了新的东西。"① 尽管赫尔巴特的教育思想存在着一定的局限性，但他对教育科学的发展作出的杰出贡献是不朽的。

19 世纪初，赫尔巴特生前与去世后的那段时期，他的教育学说没有能得到充分重视。在 1819 年他自己也认识到这一点，他写道："我早就知道，无论是我还是我的学说都不符合这个时代的精神。我也不想要小手腕去迎合这种精神。"② 1862 年他的学生齐勒尔成了莱比锡大学师范研究班的负责人，从而成了赫尔巴特学派的首领。1868 年齐勒尔创建了科学教育学会，出版教育年鉴，宣传赫尔巴特教育思想，使赫尔巴特教育学说得到了传播。1885 年齐勒尔的学生莱因接手了斯托伊在耶拿大学的教育学讲座与研究班，在他的努力下耶拿大学成了全世界研究赫尔巴特的中心，去那里学习并研究的学者来自美国、英国、日本、澳大利亚、俄国、罗马尼亚、芬兰、瑞典、希腊、南非、智利、墨西哥等许多国家。赫尔巴特的教育思想在全世界得到了广泛传播。在美国，1889 年德加谟的《方法要素》和 1892 年麦克默里的《一般方法要素》推动了美国的赫尔巴特热潮，形成了赫尔巴特学派运动。1892 年美国成立

① 《列宁全集》第二卷，人民出版社 1984 年版，第 154 页。
② 转引自［德］T. 路特主编：《赫尔巴特教育文选》，1968 年版，第 155 页。

了赫尔巴特俱乐部。1895 年美国成立了全国赫尔巴特教育科研学会，该会于 1910 年改名为全国教育研究学会，每年出版年鉴，把赫尔巴特教育思想在美国的传播进一步推向高潮。

赫尔巴特学派以齐勒尔、斯托伊、莱因等人为首，他们不仅在使赫尔巴特教育理论通俗化、简明化与具体化方面作出了努力，而且在某些方面发展了赫尔巴特的教育思想。首先，他们在赫尔巴特的教学四个阶段基础上提出了五段教学法，即把清楚、联合、系统和方法改成准备、提示、联合、概括和运用，为广大教师的课堂教学提供了一个教学模式，受到广泛的欢迎。但教学的步骤是随学科、单元、学生、教师、教学条件等因素而变化的，只提供一个五段教学法模式毕竟太简单、太机械、太形式化，所以后来被摒弃了。其次，他们根据赫尔巴特关于教学内容需要“一致”与“关联”的思想，提出了“集中中心说”，把人文学科作为各科的教学中心，使其他学科教学围绕着人文学科进行。后来进步教育派中也有一些人赞成这种做法，发展了“综合课程”和“核心课程”。这种课程设置形式在中小学可以体现不同学科的知识往往有联系的特点，因此在有些国家的中小学中得到采用，例如德国基础学校曾采用“综合课程”方式，而如今在一些国家开设的某些学科，如科学、综合理科、自然常识、社会常识、劳动学等也属于“综合课程”模式。这种课程设置有利于在探讨与解决某些复杂的问题时运用综合的知识，但有些系统性较强的学科，例如数学、物理、化学、生物等在深入学习阶段必须有分科教学，所以那种打破学科体系的“综合课程”设置模式并不能完全取代分科教学。最后，他们按照赫尔巴特应当引导儿童进入学习的准备状态，使教学材料接近儿童发展阶段的思想，提出了“文化阶段说”，把儿童的成长过程视为是同人类历史发展阶段相类似的，并为此选编了适合各年级的教科书。儿童的发展与人类社会的发展虽有某些可以比拟之处，却是各有其自己的规律的，勉强相互配合，会妨碍按儿童特点及教材系统性进行教学。赫尔巴特学派的影响在第一次世界大战后逐步衰落，代之而起的是进步教育派、新教育派。但直到 20 世纪 50 年代，有些国家的教师仍采用赫尔巴特的教学方法。

赫尔巴特学说在 20 世纪初传入中国，当时中国正值废科举、兴学堂之际。赫尔巴特的教育思想曾对旧中国的中小学教学有一定影响。他的《普通教育学》是由尚仲依于 1936 年首次从英文版翻译过来的。新中国成立后，在“左”的思想影响下，赫尔巴特长期被视为反动教育家，对他的研究与评价往往缺乏历史唯物主义态度。“文化大革命”后对赫尔巴特的研究与评价有所深入，但仍然不太注意对赫尔巴特著作原文的考察。希望本书的翻译出版有助于对赫尔巴特教育思想的进一步了解与研究。

德国著名教育家赫尔曼·诺尔写道：“教育学学派在其下几代中渐渐地变得僵化起来，失掉其缔造者所具有的强烈冲动，埋没在技术和纯粹的陈规俗套之中，这就是所有教育学学派的命运。裴斯泰洛齐、福禄培尔是这样经历过来的，而赫尔巴特也是这样经历过来的。”他指出：“恰恰在我们探讨教育学新问题的情况时必须研究他。”这两段话是很有启发性的。各种教育学学派的思想在传播中会变味，而我们在研究教育学新问题时，如果能回忆一下教育学的过去，将会获得启示，因此我们今天重新出版赫尔巴特教育学著作是很有意义的。

李其龙

2014 年 12 月

普通教育学

（由教育目的引出的普通教育学）

1806

衷心献给他的朋友约翰·施密特（自由都市不来梅市政委员）。

——作者

目　录

第二编 兴趣的多方面性

第三编　道德性格的力量

附录

绪　论

通过教育要想得到什么，教育要求达到什么目的，这是由人们对事物的见解决定的。

大多数搞教育的人起初都忽视形成对这种工作的见解，他们是在工作中逐渐产生这种见解的。他们的这种见解是由他们自身的特点以及学生的个性和所处的环境造成的。假如教育者具有发现能力，那么他们将会利用他们发现的一切，激发他们细心照料的对象，并使其从事活动；而假如他们能够谨慎行事的话，那么他们将会去排除那些可能会有害于其学生健康、性格和礼貌的一切。这样，儿童便在无危险的一切事物中进行尝试，在思索与处理日常生活事务中受到锻炼，在其生活的狭隘范围中获得各种感受，从而成长起来。倘使他们的确是如此成长起来的话，那就真可以祝福他们了。但是，教育者不停地抱怨：来自仆人、亲戚、玩伴、性的冲动，乃至大学的种种麻烦，使他们的工作受到何等大的损害！假如儿童的精神食粮不是由人的教育艺术来决定，而是随便让人来决定的话，那么，本来能够抵御恶劣环境的强健体魄，在这种情况下因常常提供简陋的伙食而不能茁壮成长起来，这是不足为奇的。

卢梭至少想锻炼其学生。他抱定一种见解，并一直忠实于这种见解。他遵循自然，认为教育应当为人的生长的一切表现，从吸吮母亲的乳汁起直到洞房花烛夜，保证自由与愉快的发展条件。他所教的学问，就是生活。然而，他显然也赞成我们诗人的格言：“生命不是最宝贵的财富！”因为他在思想上要求牺牲教育者自己的整个生命[①]，作为儿童的永久陪伴献给他们。这种教育的代价太昂贵了。这种陪伴的生命无论如何要比儿童的生命更可贵——纵然就死亡率这一点而言也明白的了，因为成人能够生存的可能性比儿童大。可是，纯粹的生存对于人来说难道竟是如此艰难吗？我们认为对人的照料如对玫瑰花一样。玫瑰花种后最不用烦劳园丁，而人在任何气候下都能成长，吸收各种营养，最容易学会利用一切并从中获得好处。不过，要在开化了的人群中间教育出自然人来，那自然得花去教育者许多心血，就像这个受了教育的人以后要费很大心血才能在这个极其复杂的社会中继续生活下去一样。

洛克的学生最懂得投身社会了。在这方面，传统习惯乃是主要条件。按照洛克的见解，对于父辈来说，决定使他们的儿子成为他们那个世界的人，就不再需要写任何教科书了；任何要写的东西，只能是矫揉造作。请不惜一切代价雇用一个具有良好德性的稳重的人，“他自己了解谦恭与有钱人的规矩以及因人、因时、因地不同而产生的一切变化，并会始终不渝地引导他的学生们在其年龄许可的条件下注意这些事情”。对于洛克的这种意见，我无话可说。要想说服真正世俗的人放弃他们想让其儿辈也成为世俗的人的意志，那将是完全徒劳的，因为这种意志是由他们对现实的一切印象产生的全部力量造成的，而且还在通过每时每刻的新印象得到证实与强化。牧师、诗人与哲学家可以在诗文中倾注一切赞美、一切热情与一切威严，但只要他们向周围一瞥，这一切效果就将被摧毁，而这些人仿佛就成了演员或空想者。顺便说一句，因为这个世界是与世俗者联结在一起的，所以这种世俗教育也可能成功。

但我知道一些不爱这个世俗世界而了解这个世俗世界的人，他们虽不想使其儿辈脱离世俗世界，但更不想看到他们的儿辈沉沦于

---

① “生命”（das Leben），在德文中与“生活”是同一个词，因此读者可以把这一段文字中的有关“生命”的译文与上述“生活”的译文联系起来理解，即把它们看作是前后呼应的。——译者注

这个世俗世界中。他们设想，一个头脑清醒的人在他的自我意识中，在他对他人的同情和在他的好恶方面会有最好的教师，他会像他想要的那样及时地适应这种社会俗尚的。这些人都让他们的儿辈在与同伴平常的游戏或打闹中学习为人的知识；他们知道，只要观察力在家中得到过磨炼、矫正与强化，那么最好是在大自然中学习大自然；他们要他们的儿辈在将与之一起生活的一代人中间成长起来。这与优良的教育是多么一致！假如有这样的课——我这里始终是指教师郑重地、有计划地对学生进行教育的那些课——它们可以激发起充满趣味的智力活动，并使一切儿童游戏变得连儿童自己都觉得平淡无味，乃至消失，那就好极了。

然而，不管人们如何想在其感知的周围世界之中和书本之中来回寻觅，这种智力活动是找不到的。而如果把周围世界与书本这两者结合起来的话，就可以在它们的结合之中找到它。有一种青年，他能敏锐地感知到各种思想的吸引力，并能看到教育思想的美与伟大；他不怕献身于时而希望与时而怀疑、时而快乐与时而烦恼的无穷变幻中。这种人，假如他具有思考力与知识，能用人类的思想方法去观察与描述作为一个庞大整体的片断的现实的话，那么他就能够在这样的现实中教育一个儿童达到较高的境地。于是他自己将会说，真正的、正确的，并适合其儿童的教师不是他，而是人们曾经感受到的、发现并想到的全部力量。而他只不过是被派去对儿童作明晰的讲解和作为儿童合适的陪伴的。

把迄今尝试中的全部收获，不论是教训还是告诫，集中地献给年轻的下一代，这就是人类在其繁衍的任何时候所能作出的最崇高的贡献。

传统的教育试图延续现在的这种邪恶。培养自然人意味着尽可能从头开始重复一系列业已克服了的邪恶。把教训与告诫范围局限在这里，乃是那些既不了解其他办法，又不懂得去提出其他办法的人本身的局限性所造成的自然结果。学生太难教，使教书先生失败，这些都是其动听的遁词，殊不知前者不是现实，后者是可以改变的。

当然，这里什么是真实的，什么不是真实的，每个人都是凭他的经验来说的。我凭我的经验来说，别人则凭他们的经验来说。只要我们全面地想一想，那么结论便是：每个人只能取得他尝试取得的经验！一个 90 岁的乡村教师有着他 90 年的成规经验，他有长期辛劳的体会，但是他对他的工作与方法是否也有批评呢？我们近代教育家有许多成功之处，他们知道人们感谢他们，而他们可能对此感到由衷的高兴！可是他们是否能从他们的经验出发，确定哪一些可以通过教育达到，哪一些可能成功地教育儿童呢？

但愿那些很想把教育基础仅仅建立于经验之上的人们，对其他实验科学作一番审慎的考虑；但愿他们认为值得去了解物理学与化学。这一切无非是为了确定某一个原理在经验范围内所能达到的最大作用。然而，他们也许会懂得，从一次经验中将学不到什么，而从各种分散的观察中同样将学不到多少东西，因此人们在获得某种结果之前，确切地说，必须重复 20 次包含着 20 个层次的同一种实验。而即使这样，相反的学说对于这种结果还可以各按其特有的方式作出解释。然后他们也许将明白，在实验结束之前，在对实验的剩余部分首先作出严格检验与周密的衡量以前，是谈不上取得了经验的。其余要进行教育实验的部分就是学生在成年时表现出来的缺点。所以某一个这样的实验，其时间范围至少需要一个人的半生！而一个人究竟何时方能成为一个有经验的教育者呢？而且，每一个教育者的经验是由多少经验组成的，要经过多少次的变换呢？相比较而言，一个有经验的医生所了解的事情是何等广博，多少世纪以来人们为他记录下了伟人的经验！即使如此，医学仍如此脆弱，以至恰恰是它变成了各种最新哲学理论现在在其中繁茂地丛生着的疏松土壤。

教育学不久也将走向这种命运吗？它也将成为各学派的玩具

吗？学派本身也是时代的一种游戏，在他们得势的时候早就霸占了一切高雅的领域，而他们迄今几乎只对于那种看起来似乎卑微的儿童世界不去触动。曾经致力于哲学并且现在深知在进行教育工作时不能停止思考的最优秀的青年教育者，业已能够更自然地在教育中试验一种事实上伸缩性很大的智慧所具有的全部适应性与可变性，以便事先对委托给他们教育的儿童作出构想，尽力地使这些儿童变好，潜移默化地对其进行教育；而假如他们失去耐心的话，则会把这些儿童视为不堪造就的人拒之门外。这些被拒之门外的儿童自然不再会被作为具有同样朝气的儿童受到别的教育者的教育，谁会接受他们呢？

假如教育学希望尽可能严格地保持自身的概念，进而形成独立的思想，从而成为研究范围的中心，而不再有这样的危险——像偏僻的被占领的区域一样受到外人治理，那么情况可能要好得多。任何科学只有当其尝试用自己的方式，并与其邻近科学一样有力地说明自己方向的时候，它们之间才能产生取长补短的交流。哲学本身肯定欢迎其他科学审慎地接受它；而今天的哲学读者——虽不是哲学本身——非常需要为他们提供多种多样不同的观点，以便从中作出全面的考察。

现在我回到我自己的见解上来，并尝试进一步详细地阐明它。我曾要求教育者懂得科学，具有思考力。我不把科学视为一副眼镜，而把它看作一双眼睛，而且是一双人们可以用来观察各种事物的最好的眼睛。诚然，不是一切科学（如数学）的学说都是没有错误的，而正因为如此，它们才不是相互一致的。这种不一致可以暴露出不正确的方面来，或者说，人们至少因此可学会在有争议处采取谨慎的态度。相反，谁不懂科学而又自以为聪明，那么，因为他丧失了与世界的接触点，所以在他的意见中会含有同样大的甚至更大的错误，对此他感觉不到，也许不让自己去感觉到。是的，科学的错误就其本源而言乃是人类的错误，但仅仅是那些具有较优秀头脑的人们的错误。

教育者的第一门科学——虽然远非其科学的全部——也许就是心理学。应当说是心理学首先记述了人类活动的全部可能性。我相信认识这样一门科学的可能性与困难：我们了解它需要很长时间；而我们要求教育者了解它，将需要更长时间。但这门科学绝不能替代对儿童的观察，因为个性只能被发现，而不能由心理学推断出来。所以事先对一个学生作出构想，这本身就是一种错误的说法，而且就现在而言，它是教育学远远还不能采纳的一种空洞的观念。

因此，了解我开头说的——通过教育要想得到什么，就显得更加必要了！人们可以看到其所要观察的东西；只要一个具有良好头脑的人留意观察人的心灵，那么他就会获得一种心理见识。一个教育者应当留意的是什么，这个问题必须像清晰地呈放在他眼前的一张地图一样，或者像一张建筑井井有条的城市的平面图一样，在这上面各条与实际相似的路线都同样地相互交织在一起，以至没有事先练习观看，也能一目了然。我在这里就要为那些没有经验而希望知道他们应当寻找并具备什么样的经验的人提供这样的一张地图。教育者应当带着什么样的意图去着手进行他的工作，这种实际的考虑，或许暂时可以详细分析到我们按迄今具有的认识所必须选择的各种措施为止，这在我看来就是教育学的前半部。与此相应的还应当有第二部分，就是要在理论上说明教育的可能性，并按各种情况的变化去说明它的界限。但是，直到现在为止，这样的后半部像其必须赖以为基础的心理学一样，只能是一种虔诚的愿望而已。一般人把这前半部分作为一个整体，而我自己姑且也得赞成这种说法。

教育学是教育者自身所需要的一门科学，但他们还应当掌握传授知识的科学。而在这里，我得立刻承认，不存在“无教学的教育”这个概念，正如反过来，我不承认有任何“无教育的教学”一样，至少在这本书中如此。一个青年人纯粹出于得到好处的目的想向某一位教师学习什么本领和学识，这对于教育者来说是无关紧要的，就像他选择什么颜色的衣料做衣裳一样。但是他的思想范围是如何形成的，这对于教育者来说就是一切，因为从思维中将产生感受，而从感受中又会产生行动的原则与方式。利用这种连锁反应可以联想出授予学生什么样的一切，在他们的心灵中播种下什么样的一切以及考察如何使它们相互补充，即如何使它们一个接着一个地相互衔接起来，如何使它们能够各自成为其未来出现的部分的支柱，而这一切就为教育者提出了如何处理各种事物的无穷无尽的任务，并给教育者提供了取之不尽的材料。凭借这些材料，教育者可以不断地推敲和审查他能够取得的一切知识和著作，乃至一切需要不断给学生安排的活动与练习。有鉴于此，我们需要一系列教育学专著（指导人们应用某一种教养手段），但这些专著得全部极严格地按照一个计划来编写。我在我的《直观教学 ABC》一书中力求提供这样一种专著的范例，诚然它迄今还存在着这样的缺点：独此一本，不成体系，而且不能给任何新问题的探讨以帮助。但事实上存在着撰写这类著作的足够多的参考资料，比如植物学的研究、塔西佗①的研究、莎士比亚读物以及其他许多此类研究，它们都可作为教育学研究的助力。但我不敢邀请谁参加这种撰写工作；这是因为我并不认为可以事先提出为撰写者都接受并心悦诚服的、能使一切各得其所的计划来。

但是，为了进一步突出“通过教学来进行教育”这一思想起见，我将在相反的观念——无教学的教育上进行推敲。人们常常可以看到有关例证。一般地说，教育者恰恰并不是那些知识最渊博的人。还有一些人（特别是在教养员中间）几乎一无所知，或者说，他们所知道的根本不是那些在教育上可应用的知识；但他们仍然以巨大的热情进行他们的工作。他们能做些什么呢？他们侵扰着学生

① 塔西佗（Publius Cornelius Tacitus，约 55—约 120），古罗马历史学家。——译者注

的感受，将其束缚起来，不断地动摇着青年的心灵，致使其不了解其自身。这样，怎能形成一种性格呢？性格是一种内在的坚定性；但假如你们并不使他有可能信赖什么，永远不允许他坚定自己的意志，那么他怎么能扎根于自身之中成长起来呢？在大多数情况下，在青年的心灵深处留有你们不能侵入的角落。在这个角落中尽管有你们的暴戾，这个心灵还是悄悄地生活着、梦想着、希望着，而且拟订着各种计划，并一有机会就尝试实施；而如果它们成功的话，恰恰会在你们不能侵入的这块地方建立起一种性格来。正因为如此，教育的目的与结果之间的联系通常是如此的薄弱。有时候它们自然也会非常一致，以至受教育者在今后的生活中替代了其教育者的位置，并让其学生完全一样地忍受他所忍受过的一切。在这里，其思想范围依然是与其年轻时日常经验所赋予的相同的，只是不舒服的位置换成了较舒服的。人们通过服从学会支配，甚至小孩子也像人们如何对待他们一样对待其玩偶。

通过教学进行的教育，把我们将某些事物作为学生观察思考对象的这一切工作都视为教学。我们使学生接受的训育本身也属于这个范畴。它通过学生中表现出来的具有遵守秩序的能力的榜样所起的作用，远远大于通过直接阻止各种恶习所起的作用，而后者却常常被人戴上过于崇高的桂冠——纠正过失。单纯的阻止，完全不能使儿童的倾向得到触动。单纯阻止的这种幻想可以使其教育对象继续得到文饰；而这几乎与继续犯错误一样糟糕，即使这种错误在学生今后获得了自由的岁月中不可避免。但是，假如学生在惩罚自己的教育者的情绪中看出对于自己失德的憎恶，对于自己爱好的不满，对于自己一切恶作剧的反感，那么他就会转向其教育者的观点，不知不觉地用这样的观点来看待一切，而且这种思想将变成一种对付自己倾向的内在力量。这种力量只需得到足够的加强就能战胜自己的倾向。我们很容易发现，同样的思想可以通过许多不同的途径形成，因此学生犯错误后根本不是进行教育性教学的必要时机。

对于通过教学进行的教育，我曾经提出了科学与思考力的要求。这种科学和思考力应当把邻近的实际环境视为很大的整体的一部分，并以此来作说明。“那么为何要把邻近的环境作为整体的一部分？为何还要顾及遥远的环境？难道邻近的环境不重要，不足以清楚地说明问题吗？邻近的环境难道不具有丰富的关系吗？假如不仔细地从根本上去正确认识这种关系，去判断这种关系，那么岂非同样不能，甚至更不能正确地、大量地理解极广博的知识了吗？可以预言，这种要求由于提出博学与大量的语言学习而将会给教育造成困难，损害体育、美的艺术技能训练和愉快的社交活动。”对这种缺点的正当担忧并不会诱使我们放弃对科学的学习。当然，这种对科学的学习需要作另外的安排，以避免排斥其他训练，使其永远不成为单纯的手段，永远不脱离主要目标，而是从一开始就带来稳定而丰硕的成果。假如不可能作出这样的安排，假如通常的拉丁文学习造成严重的、破坏性的压力是事情的本质，那么我们必须不断努力，使学校对博学的要求压缩在局部范围内，就好像将那种在医学上很少用的毒品密封在药剂师的罐子里一样。但是，假如我们能够不费很多力气做复杂的准备而在实际上进行一种教学，这种教学能够直接而迅速地穿过广博的学习范围，而不做长时间的磨蹭，那么上面提及的那种异议（即认为在提出科学要求的情况下会使儿童毫无益处地脱离最密切的环境，并过于急切地把他们引向生疏的境地），我们还认为是合适的吗？通过深刻而无成见的思索之后，还能坚持这样的主张，认为邻近的环境对儿童来说是清楚而具有丰富关系的，而对这种关系的判断是今后形成正确思考方法的基础吗？让我们撇开物质的东西不谈，这些东西虽然和感官是十分接近的，但对于儿童的眼睛与理解力来说，并不是清楚明了的。尽管如此，我避免在这里重复谈论三角学与数学。现在应谈谈人与人的关系。在这里什么叫作邻近？难道我们没有看到儿童与成人之间的距离吗？这种距离像使文化与腐化现象演变到目前这种程度所延续的时间跨度一样巨大。但是人们看到了这距离，为儿童编写特殊的书籍，在这些书籍中避开了他们不懂的一切和一切腐化的例子。因此人们使教育者铭记，要迁就儿童，不惜一切代价适应他们狭隘的理解范围。然而在这里人们忽视了恰恰是由此造成的许多新的误解。人们忽视了，由于人们要求成年教育者迁就儿童，为其创造一个儿童世界，也就是说人们提出了不允许提出的要求，因此不可避免地要遭到自然的惩罚。人们忽视了，长期如此行事的人往往最终会变得性格乖僻，那些有才智的人是多么不愿意这样做！但是这还不是事情的全部。这种做法是不会如愿以偿的，因为这是不可能的。男子尚且不可能模仿妇女的风格，更何况模仿儿童的了。通过儿童读物来进行道德教化的这种意图足以使儿童读物遭到毁坏。在这里我们忘记了，所有人，包括儿童，都从他所读的书籍中吸取适合他的东西，并按照他自己的方式来评价作品与作者。只要为儿童清楚地描述邪恶的事物，不过不要把它作为欲望的对象，那么他们将会发现这是邪恶的。假如一个故事由于穿插道德推理而中断，那么他们会感到你讲述得令人厌烦；假如只谈从善，那么他们会感到单调；而假如只用消遣的内容来吸引他们，那么会使他们被邪恶的东西诱惑。请回忆一下你们在观看一出真正的道德性戏剧的时候自己的感受吧！但是，假如给他们讲述一个有趣的故事，这个故事情节丰富，描写众多的人物及其复杂关系，它具有严格的心理的真实性，而不脱离儿童的感觉与观念，它没有描绘至恶或至善的追求，它只通过一种柔和的，甚至半朦胧的道德节拍来使儿童行为的兴趣从邪恶转向善良、公平和正义；那么你们会看到，儿童的注意力是如何扎根于你们的讲述中，他们如何深入到真理中去思考事物的一切方面，多方面的材料如何引起多方面的判断，消遣的吸引力最终如何导致善良的倾向，那种在道德判断方面也许感到比故事中的主人公与作者略胜一筹的儿童，如何以一种内在的愉快感觉，坚定地根据自己的观点表明自己反对其在内心感觉到的那种低劣行为的。假如要使故事影响久远而深刻，那么还必须使它具有一个特点，即必须具有伟大人物的那种极强烈、极纯正的感染力。因为儿童完全像我们一样能辨别出谁平庸，谁值得赞赏，这种辨别能力甚至比我们更发自内心，因为他们不愿意自己是渺小的，他们希望自己是个成人。一个聪明的儿童的全部目光是倾向超越自身的，如果他到了8岁，他的视线便超越儿童的全部历史。因此我们应当为儿童描绘一些他希望成为的其中一个人物。这样的人物我们肯定不能在身边找到，因为在我们今天文化影响下成长起来的人物是不符合儿童理想的。我们也无法在我们想象中找到这种人物，因为我们的想象充满着教育愿望，充满着我们自己的经验、知识和相关的事情。纵使我们是前所未有过的伟大诗人（因为每一个诗人都是其所处时代的反映），为了达到我们所追求的效果，我们还须千百倍地努力。因为上面的论述不言而喻地说明，一种保持孤立的事物是微不足道的，而且也没有什么作用，必须把它置于一系列其他教育手段的中间或首位，这样才能通过普遍联系取得个别事物，并保持它的功效。在未来的全部文学中如何才能产生适合于那种还没有达到我们成年人水平的儿童的作品来呢？我仅仅知道唯一的一个可以找寻上述那种故事的地方——希腊的古典儿童时代，而且我首先认为《奥德赛》便是这样的一种故事。

我把我生活中最愉快的经验之一归功于《奥德赛》，我对教育的热爱大部分也要归功于它。我并不是从这种经验中得到关于教育题材的启发的，这种题材我在以前就发现了，而且是那样的明确，以至于当我开始教师工作的时候，便让我的两个孩子（一个9岁，另一个不到8岁）把他们的欧特罗庇厄斯①的作品搁在一边，开始学习希腊文，甚至立即开始阅读荷马的诗歌，而事前不通过夹杂教

① 欧特罗庇厄斯（Eutropius，约4世纪），古罗马历史学家。——译者注

科书来做各种所谓的准备。我犯的错误在于我太重视学校的老一套做法，要求他们做精确的文法分析。其实，在开始的时候只需要教词的变化的各种最确定的主要特征，不厌其烦地反复说明它们，而不必去要求儿童解答各种重大问题。在历史和神话方面我缺少准备，这种准备在这里对于减轻解释的难度来说是很需要的，而这种准备对于一个具有真正教育技巧的学者来说是不难作出的。我受到过来自远处的非难风声的干扰，而我身边有许多事物对我是很有利的，对此我只有打心底里表示感激了。没有什么可以挫败我的希望，我相信健康儿童的良好天性不应当被视为一种碰不得的稀世珍宝，它是可以接受大多数像我这样的教育者的教育的。虽然我能容易地想象到在进行这种教育工作中有一种比我在最初尝试的教育工作中可以自夸的更为伟大的艺术；但我相信在我的经验中（需要花一年半读《奥德赛》）可以发现，就私人教育而论，这样开始并无不健全之处，也无不切实际的地方，并且，假如教师不仅带着语言学的头脑，而且带着教育学的头脑来进行这项工作，并愿意把帮助和关心儿童的一些办法确定得比我此时此地可以写出来的更精确的话，那么，这种安排在这个阶段一定会成功。我不能决定在学校里可以怎么办；但是，如果我可以决定的话，那么我将鼓起勇气进行尝试，并坚信，即使结果失败，其所引起的恶果也不会大于通常在学习拉丁文法与罗马作家作品时引起的恶果。在这些作家中其实没有一个人的作品能勉强适合于整个儿童年龄阶段阅读，能把他们引到认识古典作品方面去。假如先读荷马及其他几个希腊作家的作品，那么上述作品完全可以接着让儿童阅读。但是，如同它们在以往被用来教学的那样，肯定在很大程度上会拘泥于博学的成见，以致要忍受多年不进行教育的教学，忍受极大的艰辛，在很大程度上不得不牺牲儿童的欢乐与一切较及时的智力活动。我可以援引许多教育督察员的看法来加以证明。与其说他们受到了反驳，毋宁说是被人遗忘了。正是他们揭示了极大的弊病，即使他们不知道如何医治这种弊病。

以上所说的足以使读者初步了解我的建议了，但要读者看清这种建议中不胜枚举的关系还是不够的。假如有人想把全书归纳成一种思想，并在以后的岁月中应用这种思想，那么我上面所说的仅仅是一个开头。至少我没有匆匆忙忙地宣布过我获得的经验，尽管我在 8 年前已开始试验，并从那时起曾有时间对此进行思考。

现在让我们进行概括。我们可以把《奥德赛》视作师生之间联系的接触点，它使学生在其自己的范围中得到提高，使教师不再需要迁就学生的水平；它使学生在古典世界中不断地被引向深入，使教师在学生模仿性的进步中获得人类巨大进步的最有趣的图画；最后它给人留下回忆，这些回忆使人记住天才的不朽著作，每当回忆起它们时会觉得历历在目，好比几个朋友一起观察星座，这熟悉的星座常常使他们追溯到他们在一起观察它的时刻。

通过教材的选择来促进教师的热忱，这是不是一件琐事呢？我们要求减轻教师的外部压力，但是，假如不排除那种排斥思想活跃的学生而重视不爱动脑子的学生的迂腐思想，那么我们的这种要求是没有多大可能实现的。

这种迂腐思想是很容易与教育相混合的，它将在很大程度上损害教育本身。这种迂腐思想有两种。最普通的一种是依恋于那些无足轻重的事情上，当发现若干新的小玩意儿时，便鼓吹发明了教育方法。另一种则较为诡谲，而且有较大的诱惑力。有这种思想的人注意重要的事情，但分不清暂时与永久的区别，对于他们来说，学生个别的顽皮行为就是一种错误，而且认为一两次感动了学生就对教育艺术有了改进。当我们看到那种甚至能够极大地震撼学生心灵的办法（诚然这种办法是教育者有权运用，并必须时常对性格坚强的学生运用的）也很容易失去其影响的时候，我们觉得事实与具有这种思想的人的看法是多么不一样。谁只考虑给学生造成的印象的质量，而不考虑数量，谁就将使他作出的极周详的思考与他极富有艺术性的教育徒劳无功。诚然，人的心灵中是不会丧失什么的，但同时也只有很少一些印象会在人的意识中出现，只有那种明显强有力的、多方面有联系的印象才容易地和经常地呈现在心灵面前，而只有那些最为突出的印象能激发人去行动。在青年的长期生活过程中存在着的如此多、如此复杂的因素都能强烈地影响他们的心灵；但是，假如**那种影响不能随着时间的推移而增强**，**不能在其他许多场合得到更新**，那么，即使是极强烈的影响也会被磨灭。正因为人格是以每一句话、每一种目光在丰富自己的，所以，在这种种影响之中，有危险的莫过于造成学生内心对教育者本身的冷落感了。即使可以及时地重新排除儿童的这种冷落感，却无疑需要耗费极大的周折与小心翼翼地进行工作。另一种印象，不管它是如何巧妙地使儿童产生的，假如它使儿童脱离习惯的状况，则将是完全无益的；当儿童跃回原地时，他的感觉就会像一个人嗤笑自己被平白无故地吓了一跳一样。

正是这一点使我们回想到，我们只有知道如何在青年人的心灵中培植起一种广阔的，其中各部分都紧密联系在一起的思想范围，这一思想范围具有克服环境不利方面的能力，具有吸收环境有利方面并使之与其本身达到同一的能力，那么我们才能发挥教育的巨大威力。诚然，只有在顺利的情况下，私人教育才能为发挥教师的艺术才能提供机会。但是，我们仅希望教师在确实存在这种机会时能够利用它。我们希望教师从这里列举的各种例子中得到进一步的启发。此外，不管人们如何竭力反对，世界取决于少数人，只有少数受过正确教养的人才能正确地左右世界。

当那种教学艺术找不到用武之地的时候，一切便将取决于教育者的探索，并在可能的情况下去控制各种使学生产生主要印象的现存根源。希望那些知道怎么样通过个别来说明一般的人能够从这部关于一般原则的著作中了解在这方面如何做，通过人类来说明个人，通过部分来说明整体，然后再按符合规律的关系，将大的紧缩为小的与更小的。

人类不断地通过其自身产生的思想范围来教育自己。假如这种思想范围中的许多方面是松散地联系在一起的，那么它作为整体所起的作用是微弱的；而个别突出部分，设若它是荒谬的，就将激起不安与冲突。假如其各方面是矛盾的，那么就会产生无益的争执，这种争执将不知不觉地赋予粗野的欲望以维护它的力量。只有在有思想的人相互一致的时候，理智才能胜利；只有在善良的人相互一致的时候，善才能胜利。

第一编

教育的一般目的

第一章　儿童的管理

这一章究竟是否属于教育学范围，或者不如把它归入实践哲学关于一般地论证管理问题的部分，对此是可以争议的。关心智育与仅仅想要维持秩序，这两者无疑是有本质区别的。倘使把前者称为教育，倘使这种工作需要特殊的艺术家——教育者，倘使要让具有高度修养的天才集中精力使教育工作达到完美的程度，而把每一种教育艺术工作从所有其他庞杂的工作中分化出来，那么，不仅为了概念的明确起见，而且为了形成一种出色的教育事业起见，我们希望使那些必须看到儿童心灵最深处并对其产生影响的教师摆脱儿童的管理工作。但是，维持儿童秩序是父母乐意放弃的一种负担；而对那些不得不与儿童生活在一起的人来说这却似乎是他们义务中最满意的一部分工作，因为这种工作使其得到机会，通过对别人发泄一点专横，从而在某种程度上补偿其从外界受到的压迫。因此，一个作者假如在教育学中对此保持缄默，就有可能被人说，他不懂得教育。而事实上作者也会因此而自己责备自己的，因为，把各种不同的工作混杂在一起，就做不好工作；但如果把它们完全分开来，这在实践中也同样是不可能的。满足于管理本身而不顾及教育，这种管理乃是对心灵的压迫，而不注意儿童不守秩序行为的教育，连儿童也不认为它是教育。此外，如果不紧紧而灵巧地抓住管理的缰绳，那么任何课都是无法进行的。最后，要将属于儿童教养的一切工作在真正的教育者与父母中间作出认真的分工的话，那么必须努力在分工的两方面之间适当地建立联系，使他们相互取长补短。

一、儿童管理的目的

儿童并未带着他们的意志来到世界，是不能产生任何道德关系的，因此父母们便可以（一方面出于自发，另一方面为了适应社会需要）如同驾驭物具一样驾驭儿童。而且父母们很清楚，现在他们可以不征询儿童的意见，任意对待儿童，随着时间的推移逐渐在他们的孩子身上造就出一种意志来。而这种意志，假如要避免那种双方都不愿意容忍的争吵所导致的不调和态度的话，是人们所必须具备的。但是，儿童很久以后才会具备意志，起初儿童并没有形成一种能下决断的真正意志，有的只是一种处处都会表现出来的不服从的烈性。这种烈性就是不守秩序的根源，它扰乱成人的安排，并把儿童未来的人格本身也置于种种危险之中。这种烈性是必须克服的，不然，儿童不守秩序的行为就可能被认为是儿童监护人的过失了。在儿童表现出具有真正意志的迹象之前，其烈性的克服是可以通过强制来实现的，而且为了完全获得成功，这种强制恰恰必须是强有力的，并必须经常重复使用。实践哲学的原理就是要求这样做的。

但是，这种盲目的烈性情绪的苗子，这种原始的欲望，仍然存在于儿童身上，甚至逐年增长扩大。所以为了使那种在烈性与欲望中成长起来的意志不发展成反社会的倾向，就有必要经常对它们保持明显的压制。

成年人和理智的有教养者随着时间的推移会接受自己管理自己的任务。但是也有些人始终不能达到这种境地。社会便把他们始终置于受监护的状态，把他们中的一部分称为白痴和浪人。也有些人确实养成了反社会的意志，社会不可避免地同他们发生斗争。最终，他们往往都受到了他们应得的报应。但是这种斗争对社会本身来说也是一种道德上的罪恶，是应当避免的，而儿童管理就是许多必要的预防措施之一。

儿童管理的目的是多方面的：一是为了避免现在和将来对别人与儿童自己造成危害；二是为了避免不调和斗争本身；三是为了避免社会参与它没有充分权力参与却被迫要参与的那种冲突。

总而言之，这种管理并非要在儿童心灵中达到任何目的，而仅仅是要创造一种秩序。然而，读者不久就会明白，儿童心灵的培育是完全不能忽视管理的。

二、儿童管理的措施

一切管理首先采取的措施是威胁。而一切管理在运用威胁时有触及两种暗礁的危险：一方面有些本性顽强的儿童蔑视任何威胁，敢于做他们想做的一切；另一方面有更多的儿童，他们太软弱，以致不能承受威胁，在他们身上，恐惧反而会助长欲望。两种结果，或此或彼是不可避免的。

儿童管理触及第一种暗礁的情况是罕有的，实际上无须忧虑，只要不太迟的话，这正是进行真正教育的极好时机。但是儿童在轻率状态中表现出来的软弱与健忘使纯粹的威胁成为极不可信赖的手段，因此人们早就把监督看成是儿童管理所不能缺少的手段了。与其他任何管理手段相比，它在儿童管理中尤其不能缺少。

我几乎不敢对监督公开表示自己的意见，至少我不想急于表示并详尽地加以阐述；否则，父母与教育者们将会认真地认为这本书势必造成危害。对公共教育机构内严格监督所造成的效果的有关事例了解得太多，这也许是我的不幸，也许我就保障生命安全与四肢健康来看，太多地相信了这样一种观念：必须使孩子与青少年敢于成为男子汉大丈夫。在这里作简短的提醒已绰绰有余了，要知道拘泥于细节的和经常的监督对于监督者与被监督者来说同样是一种负担，因此双方都常常千方百计要回避它，并一有机会就会把它抛弃掉。首先，要知道监督的需要将随着其被使用的程度而增强，到了最后，任何停止监督的时刻都将造成极大的危险；其次，要知道监督还会妨碍儿童自己控制自己，考验自己，使他们不能认识许许多多事物，而这些事物是永远不会被引入教育体系之中，只有通过自己探索才能发现的；最后，要知道由于所有这些原因，那种唯有从本人意志中产生的行为所构成的性格，将根据被监督者寻找到摆脱监督的出路的多少，或者保持软弱状态，或者变得古怪起来。这是长期监督的结果，很少在儿童的早期发生，同样很少在具有特殊危险的短时期内发生；因为在这种危险时期，监督当然可以被作为极严格地执行的义务。在这些可以被视为例外的情况下，人们必须选择最认真和最勤奋的监督者，而不是真正的教育者；如果我们越是不能假定在这种情况下可给教育者施展本领的机会，那么在这方面就越会错用他们。假如要把监督作为常规工作的话，那么就不可能要求那些在监督压制下成长的人们机智敏捷，具有创造能力，具有果敢精神和自信行为；我们也许只能期待产生这样的人，他们始终只是单调刻板的，并习惯于墨守成规，不思改变，而对于高尚与奇特的事件则畏缩不前，把自身葬送于庸庸碌碌与安逸之中。不过，在这个问题上赞成我意见的人务必小心，不要认为你们对孩子不加监督，不加教养，放任他们撒野就能培养出伟大的品格来！教育乃是始终不渝地进行工作的一个重要整体，它要求及时地从一个终点过渡到另一个终点上去，仅仅避免某些错误是无济于事的！

当我进而讨论到儿童管理必须给予儿童心灵以帮助——权威与爱——的时候，我的意见也许又与其他教育家相接近了。

心智服从权威，权威能约束其超出常规的行动，因此非常有助于扑灭一种倾向于正在形成的邪恶的意志。对于那些具有最活跃天性的人来说，权威是最不可缺少的，因为这些人不管善与恶都会去尝试，而只有当他们不迷失于恶时，才会追随善。但是人们只能通过卓越的智慧获得权威，而卓越到什么程度才能获得权威，如大家知道的，是不能作出规定的。权威必须将教育置之度外而单独发挥作用。一种坚定不移而远大的行为显然始于足下，并必须按照其本身的笔直的道路前进，注意周围各种情况，而不为某些具有较软弱意志的人的好恶所左右。假如一个轻率的孩子粗鲁地闯进禁止涉足的圈子，那么必须使他感到他可能引起什么样的损害；假如他产生了要破坏的不良意向，那么这种意图，只要它已变成或者可能变成事实，就必须受到充分的惩罚；但假如他对恶的意志，包括对冒犯别人的行为，作出纵容，则必须使他感到惭愧。儿童管理像国家管理一样都不太能对恶的意志进行惩罚。给予这种恶的意志以深刻的否定，使它受到挫伤，这乃是教育要做的事情。而这方面的教育工作，只有当管理完成了它的使命之后，才能开始。在应用业已获得的权威的时候，要求超越管理而考虑到真正的教育本身，因为虽然直接通过让学生消极服从权威来对他们进行心智培养将一无所获，但这对于学生以后的思想范围的限定或者扩大来说是非常重要的，他们今后将要在这种思想范围内更加自由地活动，并独立地创造自我。

爱基于情感的和谐，同时基于适应。由此显而易见，对于一个陌生人来说要获得爱是多么难。一个性格孤僻的人，一个说话生硬并斤斤计较的人，他肯定得不到爱；而另外有一种与儿童亲近的人，他们本来应该在乐意与儿童相处的同时慎重对待儿童，但他们在参与儿童玩乐时追求自己的玩乐，这种人也是得不到爱的。爱所要求的感情和谐可以通过两种方式产生：教育者深入到学生的感情中去，十分巧妙地悄悄融合在学生的感情中；或者他设法使学生的感情以某种方式接近他自己的感情。后者较为困难，虽然如此，后者仍然是必须与前者结合起来采用的，因为只有当学生能够用某一种方式与教育者交往的时候，学生才能致力于他与教育者关系的发展。

但是孩子的爱如果没有足够的相应的反应加以充实的话，那将是反复无常的！较长的时间、温柔的爱抚、单独的交往将加强这种关系。一旦获得了爱，它就能在多么大的程度上减轻管理的困难，这是自不待言的。但它对于真正的教育来说又是多么重要（因为它把教育者的心向告诉了学生），而那些很乐意利用并很糟糕地利用爱来为自己随心所欲支配儿童服务的人，应当受到最严厉的谴责！

父亲极自然地享有权威，因为一切都要服从他，一切要依靠他，家庭的一切安排由他决定与改变，或者更确切地说，母亲也似乎使一切都顺从他。这样在他身上就极明显地呈现出智慧优势来，这样的优势使他有可能用几句否定的话，或者几句赞同的话，使人感到沮丧或感到欢欣。

爱则极自然是母亲所具有的，没有人像她那样能够通过各种牺牲去探索并学会理解儿童的需要；她早就为儿童准备和编制了一种语言，并比任何人都早得多地找到传授给孩子语言的途径；她那由性别决定的温柔有利于她轻而易举地懂得用和谐的声音适应其孩子的感情，以至其温柔的力量永远不会被误用，也永远不会丧失其效果。

倘若权威与爱在需要进一步的管理手段之前一直是保持儿童最初服从的效果的最好手段的话，那么我们希望会遵循这一点，让管理最好保留在那些自然地得到信赖的人手中；而相反，真正的教育，这里主要指思想范围的培养，也许只能出自那些进行过特殊训练的人，那些能使人的思想范围向四面八方伸展开去的人以及那些在这方面能尽量精确地判断什么是更高尚、什么是较深湛、什么是更艰险、什么是更平坦的人。但是，因为权威与爱对教育具有很大的间接影响，所以儿童思想的培养者（无疑给予他的信赖始终只限于有限的允许范围）不应当以傲慢的态度默默地、自成一统地，并排斥父母来进行他的工作，否则就会因此破坏他们的影响力，这种影响力是他难以获得补偿的。

诚然，假如应当由父母以外的其他人来承担儿童的管理的话，那么这取决于是否能把管理安排得尽可能容易些。而这又要视儿童的好动性同其活动余地的关系而定。在城市中儿童可能给许多人造成许多破坏，在这里他们必须被限制在狭小的范围内。儿童所破坏的是如此之多，因为许多儿童在一起相互作出的榜样能够刺激与增进儿童的好动性。因此没有一个地方比在城市的教育机构更难进行管理，这些机构尽管称为教育机构，但确确实实是名不副实的，因为在这里进行管理尚且这样费力，更何况进行教育呢？相反，在乡村，只要不至于因为对许多儿童所负的责任而作出各种对儿童来说往往过分谨小慎微的规定，那么教育机构也许可以利用活动范围宽广的优点。要知道这种规定虽然是为了防止某种作恶的意志，事实上却会引起必然的、最普遍的危害。但教育者们完全有理由及早考虑到向儿童提供大量受欢迎而无害的活动，以消除他们那种十分难以阻止的不安稳。关于这一点已有许多叙述，因此我完全可以缄默了。凡是在那些环境能使儿童的活动本身找到有益轨道，并能让这些活动在其中完全发挥出来的地方，管理将取得最出色的效果。

三、以教育代替的管理

在迫不得已的情况下要通过压制来确保的威胁，一般要了解儿童可能会遇到什么的监督，彼此联结在一起的权威与爱，这些力量是相当容易在某种程度上获得儿童尊重的。但是，弦绷得越紧，要把它完全调到正确的音调上，需要的力就相对越大。毫不迟疑的服从，立即并完全乐意的服从，对于这种服从，教育者完全有理由把它看作是他们的胜利。难道有谁愿意通过纯粹的约束措施，完全通过军事式的严厉手段来逼迫儿童服从吗？人们只能理智地把这种服从同儿童本人的意志结合起来，并只能把这种服从当作一种已经进行了一段时间的真正的教育的结果来期待。

假定学生已经有了一种强烈的感觉，能明白地体会到智慧的引导带给他的好处，而缺乏这种引导，甚至减少这种引导将会给他造成损失，那么我们就可以让他明白：作为这种引导继续下去的条件，需要建立一种在任何场合都靠得住的完全稳定的关系，同时需要直截了当地规定，只要教育者有理由提出要求，他就必须立即服从。这里当然不是说盲目地服从，那是与任何社交关系都格格不入的。但在任何地方都会有这样的情况，那里只能由一个人作判断，而别人必须毫无异议地服从。可是，当他们刚刚被迫去做时，就应当向他们解释：为什么如此决断，而不作另一种决定？这就是说，应当使学生按照这样的解释在今后对教育者的命令作出判断。可见，对服从的必要性具有信念的儿童只能接受人们不是擅自作出的决定。在教育中也是如此。一个外行的教育者如果擅自行使支配权，而这种权力既不是从父母那儿得来的，又不是被学生承认的，那么他将完全自毁于此。

四、在与管理的对照中看真正的教育

真正的教育也一样知道可以称为强制的办法。虽然真正的教育对待儿童从来不是生硬的，却常常是很严格的。它的极端形式表现在这种赤裸裸的话中：“我要。”而这句话一下子可以不加补充地变换成具有同样意义的“我希望”来，以至于必须慎重地使用这两句话，因为这两句话是在对学生提出某种只能是例外的要求，即要他们放弃去了解并共同来讨论要他们服从的理由，所以这两句话表明了教育者所罕有的不满以及造成这种不同寻常的态度的原因，这些原因是要学生寻找出来加以消除的。

教育者在教育中不太会突然顽固地对学生提出他们很不愿意接受的要求与顽固地忽视学生的愿望，使教育变得像管理一样具有强制性。无论如何，教育者可以暗示学生，并且，如有必要的话，可以明白地提醒学生先前已订立过的契约[①]：“我们的关系只能在某种条件下存在并得到保持。”然而，假如教育者确实不知道设法使自己取得某种自由的地位，那么这种方法显然是毫无意义的。

从此时开始，教育者可以停止对学生平素所表示出来的亲切与赞许了，而这种做法的前提是，通常教育者应当以各种人道的态度将学生作为人来对待，并也许应当以应有的充满爱抚的情意将他们作为可爱的孩子来对待。而这里包含着更高一层的先决条件：教育者应当感受到人类能够具备的一切美好与可爱的品质。最好避免让青少年与那种性格忧郁，因而使这种感受变得迟钝的人接触。这种人是根本不会得到他们应有的宽容的。只有那种能够大量地感受，因而也同样能大量地反馈给他们的人，才能大量地收获，并通过这种作用得心应手地驾驭青少年的情绪与注意力。

但是，如果他不愿为他们充分地牺牲他本人情绪方面的自由[②]，那么他是不能驾驭他们的！假如他总是保持着一种冷漠的态度，那么他怎么会把形形色色美好的智力活动赋予那些正处在轻率态度与体力增长高峰的儿童呢？而没有这些活动，儿童就不可能有强烈的同情心，不可能有真正的鉴赏力，甚至也不可能有真正的、敏锐的理解力与观察的智慧。只有极少数人能够自己从那种被我们

① 指教育者规定学生得服从他的要求。——译者注

② 这里的“自由”是指教育者任意地表现出喜怒哀乐这些情绪的权利。赫尔巴特认为，教育者如要驾驭学生，就应当放弃随心所欲地在学生面前表现自己情绪的这种自由。——译者注

称作平庸的肤浅状态中超脱出来，只有极少数人可以获得不同于教给他们的那种判断智慧，从内外两方面来培养自己。因此教育者必须在识别孩子的同时激励他们。教育者必须灵巧地运用那种能够使人在自身教育中受督促和鼓舞的感染力与约束力，从而把孩子的面貌反馈给孩子。这种能力，教育者除了从他本身激动起来的心灵中获得以外，还能从哪里去获得呢？当孩子事后感到他所表露的这样那样的念头对教育者产生了什么样的影响时，这就表明他已初步脱离了原始状态，这也就是教育的最直接的效果。但是事先要感受这一点，则要求一种个人情感上的艰苦的转变，这种转变对于成人来说是适应不了的。而只有对于那些本身还处在致力于受教养的时期的人来说，才是适合的、自然的。因此，教育乃是青年人的事情，在青年人的年龄阶段，自我批判的敏感性达到了最高程度；而事实上就其对更年轻一代的教育来看，最有帮助的是，青年人在这个年龄阶段具有完美无缺的人的能力，能够随着使可能变为现实的全部任务的完成，随着对儿童的教育，自己也同时受到教育。随着时间的流逝，或者因为其欲望已满足，或者因为其希望在消沉，或者工作过于紧迫，青年人对教育的那种兴奋一定会消失，随之，其教育能力与爱好也会消失。

表达个人情绪所需要的语言，其多少是由各种客观情况来决定的。那种从来不多说话的缄默性格，那种缺乏抑扬顿挫能力的迟钝的语言器官，那种缺乏多种变化的表达，以致不能用庄严来表达不满，不能用高兴、热忱来表达赞许——这一切准会置最好的意志于绝地，置最美好的感情于窘迫之中。在教育过程中教育者需要讲许多，并需要一些无事先准备的言辞。这些言辞虽不必作艺术修饰，但不可完全缺乏表达形式。

在教育过程中是多么需要那种必须摆脱生硬语气的强调！除了某一种出人意料的表达手段，除了那种递进的并在最终引起不安的郑重言辞，除了那种能够形成或破坏对成功或失败了的希望的思念的措施，还能从哪里得到这种强调的效果呢？教育者应退回到自己的人格上，力争从那种对于他来说似乎是一种嘲弄的不协调状态中摆脱出来；或者他应振作起来，从那种束缚他施展本领的琐屑事务中超脱出来。学生觉察到自己面临着各种纷乱的头绪，于是他瞻前顾后，在他的脑海中闪现出正确的原因或者恰当的方法。而当他准备去了解和整理这些头绪时，教育者将立即帮助他拨开黑暗的云雾，帮助他把分散的集中起来，帮助他克服困难，使动摇的稳固起来。这些解释诚然太一般，太抽象了，读者自己可以举例来说明它！

不应长时间地与孩子过不去！不应故意摆威风！不要神秘的缄默！尤其不要虚伪的友好！无论各种感情活动会发生多少变化，都必须保持坦率、诚恳。

学生将会从他约略的了解与珍重教育者的感情中产生纯真的服从态度，而在学生表现出这种态度以前，他必然会对教育者进行许多试探。但是，当学生表示这种服从态度时，教育者的态度必须更加稳重，更加一致，他不应当让儿童对他产生怀疑，好像儿童同他无法建立牢固的关系似的，好像儿童不能放心地寄托于他的心灵似的。

第二章　真正的教育

教育艺术使儿童的心灵激动而不再平静，给它以信任与爱，使它能随意地被控制与激发起来，并在时间尚未来到之前就把它投入到未来岁月的旋涡中去。在担心受到谴责的人们看来，有一种目的可以为这些教育手段作辩护，而假如这种教育艺术不能达到目的的话，那么这种教育艺术便成了所有劣等艺术中最令人憎恶的艺术。

“总有一天你会感激的！”教育者对啼哭的孩子说。而事实上也只有这种希望能用来为他迫使孩子掉泪作辩护。但是他应当防止出于过分自信而太频繁地运用过严的手段！并非所有善意都会得到感激的，因而当别人只能对此感到讨厌的时候，如还把被自己曲解的热诚视为善举，那么在这种人带领的班级中，这种做法是很糟糕的！所以应当警告：不要进行过度的教育。要避免运用一切不必要的强制，这样的强制可能使儿童无所适从，可能抑制他们的情绪，毁灭他们的乐趣；同时这还可能毁灭他们今后对童年的美好回忆，乃至对教育者的真诚的谢意，而这将是他们对教育者唯一真诚的感谢！

那么，我们是不是宁可完全放弃教育呢？是不是要把我们的工作仅仅局限于管理方面，而且连管理也限制在最急需的部分呢？假如每个人都愿意坦率地发表意见的话，那么许多人会对此表示赞同的。这种在英国受到赞扬的办法也将在我们这儿受到赞扬。而假如我们一旦沉湎于这种赞扬中，那么就会宽恕自己管理得不够，这种失职容忍那些在幸福岛屿上有地位的年轻先生们享有形形色色的特权。让我们撇开一切争论吧！对我们来说，问题仅仅在于：我们能否预料未来人的目的，替他早一点把握这些目的，并为他追求这些目的，让他有一天感激我们？假如是这样，我们便不需要其他各种进行教育的理由了，我们便可以爱儿童，并通过爱他们而去爱人类。爱是不喜欢疑惑不决的，就像爱不希望绝对命令一样。

一、教育的目的是单纯的还是多方面的

为了努力达到科学的统一性，思想家常常人为地误将许多就其性质来说相近的事物挤压在一起，推论出相互关系来，甚至陷入这样的错误境地：从知识的统一性中推导出事物的统一性来，而且以前者的统一性来假定后者的统一性。这些错误观念却并不影响教育学，甚至使人感到有这样的需要：用一种思想来理解像教育这样一种工作的整体（它具有无穷多的部分，而各部分又是最紧密地联系在一起的），从这种思想中能够显示出计划的统一性与精力的集中性。假如注意一下教育研究必须得出的结果，以便使该结果完全可以得到应用，那么我们就会被驱使去要求和假定教育研究结果不可能没有这种统一性，并且在其中还将希望获得教育原则的统一性。所以问题是多方面的：第一，假如这种统一性原则确实存在的话，那么人们是否知道在一个概念之上建立一门科学的这种方法？第二，也许事实上存在于那里的这种原则是否真正能产生一门完整的科学？第三，这种科学的结构以及它所产生的这种观念是不是唯一的，或者是否含有其他即使不太适当却是自然的、不能完全排斥的成分？我在另一篇论文[①]（附属于我《直观教育 ABC》第二版）中，按照这里看来是必要的那种方法论证了教育的最高目的——道德。经郑重考虑，我必须请求读者把这篇文章（整部著作）同本书作一个仔细的比较。至少我得假设，大家是会去作这种比较的，这

①《论对世界之审美描述是教育的首要工作》。

样我便可以避免重复了。至于读者是否能正确理解那篇论文，这首先取决于读者是否能注意到德育应涉及教养的其他部分，也就是说，德育应把其他部分作为先决条件，只有在进行其他方面教养的过程中才能有把握地开展德育。希望无成见的人们不难觉察到，德育问题是不能同整个教育分离开来的，而是同其他教育问题必然地、广泛深远地联系在一起的。但是这篇论文本身可以表明，该文中论述的这种联系在一定程度上没有详细地涉及教育的所有部分，而本来只要它们是存在于这种联系中的话，就应当予以说明。关于我们不能置之不理的一般教养的直接价值，关于这方面的其他一些观点是更迫切需要作出解说的。因此，我坚信把德育置于首位的探讨方法确实应当是教育的主要观点，但不是唯一的观点，不是能概括一切的观点。这里要附带说明，在那篇论文中业已开始的探索应当继续下去，必须直接依靠哲学的完整体系来进行这种探索。但现在，直到哲学探索在某时变得清清楚楚以前，教育还无暇休息。我们更希望教育学尽可能对哲学的怀疑保持独立性。出于这一切理由，我在这里采取这样的办法：使其对读者容易些，不太会误入歧途；使其对科学来说，各点都能顾及。但这对最后作全面考虑与对整体作总结来说，在某种程度上都欠佳，因为有一些问题总会在孤立地作出的考虑中遗漏掉，而且在使各种现象达到最完美统一方面也会有些欠缺的。这些讨论是针对那些感到有责任去整理教育学的人们的，或者说确切一点，是针对那些有责任用自己的方法去创建教育学的人们的。

从教育的本质来看，统一的教育目的是不可能产生的。这是因为一切都必须从这样一种思想出发来进行考虑：教育者要为儿童的未来着想。因此，学生将来作为成年人本身所要确立的目的，是教育者当前必须关心的，他必须为使孩子顺利地达到这些目的而事先使其做好心理准备。同时，他不应该挫伤未来成人的活动，因此现在不应该把这些活动局限在几方面，同样也不应该通过分散这种活动来削弱它。他既不应该忽视活动的强度，又不应该忽视它的广度，被他忽视的，今后儿童会重新向他索取。不管困难大小，有一点是清楚的：因为人的追求是多方面的，所以教育者所关心的也应当是多方面的。

可是，我并不是说，教育的多方面不容易归纳到一个或几个主要的形式概念①中去，② 相反，我们认为，学生未来目的范围立即可以分为：一种纯粹可能的目的领域和一种完全与此区分开来的必要的目的领域。前者他也许今后总会把握住，并在任何范围内去追求的；而后者，假如忽略过去的话，儿童是决不会原谅自己的。总而言之，教育目的可以区分为未来成人的——既非教育者，又非儿童的——意向目的和道德目的。这两个主要纲目对于每个人，只要他记得起伦理学最著名的基本思想的话，便会立即清楚的。

二、兴趣的多方面性
——道德性格的力量

1. 教育者如何才能在事先把握学生只有在将来才有可能达到的目的

这种目的的对象作为纯粹意向的事情对于教育者来说是根本不感兴趣的。只有未来成人的愿望本身，乃至他出于这种愿望对自己提出来的要求的总和，才是教育者本着善意去实现的对象；而学生必须赖以应付其自身各种要求的能力、原始的兴趣和活动，按培养完美的人的思想来看，这些方面乃是教育者作出判断的对象。因

① “形式概念”，这里指抽象概念。下同。——译者注

② 按科学观点，我在这里必须指出：仅仅可以把多样性归纳进去的概念与原则，如果按严格的必然性看，其内部并不产生多样性，那么，我以为这些概念与原则是称不上原则的。

此，这里浮现在我们眼前的不是个别目的的一定数量（个别目的无论在什么地方都是我们事先无法知道的），而主要是成长着的一代人的活动，即他那内在的和明显地表露出来的活动力与敏捷性的总和。这种总和越大，越充实，越广泛，越和谐，就越完美，而我们带着善意要去实现目的的把握就越大。

但是，花朵切不可过分开放，圆满的状态切不可因为在各方面过于分散而成为它的弱点。人类社会早就发现分工是必要的，这样每个人都可以把他所做的事做好。但是，要做的事越局限，分得越细，那么每个人从其他人方面要接受的东西也就越多。因为智慧的可接受性基于各心智间接近的可能性，而后者又基于相似的心智活动，所以不言而喻，在人类真正的较高级活动领域中，分工不应该分到使每个人相互都不了解的程度。大家都必须热爱一切工作，每个人都必须精通一种工作。但是，这种专一的精通是各人意向中的事情，而多方面的可接受性，只能产生于个人从一开始就作出的多方面的努力之中，这就是教育的任务。因此，我们把教育目的的第一部分叫作兴趣的多方面性。我们必须把兴趣的多方面性同过分强调多方面性，即许多事情都浅尝辄止，区别开来。因为意愿的对象、意愿的各个方向都不比其他东西更使我们产生兴趣，所以为避免弱点与优点的并列，我们还得补充一个限制词：平衡的多方面兴趣。由此我们可以得到通常的一种表达：一切能力的和谐发展。与此相关联就产生了这样的问题：心灵能力的多方面性意味着什么？而各种能力的和谐发展又意味着什么？

2. 教育者如何把握学生的必要的目的

因为按照正确的认识，道德只有在个人的意志中才有它的地位，所以我们当然先应这样来理解：德育绝不是要发展某种外表的行为模式，而是要在学生心灵中培养起明智及其适宜的意志来。

这里我撇开了那种与培养上述意志紧紧联系在一起的形而上学

方面的困难。谁懂得教育，谁就可以忘记这些困难；谁摆脱不了这些困难，谁就需要在学习教育学以前学习形而上学。各种推论的结果将为他指出，教育对他来说是不是一种能够实现的想法。

我观察人生，发现许多人，他们把道德看成是一种约束，很少有人把它看成是生活本身的原则。大多数人具有一种与善无关的性格，只有符合他意向的生活计划；他们只是偶然行善，而如果较好的行为可以使他们达到同一目标的话，他们便乐意避免做坏事。各种道德原则对他们来说都是些无聊的东西，因为他们觉得从这些原则中除了对思想过程处处产生约束以外得不到其他任何结果；事实上如果有什么方式可以来对付这种约束的话，他们都是欢迎的。当一个少年顽童相当大胆地犯了错误时，他会得到他们的同情，他们会由衷地宽恕一切并非可笑、恶毒的过错。假如德育的任务就是使学生达到它所要求的水平的话，那么我们的工作就容易了，我们只要关心学生不受嘲笑，不受侮辱，使他们自信地成长起来，并获得关于荣誉的某些原则。这些原则是学生容易接受的，因为这些原则讲的荣誉不是那种难以获得的东西，而是一种自然所赋予他的占有，这种占有只需按照通常方式在某些情况下加以保护，使它发生效力就可以了。但是，谁可以为我们担保，未来的成人不会自己去寻求善良，把善良作为自己意志要达到的对象，作为生活目标，作为自我批判的准绳呢？到那时，谁来保护我们，去回答因此而受到的严厉批评呢？这种批评比如：未来的人要我们说出，为什么在出现了培养善的机会时，我们却擅自放弃这种机会呢？这种机会也许可以带来真正能提高智慧的良机，而绝不可能带来“已受过教育”的自负！这种例子是有的。假如无心把事管好，勉强为他人做管理者，那么这绝不会顺利的。似乎没有一个人愿意当着一个具有严格道德观念的成人受到严厉的谴责，就像他不愿意任何人无理地要求对他施加影响，使他有可能变坏一样。

所以，使绝对明确、绝对纯洁的正义与善的观念成为意志的真正对象，以使性格内在的、真正的成分——个性的核心——按照这些观念来决定性格本身，放弃其他所有的意向，这就是德育的目标，而不是其他。虽然当我简短地说明正义与善的观念时，人们不完全理解我，但好在伦理学毕竟还是全面透彻的，即使它从前曾以幸福论①形式满足于一知半解。总而言之，我的主要思想是说清楚了的。

三、把学生的个性作为出发点

教育者力求教育的普遍性，而学生是个别的人。

有些经验认为，在使理智的生物作这样那样的转化时会碰到种种困难，而使其发挥功能时（这种功能恰恰是很大的）却会相反地较容易些。我们必须毫无异议地接受这些经验，不必认为心灵是由种种官能混合起来的，也不必认为大脑是由各种能为大脑负担部分工作的积极有助的器官构造成的。②

无论怎样要求，我们用实验来证明脑子素质的弹性，而决不去借口尊重这种素质的优越性来为我们的惰性辩护。我们仍可以预见，即使对人类作最纯粹的、最成功的描述，这种描述同时也始终是对特殊的个人的说明。是的，我们甚至感到，为了不使种族的一个纯粹的范例在种族本身面前显得微不足道，并无关紧要地被抹掉，我们必须突出个性。我们终于明白，为不同的人准备与确定不

① “幸福论”是一种哲学理论，认为人的一切行为目的是为了幸福，而达到这一目的的方法是道德的行为。——译者注

② “理智的生物”，这里是指人；“转化”是指教育。整段的意思是：在对人进行教育时可能会碰到困难，也可能碰到在人身上具有的某些受教育的有利条件。不管如何，我们应把人作为客观存在的对象施以教育，而不去接受某些哲学观点，认为人格是由各种官能混合成的，大脑是各种独立的生物机能的总和。——译者注

同的工作，这对人类是多么有益。同时，青年人的个性是在教育者努力教育中愈益显露出来的。假如青年人的个性不违背教育者的教育努力，或者偏离其方向，以致产生既不合学生又不合教育者的第三种个性来，那么这是够幸运的了！产生第三种个性的情况几乎常常发生在那些根本不知道与人打交道，因此也不知道把孩子视为业已成为人的人身上。

从上述这一切中可以得出关于教育目的的消极规定来。这种消极规定的重要程度，正如其难以遵守的程度一样，那就是说，应当尽可能避免侵犯个性。为此，我们特别要求教育者识别他本人的癖性，当学生的行为与他的愿望不一致，而在两者之间又不存在带有实质性的优劣时，他应当慎重考虑。他必须立即放弃他自己的愿望，如可能，甚至必须抑制对这种愿望的表达。无理性的父母会按照他们的好恶来打扮他们的儿女，如同在没有刨过的木头上涂上各种油漆。这种油漆在孩子开始独立的岁月中将重新被强行抹去，但这自然不是没有痛苦与伤害的，所以真正的教育者假如不能阻止这样做的话，那至少不应当参与进去。他应从事他本身的那种永远可以在儿童心灵中找到宽广而无人问津的活动余地的建树工作；他应当避免接受劳而无功的工作；他应当乐意不让学生个性能够获得的唯一荣誉枯萎凋零，那就是让这种个性具有鲜明的轮廓，乃至明显地显露出来。他为他自己寻找的荣誉则在于，人们可以从委托给他按他的意向进行教育的人身上清晰地看到人格的、家庭的、身世的和民族的未被涂抹过的特征。

四、关于把上述不同目的综合起来考虑的需要

只要不无视事实上存在的多方面的要求的话，我们就不能从一

点出发来阐明我们的教育意图，除非我们必须把多方面要求归结到一点上，作为我们单纯的计划的目的，否则，我们的工作究竟从哪儿开始呢？到哪儿结束呢？如何从那种种迥然不同的角度每时每刻向我们提出来的迫切要求中解脱出来呢？谁曾用心教育而不天天都感到必须有一个统一的目的呢？谁想到教育而能不为呈现于眼前的各种各样的问题和任务感到吃惊呢？

个性是否与多方面性相容呢？当我们培养个性时，我们是否可以存留多方面性呢？个性是突出的，多方面性是平面的，没有棱角的，因为多方面性应当按我们的要求被平衡地培养起来。个性是确定的，有界限的；多方面兴趣是向各个方向伸展的。多方面性必须作自我牺牲，而个性是不易触动，或者可能会收缩起来的。多方面性变换着向各个方向移动，而个性却安静地停留在自身之中，以便总有一次能猛烈地冲出来。

个性与性格的关系如何呢？个性与性格似乎是相吻合的，或者说它们恰恰是相互排斥的。因为我们从性格上认识一个人，就应当从道德性格上去认识他，所以那种缺少道德的个人在道德方面是识别不出来的，相反可以在许多其他个性特征上被识别出来。正是这些特征似乎才是形成他性格的成分。

诚然，最严重的困难存在于教育目的本身的两个主要部分之间。多方面性怎么能接受道德的严格限制呢？同时道德的谦恭所具有的庄严质朴怎么能容忍五光十色的多方面兴趣来文饰呢？

假如教育学一旦突然抱怨，认为它在大体上是被相当平庸地考虑出来并得到推行的，那么这只能表明它是听从了那样一些人的意见，他们关于人的解释对我们没有多大帮助，不能使我们从两种看来必须相互调和的、可悲的观点中间解脱出来。因为，假如仅仅向上看到我们的最高目的，那么个性与人世间的多方面兴趣通常就会被遗忘掉，直到不久之后连最高目的也被遗忘掉为止。当人们迷蒙地把道德置于对超验力量的信仰中时，那么支配世界的实际权力与手段就会落到无信仰者的手中。

将前面论述中所缺少的一切一下子都弥补起来，这个任务是我们在这里不敢想的！但愿我们能成功地进一步把一些问题分析清楚。认真仔细地剖析各种主要概念，即多方面性、兴趣、性格、道德等，这自然是我们的主要工作，因此我们确实必须尽一切努力来对待它，而这也是我们事先为自己确定的。在作剖析的时候，这样那样的关系也许会自然而然地清晰起来。但是，关于个性问题，它显然是一种心理现象，因此，对个性的探讨属于前面已提到的教育学的第二部分。这部分必须建立在理论的观念上，而现在论述的却必须建立在实践的观念上。

但我们在这里绝不能把个性撇在一边，否则，我们将因为常常会想到它而受到干扰，妨碍我们充分自信地去思索教育目的的主要部分。所以我们必须就在这里采取一些步骤，用性格以及多方面性的分析来补偿个性的分析，然后才能把已经说明了的观念与关系在思想上迁移到下列各篇中去，才能继续从各方面去探讨教育对象而不失之偏颇。但仅仅教条是绝不能代替自己亲身体验的。

五、个性与性格

每件事物都是通过它的个性和与它同类的事物区别开来的。那种与众不同的特征通常称为个体的性格，而在用语上“个性”与“性格”是混同在一起的。我们希望把两个词区别开来确定其含义。但是，一旦我们谈论到戏剧中的性格[①]，或者谈论到儿童缺乏性格时，我们马上就会感觉到，性格这个词在另一方面被作为“个性”

① 德文中性格这个词也有“角色”的意思，这里是双关的，但中文中没有同样含有这两个意思的词，故译为“性格”。——译者注

这个意义在应用。仅仅有个性，这只能构成低劣的戏剧。而儿童即使没有性格，却也会有很明显的个性。儿童所缺乏的，戏剧人物所必须表现的，能用来刻画作为理性动物的人的主要表征，这就是意志，而且是在严格的意义上来说的意志。这种意志是与情绪和要求的表露有很大区别的，因为情绪与要求不是坚定的，而意志却是坚定的。这种坚定性就是性格。

作出决定的意志是有意识的，而个性却是无意识的。个性是朦胧的根源。我们心理学上的臆说认为，从此种根源出发，人类始终是根据环境产生各种各样的心理现象的。心理学家最后也把性格本身归结为个性，而超验的自由教师只看到业已形成的性格的表现，用不可逾越的鸿沟把思维世界与自然界区分开来。

这就是说，性格几乎不可避免地通过对个性的斗争来表现自己。因为性格是单纯而顽强的，而个性却不断地从其深处表现出别的和新的念头与欲望来。纵使个性的活动被征服了，个性还会通过多方面的消极面与敏感性来削弱决心的执行。

不仅道德的性格要这样斗争，而且任何性格都要这样斗争，因为每一种性格都企图达到自己的那种彻底性。野心家、个人主义者，是战胜了个性上的优良一面来实现自我的。罪恶的英雄与美德的英雄同样都是靠战胜自己来实现自我的。在滑稽的对立中，另有一些弱者为了有一种理论与彻底性，给他们的理论赋予这样的原则：不斗争，而任其自行发展。无疑那种斗争是一种从光明冲向黑暗，从有意识进入无意识的艰巨而奇特的斗争。深思熟虑地进行这种斗争至少比顽固地进行这种斗争要好得多。

六、个性与多方面性

假如前面我们必须把彼此混同在一起的事物区别开来的话，那么在这里我们必须把突出来的事物削平下去。

多方面性是没有性别、等级和时代差别的。它具有灵活性与普遍存在的可接受性，适合于男女老少，任意地存在于贵族和平民身上，存在于雅典和伦敦、巴黎和斯巴达。阿里斯托芬①与柏拉图是它的朋友，但没有一个人已掌握它。只有偏狭性对于它来说才是罪恶。它注目色彩，思索着最高尚的，爱着最美丽的，嘲笑那被弯曲的，并活动在每种现象中。对于它来说，任何事物都不是新的，但一切对它来说都是生气勃勃的。习惯、偏见、憎恶与丧气都不能触动它。唤醒亚西比德②，领他周游欧洲，你们便将看到一个具有多面性的人。在这样一个人身上，据我们所知，只有在这个人身上，个性是多方面的。

就这一意义而言，具有特性的人不是多方面的，因为他并不想要那样。他既不想要接受一时产生的一切感觉，也不想要作为所有依附于他的一切人的朋友以及作为长着各种情绪果的树木。他拒绝作为各种矛盾的中心。但冷淡与争论对于他来说同样是可憎的。他保持着热忱与严肃。

因此，亚西比德的多方面性无论是否在某方面或多方面可能与个性相适应，这对于一个不能放弃培养学生具有性格的教育者来说却是完全无关紧要的。更深一层说，多方面性的概念作为个人的特性，它总归是会融合到那些并不与它形象真正相符的概念中去的。

但是，个性有时会显得很突出，并有所要求；个性之所以如此，就因为它是个性。对此，我们提出多方面性的形象来与它相对照，从而也可以来比较两者的要求。

我们承认个性可能同多方面性是冲突的，我们也许有理由认

① 阿里斯托芬（Aristophanes，约前446—前385），古希腊早期喜剧作家。——译者注

② 亚西比德（Alcibiades，约前450—前404），古希腊政治家，以作战勇猛著称。——译者注

为，假如个性不允许平衡的多方面兴趣存在的话，那么我们实际上已经以多方面性的名义向个性宣战了。但一旦我们放弃了多方面性时，个性就有了很大的活动范围，去为自身选择使命，进而陶醉在许许多多小习惯与追求舒适之中，而这一切只要不超越其自身的限度，那么也无损于心灵的敏感性与活动性。前面已经作出了这样的规定，教育者不应当提出与教育目的无关的各种要求。

个性有许多，但多方面性的观念只有一个。各种个性全部都包含在多方面性中，就像部分包含在整体中那样。部分可以通过整体来测量，部分也可以扩展为整体。它可以通过教育来实现。

但是，我们切不可认为，这种扩展就像其他部分渐渐地附加到业已存在的部分上去那样。整个多方面性一直浮现在教育者眼前，但不断地缩小或扩大着。教育者的工作就是增加其数量，而不改变其轮廓、比例和形式。只是这种工作若是对个人的话，它就肯定会改变个人的轮廓，仿佛从一个不规则的多面体的某一个中心渐渐形成一个球一样，但这个球永远不能把最外层的突出部分包括进去。这些突出部分——个性的强点——只要不败坏性格的话，是可以任其保留下来的，整个轮廓可以通过它们获得这样那样的形式。在鉴赏力形成以后，就不难将某一种相宜的特性与任何一种形式联结起来。但是，平衡地向所有方面扩展的兴趣，其坚实的内容决定了一个人自身精神生活的丰富性，因为这种精神生活不是十分脆弱的，所以它不会因命运而遭到毁灭，而只会因环境而发生转变。而正因为合乎道德的生活蓝图是随环境本身转移的，所以多方面的教养使人十分轻松愉快地转向任何一种新的活动与生活方式中去，这些活动与生活方式始终都可能是最好的。个性越广泛地与多方面性融合在一起，性格就越容易驾驭个人。

我们就如此把至此可以统一在教育目的各成分中的一切都统一起来了。

七、略论真正教育的措施

兴趣来源于使人感兴趣的事物与活动。多方面的兴趣产生于这些事物与活动的富源之中。创造这种富源，并把它恰如其分地奉献给儿童乃是教学的任务。这种教学将使儿童把从经验与交际开始的初步活动继续下去，并使之得到充实。

为了使性格向道德的方向发展，必须使个性好像浸入一种流体成分中那样，按照环境状况使它受阻挡，或者有助于它流动，但在多数情况下使它几乎感觉不到成分的存在。这种成分就是训育。它主要是对任性起作用的，但部分地也对认识起作用。

在前面论述管理的时候已谈及训育了，而在绪论中已谈到过一些教学。为什么在系统思考教育措施时将教学放在第一位，而把训育放在第二位？假如这个问题论述得不够明了的话，那么在这里我重新提醒大家，在注意这个论述时请密切注意多方面兴趣与道德性格之间的关系。假如道德在多方面性中没有根基的话，那么我们自然可以有理由撇开教学来探讨训育了；那样的话，教育者就必须直接控制个人，激发他，驱使他，使善在他身上有力地生长起来，使恶劣的习性销声匿迹。教育者可以自问：这样一种人为的、被强调的单纯的训育至今是否有可能？假如不可能，那么教育者必须有一切理由假定，人们首先应通过扩展了的兴趣来改变个性，必须使其接近一般形式，然后才可以设想个性有对普遍适用的道德规律发生应变的可能；同时在对付过去业已变坏了的儿童时，除了应考虑他现存的个性之外，还应着重估量他对新的和较好的思想范围的可接受性与他接受它们的时机，以便当这种估计得出否定的结论时可以要求用严密而持久的管理来代替真正的教育。而这种管理在某些时候必须委托给国家或其他有影响的外界团体来承担。

第二编

兴趣的多方面性

第一章　多方面性的概念

也许在语言习惯中还没有赋予“多方面性”这个词以充分明确的标志，因此就容易产生疑义，仿佛在这个词背后隐藏着一种捉摸不定的观念。假如要恰当定义这个观念的话，那么也许需要使用另外一个名词。

有人认为，假如用全面性这个词，就可以改进这种表达。事实上，多方面性有多少方面呢？假如它指的是一个整体——而刚才当我们把它同个性对照起来的时候，就是把它作为整体来看的——那么一切部分都属于整体，因而我们不必说出关于部分的单纯数量来，就好像我们不必对它们的巨大数量感到惊奇似的。

也许在以后我们可以把多方面性的一切主要方面完全列举出来。但是，假如各部分不能真正完满地代表并构成主要概念，假如我们考虑到这些部分不能一起而只能单独地和在各种各样的结合中分散地存在于心灵中，最后还因为我们原先已经把种种意愿仅仅作为没有一定数量的内心生活的富源包括在教育目的中（见第一编第二章第三节），那么“多方面性”这个词在这种情况下就成了最贴切的表达。这种表达使我们注意将多方面性的某一方面纳入整个集合体，仿佛使我们想到某一部分时必然会把其余方面也联想进去似的。

虽然兴趣的各种方向是形形色色地分布开去的，就像它的对象那样多得使人眼花缭乱一样，可是这些方向都是从一点伸展开去的。或者说，许多方面像一个物体的各个面一样，也就是说像同一个人的各个方面一样。在这个人身上，所有的兴趣都必属于一种意识，我们决不可以忘记这种统一性。

显然，我们在这里把多方面性的主体与客体区分开来了。因为我们首先要阐明多方面性的纯粹的形式概念，不考虑多方面教养的材料，所以我们还远没有对客体作什么区分。相反，我们对主体已有了思考。为了避免成为片面的人，我们是否会跌入轻浮的境地呢？轻浮者每时每刻都是另外一种人，至少他每时每刻都染上了别的色彩，因为他本来就根本不是固定的。他热衷于表面印象与幻想，从不把握自己，也不把握他感兴趣的对象。对于他来说，多方面性并不存在，因为多方面性可以依附的人不存在。

现在我们已做好了进一步阐述的准备。

一、专心与审思

谁曾经热衷于人类艺术活动的某一种对象，谁便会知道什么叫作专心。因为有什么样的活动、什么样的知识是如此低劣，在教养道路上有什么样的收获是可以如此迅速地取得，以至于不需要暂时放弃其他思想来专心研究它们！如同每幅图画需要它的光泽，如同鉴赏家要求观察者对每件艺术作品都具备认真的态度一样，一切值得注意、值得思考、值得感受的事物都要求认真仔细，以便正确地、透彻地把握它、领会它。

个人可以正确地把握适合于他向往的事物，但是，他对此越有修养，他就越有可能以他习惯的态度来曲解对其他每一件事物的印象。具有多方面兴趣的人应当不是这样的。他必须有许多专心致志的活动。他应当明晰地把握每一件事，全心全意地献身于每一件事，不应当将各种各样杂乱的痕迹刻画在他的心灵上，他的心灵应清晰地向许多方面伸展开去。

试问，这样如何能保障人格呢？

人格依赖于意识的统一，依赖于积聚，依赖于审思。各种专心活动是相互排斥的。正因为如此，它们也排斥那种必须借以使它们统一起来的审思。我们所要求的专心活动不能同时发生，它们必须逐个产生。首先是一种专心活动，接着再有另一种专心活动，然后它们才在审思中会合起来！人必须有无数次这种从一种专心活动过渡到另一种专心活动去的变迁，然后才会有丰富的审思活动，才能随心所欲地返回到每一种专心活动中去，才可以称得上是多方面的。

但是，这取决于当各种专心活动会合时产生什么结果。假如各种专心活动把某些矛盾的事物凑合在一起的话，那么就绝没有可能产生纯粹的审思，因此也不可能有真正的多方面性。那就是说，这些活动或者根本不会一起到来，它们保持互相并存，而人的精力也因此被它们分散；或者它们相互摩擦，以疑惑与不可能实现的愿望折磨心灵，而能干的人也许将会看到，自己是否能克服这种症状。

即使这些活动不含有矛盾（这在现时文化中并不少见），但它们之间如何渗透，如何恰到好处地交融在一起，这是有很大差异的。它们越完全地合而为一，一个人的收获就越多。当渗透较弱的时候，具有多方面性的人就将成为那种有时候被人并非善意地称为学者的人，这正如从各种缺乏审思的专心中产生出一种怪僻的技艺家一样。

这里我们不允许以多方面性的名义对审思的必要性作多余的说明。审思每一次是如何由这样那样的专心组成的，要预先了解这一点，也许是心理学的事情；而要预先感觉到这一点，乃是教育技巧的核心，是教育艺术的最珍贵的法宝。

这里我们只能指出这些：在全神贯注的专心与广泛的审思这两个极端之间存在着意识的一般状态；人们只要愿意，可以把这种意识的一般状态一方面看作局部的专心，另一方面看作局部的审思，因为完满的多方面性是不可能达到的，因为人们不得不满足于某一种也许是丰富的但始终只是局部的审思，而无法达到最广泛的审思。所以可以提出这样的问题：如何来概括审思，应当优先强调其整体中的哪一部分？假如答案并不立即呈现在我们眼前，那么可以说这整体中的部分就是个性，就是由某种机会所决定的个人的水平，这种水平使他产生初步的专心，进而确定他进一步教养的起点——尽管不是中心点。对这种起点虽然不必太重视，但是也不应忽视到使教育的给予同实际情况不容易一致起来的地步。教学从最近处出发为好，但也不必恐惧教学从那种在时间与空间上远离我们的内容出发。思维活动是迅速的，而只有那种由于许多间接概念或由于感觉的许多限制而被隔绝于思维之外的事物才是远离审思活动的。

二、清楚、联合、系统、方法

心灵总是处在运动中。这种运动有时很迅速，有时几乎觉察不到。同时显现的所有观念在某一时期也许只有一小部分发生变化，其余是保持不变的，而就这不变的部分来看，心灵是静止的。心灵活动进展的方式本身还隐藏于神秘之中，虽然如此，这些初步探讨为我们提供了分段基础，我们将常常需要用这种分段基础来把上述一般观念纳入实用的范围之中。

各种专心活动是应当交替进行的，它们应当相互转化，并过渡到审思；而审思又可变为新的专心。但就其本身而言，每一种活动本身都是静止的。

静止的专心，只要是纯正而明确的话，是能够看清楚各个事物的。因为只有将一切在提示中会造成混乱的事物撇开，或者由教师考虑消除混乱，将这一切逐一地作为许多不同的专心活动的对象，这样，专心活动才会是明确的。

从一个专心活动进展到另一个专心活动，这就把各种观念联合起来了。想象徘徊在各种联合中间，品尝着每一种观念的混合体，只是舍弃无味的东西。但是，一旦所有观念能够融合在一起，整个部分就变得无味了。而假如各个事物清楚的对立面不阻止住这种融合的话，这种融合乃是可能的。

静止的审思可以看到许多事物的关系，它把每个个别事物看成是这种关系的一个成分，并处在恰当的位置上。一种丰富的审思活动产生的最好的次序叫作系统。但不清楚各个事物也就没有系统、没有次序、没有关系。因为关系不存在于混合体中，所以只存在于既分开而又重新联合的各部分之中。

审思活动进一步就是方法。方法贯串于系统之中，产生系统的新的成分。它在应用中注意着结果。许多人用这个词，但不知道它的实质。培养儿童掌握方法，这件困难的工作大体上可以留给教育者去做。在方法上控制自己的教育思想，这是必不可少的。假如眼前这本书没有使人感觉到这一点，那么它对于读者实在没有什么裨益了。

经验不断地在儿童心灵中造成混乱的堆砌。由于事物的来往变幻，许多经验渐渐使这种堆砌重新瓦解。但瓦解了的仍然是容易联合起来的。然而有许多工作期待着教育者去做；对于那些得不到智力帮助而虚度了许多岁月的儿童来说，教育者尤其会发现，自己得长期工作。这些儿童的心灵状态对激发他们转变的一切工作表现得十分迟钝。当每一种相似的事物在人的回忆中重新呈现整体——同类体时，人总是只能在新的事物中看到旧的。

有缺陷的联合通常存在于在学校习得的知识中。因为，或者在学习的内容中没有足够的力量使儿童产生想象，或者学习甚至于抑制了日常想象的运行，而智慧在各部分中停滞了。

没有人要求从经验中获得系统，公平地说也不要求从那些迄今与其说有其本身系统不如说只有某种提纲的科学中获得系统。但是，纵使一门科学的讲授在系统上是正确的，然而听众最初只能获得一个序列，这个序列必然会长时间地在其联想中翻滚，然后他才能通过综合审思，感觉到被选出来的序列的优点。

因此，上述那种系统更不要指望得到正确应用了！对于大多数人来说，“方法”乃是一个玄妙的名字，他们的思想犹豫不决地徘徊在抽象与确定两者之间，追随着刺激而不是关系；他们把各种相似的事物联合起来，使事物与概念相一致，就像诗歌中的押韵那样。

第二章　兴趣的概念

我们曾把人的多方面生活从纷繁杂乱的涉猎中限制到多方面兴趣上来，以使专心的活动永远不可能脱离正在使各种观念联合起来的审思太远。正因为人的专心能力太弱，不能在许多地方仓促逗留而有许多成就（在这里我们是以人类活动的整体作为标准来衡量的，与这个整体相比，即使最积极的活动也显得渺小了），所以我们必须防止草率的逗留，想时而在这里，时而在那里有所作为。否则，这样做与其说对社会有益，不如说由于这样做造成不少缺陷而损害个人的利益。总之，这种分心将使人格也黯然失色。

我们认为，当我们仿佛把人类活动的萌芽掐断的时候，当我们虽然决不阻止内心活力的各种表现，而也许阻止了其极端表现的时候，兴趣的观念便产生了。什么是被掐断的呢？或者什么是被阻止的呢？那就是活动以及直接促成活动发生的欲望。因此，欲望与兴趣结合在一起就是表现人类冲动的全部。此外，我们并不认为要堵塞一切冲动走向外部活动的通道；反之，我们认为，当我们首先按冲动对象把许许多多冲动分辨出来之后，就可以一目了然，什么样的冲动属于什么样的类型，从而可以考虑先使它们得到一定发展，直到使它们彻底表现出来为止。

一、兴趣与欲望

兴趣是同欲望、意志和审美有共同之处的，是同漠不关心相对立的；它与上述三者的区别在于它并不支配其对象，而依赖其对象。尽管当我们发生兴趣时内心是积极的，但在兴趣未转化为欲望与意志之前，我们在外表上一直是消极的。兴趣处于单纯的观望与着手进行之间。这一说明有助于我们认清不应该被忽视的区别，即兴趣的对象绝不可能同实际欲望的对象是同一的。因为欲望，当它想着手行动的时候，它力争把握它还不曾占有的未来的对象；而兴趣则在观望中形成，还停留在被它观望到的现在的对象上。只有在兴趣已知觉的东西突出地占有一个人的心灵，并由于某种原因在其他观念中起作用的情况下，兴趣才高于单纯的知觉。下文是直接与此相联系的。

二、注意、期望、要求、行动

一种观念突出于其他观念，并对它们发生作用，其第一个因果关系就是不由自主地压制与遮盖了其他观念。由于观念可以运用其力量做到我们上面所称的专心，因此我们便可以用注意这个词来命名如此被激发起来的心理状态。

第一个因果关系的最容易、最通常的进展（这种进展使人不能达到静止的专心活动），就是被注意到的事物引起其他类似的观念。倘若心灵只在内部活动，并让这些观念被激发起来，那么至多只能产生一种新的注意。但是，被激发起来的新观念常常不能立即出现，而这（姑且不讨论面目还不清楚的有关研究与信息）常常是这种情况：兴趣来源于对外界实在的注意，这种实在是由一种新的观念与它相联系着的，仿佛它是这样那样地前进着，这样那样地变换着。当实在延缓显示于人的感觉之前时，兴趣便在期望中出现了。

人所期望的事物自然并不与激发起期望的事物相一致。也许可能出现的那种人所期望的东西属于未来；而可以作为新的期望产生基础与出发点的东西属于现在，其实在产生兴趣的时候，注意力就盯在现在上。但是，假如心境变化得使心灵在更大程度上向往未来而不是现在的话，并且假如存在于期望中的忍耐消失了的话，那么兴趣就可能变为欲望，而这种欲望可能通过其对事物的要求显示出来。

但是，倘使人的各种器官可以为这种要求服务的话，那么要求就会以行动出现。

沉湎于欲望之中是不光彩的，更何况沉湎于多种欲望之中了。即使要通过把专心化为审思来修正欲望的多方面性，也至多只能获得一种欲望的系统、一种利己主义的计划，但不能获得可以同节欲与道德统一起来的东西。相反，具有耐心的兴趣绝不可能会过分丰富；最丰富的兴趣最易于保持耐心。在兴趣中，一个人可以容易地去完成他的各种决定，而且使他觉得到处都很容易，并不会因为有其他要求而取消他的计划。

即使行为在实际上完全是一个具有性格的人所特有的，但有一种活动——尝试，却主要是儿童所具有的，他们当然还不具有性格。这种尝试既不出于欲望，也不出于期望，无论如何，尝试的结果与尝试一样值得重视。这种尝试始终有助于想象的发展，并使兴趣丰富起来。

第三章　多方面兴趣的对象

前面已论述过的各种形式的概念，如果它们假定的内容不存在的话，那么就将成为空洞的了。兴趣就是专心所追随的、审思所积聚的对象。清楚与联合、系统与方法都是属于被注意的与期望的。

现在我们便应当来涉猎兴趣的范围。但我们是否要列举有趣的事物的数量呢？我们是否为了不忘记在有用的课题目录中的值得了解的题目而迷失在课题中呢？这里有一种沉闷的困扰气氛向我们袭来，这种气氛常常使师生的热情窒息，因为他们不相信他们如不积累许多书目和不接受多得像一天中那么多时光一样的工作而可以达到多方面的教养。这就是无节制！上天赉予每一种兴趣以许许多多机会，而假如师生追随一切机会的话，那么他们除了产生厌倦之外将一无所获。

观点上的小缺点是应当更正的。不要在有趣的事物中忘记了兴趣，不要对事物作分类，而应对心理状态进行分类。

一、认识与同情

认识是在观念中摹写在它面前的东西，同情是把自身置于别人的情感之中。

在认识中，事物与观念之间存在着一种对立；相反，同情却增殖着相同的情感。

认识的对象通常是静止的，而心灵将逐一地涉猎这种对象。情感通常是变动的，感觉着它的心灵伴随着它一起变化。

认识对象的范围包括自然与人类，而只有人类的某些表现才属于同情。

知识有无止境呢？知识永远处在起始中。在这方面，成人与孩子应当说具有同样的吸收知识的可能性。

同情是否会在任何时候都变得太强烈？自我主义始终都是相当近视的。它永远没有力量能够达到十分彻底的平衡。可是，如果没有理智和理论教养，那么脆弱的同情也会沉没在愚昧之中。

二、认识与同情的成分

这里将把属于多方面性的多的概念分解开来。因为我们只讨论多方面，所以我们就不必费心去论证其分类理由了，而只需探讨各成分之间明确的对比。试想，除了下列各项以外，还有什么呢？

认　识	同　情
关于多方面的	对于人类的
关于它的规律性	对于社会的
关于它的美的关系	以及两者对上帝的关系

1. 认识各成分之间特有的区别

无论自然界是多么丰富和多么巨大，只要心智以它自身具有的形式去接受它，那么心智只会越来越充满真实；而心智中的多方面性只不过是现象的多方面性，就像心智中的统一性只不过是现象的相似性与综合性一样。心智的兴趣是以现象的强度、色彩、新颖性和变换着的顺序而转移的。

但是，在规律性中可以看出，或者至少可以假定存在着一种必然性，这就是说已经发现或者假定其对立面的不可能性。已知的认识对象可以划分为物质与形式，而形式出于尝试，是可以改变的，只有这样，才可能使事物之间的关系作为已知的东西，然后进一步作为必然的东西呈现出来。兴趣取决于观念，取决于各种观念的对比与相互交织，取决于观念把握各种观察而不使它们混淆起来的方式。

鉴赏并不是观察的对立面，而是观察的补充。假如观念不在转换中立即消失的话，那么在完成每一种观念之后都会产生鉴赏的判断，微弱的或者强烈的判断。这种判断不存在于纯粹的知觉之中。赞许与非难都是对于对象的一种表示，而不是沉醉于对象之中。兴趣取决于形象而不是存在，取决于事物的关系而不是数量。

2. 同情各成分之间特有的区别

倘使同情完全只是接受其在人的心灵中找到的感动，随着感动过程而发展，随着后者发生各种变化、冲突与矛盾，那么这种同情只不过是同感。假如作为艺术家的诗人不是他的材料的创造者与主人，那么他的同情也如此。

但是，同情也可能从不同的人中分解出许多人所共有的各种感动来，使他们的矛盾得到调和，对全体的幸福产生兴趣，然后又把它传播到个人的思想中去。这就是对社会的同情。它凌驾于个别之上，以便服从于一般；它要求交换与牺牲，抗拒真实的感动，而想通过尽可能更好的感情来代替这种感动。政治家就是这样的。

最后，同情通过观察人类对事物的态度，可以从对那种感动的纯粹同感反应过渡到担心与希望。这样的关切使一切聪明与活动最终显得脆弱，最终导致对于宗教的需要——一种道德的以及幸福论的需要。信仰就发源于这种需要。

假如我们要避免夸大与实施的困难，那么这里应当允许有两者相提并论的说明。认识与同情这两者都是不改变原样地接受它们所发现的一切的。前者似乎在于经验，后者似乎沉浸在同感之中。但两者是受事物本性的推动向上发展的。世界之谜从经验方面激发起思辨，而人类各种交织在一起的要求则从同情方面激发起追求社会秩序的精神。这种精神提出了法规，而思辨则认识法规。在这当中，心灵从各种事物的集合体的压迫中解放出来，不再沉醉于个别事物当中，而为各种关系所吸引，平静的观察被美学上的关系所吸引，同情为人类的愿望与力量同它们从属于事物进程的关系所吸引。由此，前者上升为审美，后者上升为宗教。

第四章　教　　学

把人交给自然，或者甚至把人引向自然并让自然来训练，那是愚蠢的。因为，什么是人的自然本性呢？自然本性对于斯多葛派和伊壁鸠鲁派来说同样都是他们体系中得意的支撑点。人类的天性似乎适宜于最不同的各种条件，具有这样的普遍性，以至于进一步确定其发展与促使其完善的工作完全应当留给人类去做。用最高技艺建造的能够经受一切风浪颠簸的船，期待着这样的舵手，他将按照各种情况操纵它的航程，指引它到达彼岸的目标。

我们知道我们的目的。大自然有一些可以帮助我们的地方，人类在业已经历过的旅程中已经积累了许多知识，我们的使命是把它们一个个连接起来。

一、教学作为经验与交际的补充

人通过经验从自然中获得认识，通过交际获得同情。经验虽然是我们一生的老师，但它仅仅赋予我们庞大整体中的极小的一个片断。无限的时间与空间阻碍了我们获得无限多的经验的可能。也许交际相应地没有这样贫乏，因为我们对熟人的感受一般地说与对所有人的感受是一样的。但是，同情基于极细微的差别，所以片面的同情比片面的知识糟得多。所以交际在小小的感情范围中留下的缺陷与经验在巨大的知识范围中留下的缺陷，对于我们来说意义几乎是同样重大的；无论是这方面还是那方面都必须同样地欢迎通过教学来加以补充。

但是，单就弥补这样重大的缺陷来说已并非小事了。在我们赋予教学这种使命之前，但愿我们看到，教学能胜任什么，不能胜任什么！教学将织出一根纤长、细弱、柔软的线，时钟打点将它扯断，而又将它连接；教学按照其时间节拍进行，通过扰乱学生自己的智力活动速度，不依随这种活动的跳跃，不给这种活动以休息的时间，从而使教师织出来的线在每时每刻系住这种智力活动。观察却是多么不同！它一下子可以展现广阔的场面，目光从猝然惊愕中收回、分散、合并、往返、凝视、停留、重新升起，然后出现触动，其他感觉参与进来，思想集合起来，开始尝试，从中产生新的形态和激发起新的思想，到处是自由而丰满的生活，到处是提供人们享受的丰富内容！这种丰富的内容以及在没有要求和强迫的情况下提供这种内容，这是教学多么希望达到的境地呀！教学如何才能充分地与交际进行竞争呢？交际不时地要求表达其自身的力量，作为完全灵活而可塑的因素以使人可以接受的方式显示出来，就像它灵活地、有力地触及心灵深处，以使各种感受得到改造并融合起来一样。它不仅丰富着对别人的感情产生的同情，而且使自己的感情在别人心中增殖起来，以使这种感情强有力地、纯洁地反馈给我们自己。假如后一种优点是个人直接接触所特有的，那么通过信件的交际与此相比就显得弱了，比如在纯粹描述那遥远的地方和时间的不熟悉的人的陌生感情时，这种优点必然会丧失殆尽。教学却可以通过描述来扩大交际范围。

事实上，有谁在教育中想撇开经验与交际，那就仿佛避开白天而满足于烛光一样。对于我们一切观念来说，那些丰富的、强烈的、具有独特明确性的内容，应用一般经验的练习内容，与实际、国家和时间的联系手段，对于人的客观现状的忍耐心，这一切都必须从精神生活的交际与经验的源泉中吸取。

但是可惜，教育并不能支配经验与交际！试比较一个勤奋农夫的庄园中的环境和一个生活在城市中的时髦妇人的宫殿般的环境。

前者可以把学生引向各处，后者却必然阻止他们走向各处。无论是谁，是农民、牧人、猎人、各种工人，还是他们的孩子，不管他们把孩子带往何处，在早年，孩子都可以同他们进行最合适的交际，将向他们学习，并从他们那里获得知识。相反，在上流社会家庭的城市儿童中间，在城市仆人中间，却有何等多的危险！

这一切容许有许多严格的限制，也容许各种例外。但最后，当我们重新回忆起我们的目标、兴趣的多方面性的时候，就会很容易想起，固定在一个地方，机会是多么有限，而一个真正有教养的心灵应超出它多远。即使在有利的地方，活动范围也是有限制的，就像使某一个没有必要受限制的青年人的教育受到限制，而我们无法对此负责一样。假如他有空闲并且有一位老师的话，那么这位老师就必然会通过各种描述来扩大自己的影响范围，从时间中索取过去的光辉，并为各种观念打开精神王国的大门。

我们是否应当隐瞒这样的事实：描述与绘画中的空间往往比现实更可爱；与太古时代伟人交往比与邻居交往更能令人满足，显得更加高超；观念的认识比直观的认识更丰富；而在现实与应有而未有的事物之间的对照，对于行动来说是必不可少的。

经验与交际确实常常使我们感到厌倦，而有时候我们必须忍受。但是，学生没有必要一定得遭受教师带来的厌倦！使人厌倦就是教学的最大罪恶。教学的特权就是掠过草地与沼泽，不能总是让人在舒适的山谷中游荡，相反将让人练习登山，并使人在获得广阔视野中得到补偿。

经验似乎考虑到教学将随之而来，以分析经验所积累的东西，使那些没有定形的分散的片断得到组合与条理化。在一个没有接受过教学的人的头脑中，这一切究竟会是怎样的呢？那里没有确定的上下之分，根本没有次序，一切都是杂乱无章的。其思想还没有学会等待，一有机会一切思绪便都涌现出来；联想的线索刺激起何等多的思绪，有何等多的思绪一下子在其意识中找到位置。大多数通过频繁重复的印象得到强化的思想将会发生作用。这些思想吸收适合它们的一切，排斥不适合它们的一切。新的东西将使人惊讶，或者不受人注意，或者被怀旧心理所否定。凡不能与这些思想协调的，就会被分离出去。要点在这些儿童的思想中将得不到重视。或者，即使天赋良好的儿童可能具有出色的目光，却仍然缺少手段去追踪已发现的足迹。假如我们开始对一个10岁到15岁的粗野孩子进行教学的话，那么我们就可以看到这一点。起初也许不可能将其注意力引到单调的进程中去。因为缺乏具有支配作用的主要思想来维持秩序，因为缺乏观念的约束，所以心灵就一直不安地徘徊。随着好奇而来的是注意力分散与单纯的嬉戏。假如将这种孩子与受过教养的青少年比较，那么对于后者来说，有条不紊地在同一时期掌握一系列带有科学性的讲述并对它们进行加工，显得并不困难。

人们同样不能满足于单纯交际的结果。假如把同情始终作为交际的灵魂，那么其中所缺少的就太多了。人们相互观望、揣测并试探。儿童在游戏时已经会相互利用和相互阻碍了。甚至从一方发出的善意和爱，不一定能够引起另一方类似的感受。人们不能够用服务来传递仁爱。虽然仅仅施以好意而不加关切能引起快乐，而快乐则能引起追求更多快乐的欲望，但不能引起感激。这种情况存在于儿童之间的交际中，也存在于儿童与成人的交际中。试图从儿童那里获得爱的教育者都亲身经历过这种情况。教育者必须补充一些可以说明其意图的东西，其感情的流露必须激发起儿童本人与其相一致的感情。这种流露是教学范围内应当出现的，甚至应当在各种特定的课上出现。无疑没有人经常迫使教育者流露自己的感情，然而作为同情的准备，其对感染儿童来说却是无比重要的，所以对同情的关切应当丝毫不亚于对认识的关切。

全部生活，人类的全部观察，证明每个人都从他的经验与他的交际中吸取适合他自己的一切，展现他原有的观念与感情。一方面，人世间有各种轻浮的老人和愚蠢的庸人，另一方面，却也有谨慎的青少年。两者我都见过。所有与我同时代的人一定也见到过，世上最重大的事件对于成见所能产生的影响是何等微小。这些极其显著的经验是我们共同的财富，交际将一切民族联结在一起。然而，意见分歧、感情不睦，很难说过去比今日更严重。

因此，我们精神生活的核心不能卓有成效地通过经验与交际来培养。而教学一定能较深入地渗透到思维工场中去。想一想每一种宗教教义的威力！想一想每一种哲学讲演的支配力，它是如此轻而易举甚至不知不觉地掌握一个聚精会神的听众的！此外，还可想一想小说读物的惊人力量，因为这一切都属于教学，不管是好的还是坏的教学。

自然，现在的教学限于科学、艺术和文学方面迄今（不仅是现在，而且是过去）已形成的状况。在这方面必须尽可能地利用既存的认识，尽管这些认识还可以做大量的完善工作。然而，问题是，在教育中常常碰到各种各样的愿望，它们超越教育范围，或者甚至使人感到对教育的兴趣不是一种独立的兴趣，并使人感到有一些人只是因为其他一切工作对于他们来说太高超、太严肃，而为了在某个地方成为一个为首者，才姑且从事教育和儿童工作的，所以教育的兴趣很难在他们的心目中得到发展。

教育的兴趣仅仅是我们对世界与人的全部兴趣的一种表现，而教学把这种兴趣的一切对象集中于青年的心胸中，即未来成人的心胸中。在这种兴趣中我们不敢想到的希望终于可以得救了。没有这种兴趣，教学无疑是空洞乏味的。任何人都千万不要说，他是全心全意在执教！因为这是一种空谈。他或者可能在教育中无所作为，或者他的大半思考属于告知孩子什么和使孩子能够了解什么，属于他的期望，即期望那种受过比较细心教养的人将能在我们人类迄今已有的一切现象以外有所作为。但如果是后一种情况，那么便会从充满希望的心灵中产生出教学内容的丰富性，这种丰富性可以与经验的丰富性相比拟。于是，激动的心情也造成听众的自然的感动。

在这种教学的宽广而富有褶纹的墙布上具有足够的空间，使讲述的实质内容在不失其纯洁形式的情况下引出许许多多附带思想。教育者本身对于学生来说也将是一种丰富而直接的经验对象。的确，他们在课堂上进行交际，在这种交际中至少包含着与太古时代伟人或者与诗人所清晰描写的人物之间进行交际的想象。那些已故的历史人物、诗歌中的人物，可以从教师生活中获得生命。只要他一开始教学，那么青年，甚至孩子也很快会随着他的想象而想象。教师与学生两者，往往不需要第三者的参与，就能相互成为伟大的、精选的伙伴。

最后，只有教学才能满足平衡地培养广泛的多方面性的要求。我们应当设想出一种教学方案，一开始仅以认识与同情的成分来安排，完全不考虑我们科学材料的各种分类，因为这些材料本身对于人格各个方面是没有区别的，与多方面性的平衡发展是毫不相关的。通过对这种方案进行比较，我们不难发现，就某一个主体与已知的情况而言，教学的哪些地方应当具有经验与交际的作用，哪些地方（这无疑要比前者多得多）却不会有什么作用。例如可以发现，学生往往更易被环境引导到对社会的兴趣（如爱国的兴趣）上去，而不易被引导到对个人的同情上去，或者更易引起他对鉴赏的事物而不是对推想的事物的注意，或者相反。在这两种情况中，缺点是同样大的。这里就有双重做法可供参考，首先应当在材料有所偏重的地方对它们作出分析、补充与调整；其次应当部分地通过材料彼此间的联系，部分地直接通过教学，使平衡得到恢复。但绝不可以在可塑的年龄阶段把儿童偶然突出的表现看作通过教育能更大地发挥出来的标志。这种保护畸形者的做法是从宠爱发展到放任的产物，是低级趣味所推崇的。自然，光怪陆离与荒诞无稽的爱好者准会欣赏一群驼背的人与各种残疾人发狂地相互嬉闹，而不愿观看发育良好与匀称的人步调一致地行动。这就好像发生在这样一个社会中，这个社会由那些具有彼此不同的思想方式的人组成，这些人中的每一个都以他的个性来炫耀自己，而且没有一个人能理解别人。

二、教学的步骤

什么是我首先选取的，什么是其次，什么是最后。

——荷马

什么是必须相继地，并一个通过另一个发生的？什么是必须同时并借助本身的以及原始的力量发生的？这些问题关系到一切工作、一切计划，其中可能包含非常复杂的措施。因为我们一直必须同时从许多方面着手工作，许多工作也一直必须通过先前进行的工作做好准备。这可以说是我们赖以为指南的两个因素。

我们前面说过的观念告诉我们，教学必须把认识与同情作为彼此不同、基本上独立的心理状态同时加以发展。假如我们观察其附属的成分，那么其中虽然有着某种次序与相互依赖的关系，但没有严格的连贯性。尽管推想与鉴赏是以经验认识为前提的，但是，当这种认识不断前进的时候，推想与鉴赏似乎并不期待着自身的终结。它们甚至在很早就活跃起来了，从此，它们到处，即在没有障碍的地方，尾随着认识，从而随各种各样纯粹认识的扩大而同时发展着。在儿童不断提出“为什么？”的时期所产生的猜想冲动显得特别令人注目。也许鉴赏往往隐蔽在注意和同情的其他活动中。但鉴赏始终有助于儿童产生爱好与憎恶，从而认识事物的区别。假如我们对鉴赏先给予最简单的情况，而不立即将其投入不可理解的复杂情况中去，那么它将会如何迅速得多地发展呢？因为鉴赏和思考是一种本源的东西，是无法靠学习得到的，所以假如心灵不为其他方面所分散或压抑的话，我们甚至可以撇开经验而期待这两者在充分认识的对象范围中毫不迟疑地自己活动起来。但不言而喻，教育者为了要发觉什么在儿童心灵中活动，自己必须具有那种他们应当在儿童心灵中看得到其细微迹象的教养。教育的不幸恰恰在于，在柔弱的青年时期闪烁着的某些微光，到成年时早就完全熄灭了，因此成人没有能力把那些微光点燃成火焰。

以上所说的对于同情的各成分也同样适用。在一小组儿童中，只要他们有一些同情心，并且经久不衰，那么就能自动地产生某一种需要，出于公共利益而要求有社会秩序。正如最野蛮的民族不能没有上帝那样，儿童的心灵也隐隐约约感觉到一种冥冥力量的存在，这种力量会这样那样地干预他们的愿望。否则，不仅各种迷信的观念，而且各种真正的宗教观念，它们如何能轻而易举地进入儿童幼小的心灵并产生影响呢？然而对于一个处在对其父母与保护人严重依赖中的儿童来说，依赖性的感觉通常赋予那种冥冥力量的地位会自然而然地被这些具体的人所占据。正因为如此，最初的宗教教学，只是一种父母对于儿童的关系的最一般的扩展，正如最初的社会观念来自家庭那样。

因此，教学所应培植的各种兴趣，我们认为只有同时不同时的差异，而没有明显的步骤上的先后。

相反，最初形成的基本的形式概念却在那种必然相继连续发生的概念对照的基础上产生。因此关键在于正确地应用这一点认识。

总而言之，专心活动应当发生在审思活动之前。但是两者前后离开多远，这个问题一般来说仍然是不确定的。但可以肯定地说，必须使两者尽可能地相互接近，因为我们不希望达到专心而来损害那种通过审思获得的人格的统一性。长期不断的专心活动可能会造成一种紧张状态，这同健全的精神存在于健康的身体的原则是不相容的。因此，为了始终保持心灵的一贯性，我们首先为教学确定这样一条规则：在教学对象的每一个最小组合中给予专心活动与审思活动以同等的权利，也就是说，同等地关心并依次做到，对于每一个个别事物的清楚，对于许多事物的联想，对于联想的前后一贯次序以及在遵循这个次序前进中进行某种练习。要使所教的一切都能明白清楚就有赖于此。也许教师在这方面最大的困难就是找出真正的个别来，即他把他自己的思想分成若干成分。在这里，教科书可以为此做好部分准备。

假如教学用这种方式来处理对象的每个小的组合，那么许多组合会在学生心灵中产生，而每一个组合通过相当的专心为学生所掌握，直到所有的组合被联合到一种更高级的审思活动中去。但是，各个组合的联合是以每一个组合的完备的统一性为前提的。所以，只要每个组合的组成部分的最后的个别仍有离开其余部分的可能性，那么就不能设想有较高级的审思活动。但是，在较高级的审思活动之上还有更高级的审思活动，如此无限上升，一直到无所不包的最高级审思活动。然而，我们要通过各种系统中的某一系统来找寻这种最高级的审思活动是不可能的。青少年在他们的早期必须放弃这样做的企图。青少年总是处在专心与分心的中间状态。早期教学不可能给予我们所谓较高意义上的系统，对此我们也许应感到满足；但是从另一方面说，教学越是要使每一组合更加清楚，我们越需勤奋和多样地使各组合联合起来，并且注意等量地从各方面向这无所不包的审思活动接近。

教学的环节就基于上述这一点。较大的构成部分是由较小的构成部分组成的，正如较小的构成是由更小的构成一样。在每一个最小的构成部分中都应当区分出四个教学阶段，必须注意到清楚、联合、次序与按这种次序展开的进程。在最小的构成部分中，这些阶段是迅速地、一个接着一个地发生的，而在下一个较大的构成部分要由最小的构成部分组合起来时，这些阶段就较慢地、一个接着一个地出现了，因为审思阶段达到的作用越高，前后出现的时间距离就越大。

假如我们回顾一下关于兴趣概念的分析，那么我们也会发现其中几个相区别的阶段：注意、期望、要求和行动。

注意基于一种与其他偏离它的观念相对立的观念力量，因此它一方面有赖于这种观念力量的绝对强度，另一方面有赖于其他观念离开的难易程度。后者使我们想到思维训练的观念，这种观念我已在《直观教学 ABC》中着重作了探讨。观念的强度部分是通过感官印象（例如许多儿童同时进行的言谈，通过绘画、工具及模型等对同一种对象进行多种多样的描绘）来达到的，部分是通过生动的描述来达到的，而另一部分则是特别地通过使那种扎根在心灵深处的、业已熟悉的观念与当前新的观念相结合来达到的。这种结合的普遍实现是需要通过高度的艺术与周密的思考来完成的事情。这种工作的进行，应当为未来的每一种教学预先做好某种准备，如同《直观教学 ABC》为教数学、组词的游戏为教语法、讲述古代故事为教经典作品做好准备一样。

在注意中，个别事物可以是清楚的，但是联合、次序和按次序展开的进程也是必须留心的。

如同我们存在着期待的清楚与期待的联合一样，我们也存在着对系统与方法的期待。

不过这种错综复杂的关系不是我们在这里产生兴趣的主要对象。我们知道，当被期待的事物出现时，所产生的只能是一种新的注意。在获得知识的阶段，情况通常如此。当一些知识的储备汇集在一起时，就不容易注意到那些与期待毫无联系的事物，因而期待便会消失，或由于获得新的知识而得到满足。假如从中产生强烈的欲望，那么它们将服从控制的规律，而因此属于训育范围。但是尚有一种注意，它既不容易得到满足，也不容易被忘却；同时还有一种要求，**它是一定要过渡到行动的，这就是同情的要求**。在这方面，控制工作无法施展多大权威，假如教育不能给予学生确立为人类福祉与社会福祉而工作的决心，不能给予学生的宗教要求以一定动力，那么这种教育将是徒劳的。因此，在培养同情心时，应十分重视使兴趣能够达到更高级阶段。显而易见，人的年龄阶段是与这些阶段相吻合的。同情的注意是适合儿童去做的，同情的期望是适合少年去做的，同情的要求是适合青年去做的，而成人则可以为实现同情而采取行动。在这方面，教学环节却又可以在属于儿童早期最小的各部分上提出那种希望他们付诸行动的要求来。由于这种要求的提出，由于性格的形成同时发生作用，在后来的岁月中就可能对他们提出采取行动的有力要求。

这里似乎可以用简短而易懂的话把有关结论确定下来。教学一般应当：

指明，
联结，
教导，
给予哲学的观点。

在有关同情的事项中，教学应当是：

直观的，
连续的，
令人振奋的，
深入现实的。

三、教学的材料

教学的材料存在于各种科学中。在这本《普通教育学》中无须一一列举它们。

每个人应当自问，在其知识范围内，什么是属于纯粹认识的，什么是属于同情的，而且在上述各种成分中两者又是如何分布的。

在大多数情况下，这样一种自我检验将会揭示自身教养的显著的畸形状态，甚至在自身教养的重要部分存在着许多残缺不全的地方。有些人缺乏情趣的陶冶，他们也许从事过很低水平的各种美的艺术——描绘花卉，搞一点音乐、小品文、诗歌或小说；有些人根本不懂数学；另外一些人对哲学一无所知。最有学问的人也许将会长久地去思索：究竟在他们广阔的知识王国的什么地方可以找到我们称之为同情的那完整的一部分呢？

教育将不可避免地忍受这一切缺陷。它能忍受多少，这是非常悬殊的。这取决于教育者，取决于学生，取决于或有或无的机遇。

教育者越忠实于自己，越能熟练地利用现存的情况，其结果则越佳。对于各种不同情况作出的每一种考虑一概显得迟钝的人，实为少见。许多事情只要真正愿意，是可以学的，甚至在教时还可以学。有时本人兴趣的新奇性可以补偿讲述根底的不足。成人要略胜青少年一筹，这并非很困难。这种做法至少比完全忽视教养的主要部分，而仅传授教育者自己业已掌握的极其有限的技巧与知识要好得多。

有时教师只需在某些事情上给学生以初步的推动，并继续注意引起他们的动机，给予他们材料，这样，他们就会自己进行学习，并且也许会很快摆脱教师的照料。在另外一些情况下，在脑子迟钝的人身上去发现某一种灵活性、某一种引人注目的兴趣迹象，这无疑是困难的。正是在这种情况下，需要教师具备大量知识，以便能够进行多方面的尝试，并需要最好的技巧，以便找到恰当的教学方式。假如教育者与学生的弱点不能相互弥补，那么一切就无从着手了。

在我们附近常常有人知道如何把我们不了解而又觉得必须教的事物恰到好处地传授给他人。在此时，仅请教育者不要出于自己的虚荣心妨碍对这种人的利用。事实上，这不是一种耻辱的表示，也许没有人了解能够进行教育的一切，因为知识实在太多了。

至于教学的各种内容如何在这方面同前面已经阐述过的主要概念联系起来加以说明，这个问题将在下一章中得到简略的阐述。这里首先还要作一些说明的是教学内容的区别，这种区别多少可以间接激发起我们对这些内容的兴趣。

这就是说，教学涉及：

事物，
形式，
符号。

符号，例如语言，显然仅仅作为表现其要表达的事物的工具，才成为兴趣对象。形式，即抽象地从事物中分解出来的普遍现象，例如数学图形、形而上学的概念、美的艺术中简单的正常的关系，这些形式至少不仅能直接引起兴趣，而且能引起应用它们的思考。但是，假如有人要谈到事物本身、自然作品与艺术作品、人、家庭与国家，说它们只有在为实现我们的目标而应用时才能引起我们的兴趣，那么我们请他不要在我们争取培养多方面性的努力中让我们听到这种荒谬的见解，不然这种不幸的个人主义最终可能作为唯一能直接引起兴趣的东西保留下来。

符号对于教学来说是一种明显的负担，教师假如不通过对符号所标志的事物产生兴趣的力量来消除这种负担的话，那么它就可能把教师与学生抛出正在前进的教养之轨道。尽管如此，对语言的研究仍然是教学很显著的一部分。假如教师在这方面陷于偏见与传统的一般要求，他就将不可避免地从一个教育者降格为教书匠。而且如果教课不再具有教育意义，那么环境中的一切平庸的事物立即会诱使孩子倒退，他们内在的成长节奏就会消失。这时，教育者将觉得其所作所为索然无味，而监督也就成为必要的了。因此，只要可能，就应当毫无例外地阻止任何偏离培养兴趣途径的语言教学，无论是古典语言还是现代语言，都一样！只有那种现在就能引起兴趣，并能为未来做好引起新的兴趣而准备的书，才具有被阅读的价值。对于其他书籍，特别是对于那种始终无目的的自由诗之类的选集，就不应当花费时间，哪怕仅仅花一个星期去读它，因为一个星期对于孩子来说是很长的一段时间。假如仅仅一天的教育影响就变弱的话，我们便可在孩子身上觉察到这种不耐烦了。但是，在教学中每次都要用到的书，尽管其语言有相当难度，还是需要读的，其一切困难是可以通过技巧、耐心与努力加以克服的。

但是，符号知识的传授艺术是与通过事物方面进行教学的艺术相同的。首先符号也是事物，它们可以被感知、观察与摹写，与事物相同。它们给予感官的印象越强烈，越多样，就越好。清楚、联合、整理、规律化必须及时连续出现。对于符号的意义的了解，不必操之过急，暂时可以完全撇开它，这样就可以赢得时间。① 此外，在一开始就完全透彻地讲授符号的理论，这是无意义的。我们应当在讲授那些对后来有趣的应用非常必要的问题上多下功夫。如此之后，便很快会激发起儿童需要更详尽的知识的感觉，而这种感觉一旦起作用的话，那么一切便变得较为顺利了。

在考虑形式或抽象时，首先有一点必须提出来让大家注意，在各种特殊情况下常常要求做到的，这就是：绝对不可以使抽象本身具体化为事物，而必须始终通过对事物的实际应用来证实抽象本身的意义。抽象是从例子、直观和既成事实中升华出来的。尽管需要学生自己专心于纯粹的形式来理解抽象，但必须使他们的审思活动始终保持与实际的密切联系。

孩子处在柏拉图式的思想与实际事物本身中间。抽象对于他来说可能不太会被感到是真实的。同样，他不太可能在感知到的事物

---

① 在我们紧接着对字母符号读出某种声音以前，也许应先在阅读教学中通过各种描述使儿童的眼睛熟悉它们。

中探索那种不可及的本质，在他的知觉中探索纯粹的自我，或者甚至在许多中探索个别——这种个别不是许多，却能概括一切。假如他偶然幸运地进入这种观念状态，那么恰恰应当希望他首先忠实于自己清醒的感官，继续前进，直至进入使形而上学者振奋的灵活境地。

因此，各种事物对于孩子来说，只不过是在抽象的过程中得到概括与分类的各种特征的既成组合。所以存在着一条从个别特征（形式）到具体事物两者平行的途径。同时也存在着一条从具体事物回到个别特征，使特征得到分化的相反途径。综合教学与分析教学就基于这一点，下一章将要讨论到。

但是，不幸的是没有人真正认识到具体事物可以作为各种特征的组合来理解。我们都把任何事物作为其特征的混合体，盲目地假定这些特征的统一性的存在，几乎想不到在每一种特征下有许多可能的从属关系。甚至在我们的哲学家中似乎没有人完全想到过事物的这一面与那一面！因此，他们思想受束缚，头脑不灵活，不知道在各种可能的条件中把握正确的事物。但是，在这里我不能说明一切，有些问题得由其他研究来帮助说明。

四、教学的方式

方式在任何地方都不受欢迎，但它在任何地方都存在。事实上怎么可能缺少它呢？每个人都根据自己的个性把它拿过来应用，而在任何合作中，例如这里在教师与学生的合作中，方式便来自两方面。

可是，人们习惯于相互适应，至少在某种程度上如此。超出这种程度就会不可容忍，重复会使这种不可容忍愈演愈烈。那种故意矫揉造作的方式和直接引起厌恶的方式都属于此列。我们不宽恕前一种方式，因为它是一种任性的错误；后一种方式破坏耐心，因为通过重复，厌恶感就会增强。

但愿把任何矫揉造作的方式排斥于教学之外！无论提问还是讲授，无论诙谐还是慷慨激昂，无论是语言精练还是抑扬顿挫，一旦看上去是被作为任性的配料在应用，而不是出于客观事物与情绪的需要，那么这一切将会使人厌恶。但是，从许多事物与情况需要出发形成了许多讲课方式与技巧，因此教育家以教学法这一动听的名称所发明与推崇的方式还在不断增加，并到处都得到应用，而不使某一种方式对于别的方式保持绝对的优势。教育者必须富有各种各样的技巧，能轻而易举地变换方式，随机应变，并恰恰在处理偶然事件时更能突出事物的本质。

使听者仅仅处于被动状态，并强迫他痛苦地否认自己活动的一切方式，本身就是使人厌恶与感到压抑的。所以一种连贯的讲课必须通过使学生始终保持急切的期待心理来激发学生，或者，假如教育者在什么地方不能做到这一点（在对儿童教学时，要做到这一点是困难的），那么他就不要把讲课连贯下去，而允许学生穿插意见打断教学，或者由自己启发学生穿插意见。教师在确保正在进行的工作能顺利进行下去的范围内，可以给学生最大限度的自由，这种方式乃是最好的方式。教师始终只要使自己以及学习者双方都感到满意即可。每个人都有自己的方式，不可能舍去驾轻就熟的方式，离开它太远。因此，只要没有大的损害便可原谅他人，也希望他人原谅我们。

第五章 教学的过程

把以上所阐明的一切适当地编排在一起并针对我们世界的某些对象应用于教学实践中，这乃是想要通过教学来实现教育的人们的伟大而真正艰巨的任务。我们通过不多的普通概念已经可以表明，在完成这些任务的过程中，许多人将被要求在很长时间内作出坚持不懈的努力。

我想在这里说明的只是一个概要。它的宗旨仅在于使业已阐明的概念彼此更容易地联系起来，并提供大家关于目前工作领域的一个概貌。普通教育学不应专注于特殊问题，致使对整体的概括收缩为对某一特殊部分的探讨。为了防止这一点，我本人将尝试通过感性认识来说明理性认识，并将尝试对哪些事物必须同时思考到和同时付诸实施这个问题作一概述。

一、单纯提示的教学—分析教学—综合教学

任何时候要为某一个人制订授课计划，总会碰到这个人所处的经验范围和交际范围问题。这种范围也许可以按照平衡的多方面性的观念加以合理的扩大，或者在其内容上作一番更好的探索。这就是应当注意到的第一点。

但是，教学同时还可以超越经验范围与交际范围，展示这两方面的生动的丰富性和透彻的明晰性，或者进一步说，教学的某些部分可以有利地通过经验与交际来加以说明。我们可以从视力所及的

范围中获得材料，通过对邻近世界的描述来扩大眼界。我们可以由周围年长者的生活线索把儿童引导到其出生以前的时代。凡是与儿童以往观察到的相当类似并有联系的一切，我们一般都能通过单纯的提示使儿童感知到。例如可以应用以儿童熟悉的颜色描绘出来的陌生城市、乡村、风俗和信仰的图画；可以应用那些因为模拟现代特色而使人有一种现实感的历史描述，在这方面，教学可以借助各种插图，这些插图事先越少被儿童无目的地浏览或越少被他们滥用来无意义地消磨时间，对教学的帮助就越大。

单纯的提示离开儿童的视野越远，便越会丧失其清晰性与深度；而另一方面，当视野扩展得越广时，提示的媒介就越多。正因为如此，我们难以确定从这种提示中可以指望得到什么和得到多少；同样也难以对它作明确规定。因为就提示的性质而言，这种教学方式只有一条规律：描述应使学生相信所描述的即其所见的。

分析教学更多地依靠其本身的力量，所以也就能更多地具有普遍性。为了使人立即明了，至少大体明了我讲的是什么，我以裴斯泰洛齐的《母亲的书》与尼迈尔[①]的《理解的练习》为例。每一个有思想的教育者，他的健康的触觉把他引导到分析儿童头脑中堆积起来并通过单纯提示教学增殖起来的材料，使儿童注意力逐渐专注到较细小和极细小的问题上去，以便使儿童的一切观念达到明确与纯洁的程度。这一点是必须贯彻的。

我们可以把同时出现的环境分解为个别事物，把事物分解为组成部分，把组成部分分解为特征。特征、组成部分、事物以及整个环境都可以抽象化而形成各种形式概念。但是，在事物中不仅存在着同时出现的特征，而且存在着逐步出现的特征。事物的可变性使我们有机会把事变分解为不同的层次。这些层次贯穿于事变中，依

① 尼迈尔（A. Hermann Niemeyer，1754—1828），德国神学家、教育家。——译者注

次并连续地出现。在这一切分解尝试中，我们有时碰到的事物是不能分开的，例如思辨的规律；有时碰到应当分开或者不应当分开的事物，例如提供鉴赏的美感。

交际也可以分解，分解为交际产生的使心灵深化的各种同情的感受。而且我们必须这样做，以使各种感情纯化并达到真挚的程度。因为一个人，甚至一些人的感情总和，总是由许多个别的感情组成的。同情他人的感情必须首先谨慎地从反对他人的感情中分别出来，以使个人主义不至于毫无察觉地压抑同情。具有细腻感情的妇女最了解如何分析交际，如何在儿童中间唤起更多的同情心，并正是如此来扩大他们的接触面，提高他们交际的积极性。一个人早年是否受过这样的妇女的影响，是显而易见的。

这样，分析教学通过分解其所遇到的特殊现象，上升到一般的领域。因为特殊是从一般中抽出来组成的。请无论如何记住“近属与类别”的定义，同时记住，类别单独地说也是一属。在属中，也同在类别中一样，又能包含更高的属以及附属于它的类别，而每一种类别又是与以上情况相同的。所以应切记逻辑与组合学说之间的关系，并切记，对一个人视野中事物的组合进行分析，可以指明逻辑的一般性，从而增强一个人对于其他新的观念的可接受性。在这些观念中，已知的成分能以其他形式并同其他成分组合在一起出现。虽然这一切本来都发生在我们大家心目中（凡是自发的现象，教师不应当对其纠缠不放，也不应让儿童纠缠于此），但是这一切并非完美地、迅速地发生，因此对教师来说仍然有许多事情要做（此外，教师还必须观察自我）。

由于分析教学可以上升到一般，因此它有利于，也有助于作出各种判断，因为要判断的事情无非是要将其从混乱的不切要的定义中提炼出来。简单的事总比复杂的事容易识别。基本的提示如获得了较大力量，那么由数量与色彩造成学生注意力分散的情况就会消失。此外，一般的判断不仅有助于今后在新场合下的应用，而且有助于今后在新场合下的检验。

同样，对现存材料的不断分析，常常可以获得关于各种前提的联想，一个人得出逻辑结论的熟练程度全都有赖于这种联想——科学的想象。正因为经验没有系统，所以假如我们伴随着经验不断地进行思索，那么经验就能出色地使我们的各种思想多样化地混合起来，融为一体。

但是，由于经验、交际和与此相关的描述所能够提供的东西是有限的，因此分析教学的所有优点也是受制约的。首先，分析必须接受它所能找到的材料。同时，在一方面造成某种优势的感性印象的重复常常比教师在另一方面力图人为地借以达到的专心与凝思更有力。其次，一般只有在某些情况下通过抽象才能表现出来，必须经过努力才能在心灵中达到自由的地步，从而使它不仅能表现为一般，而且同样能使一切特殊的结合成为可能。分析对于思辨和审美来说，除了仅能说明对思辨与审美活动具有决定性的各点以外，其实并没有其他作用了。众所周知，经验不能给予我们以理论和审美的需要，因此这种需要也并不能通过对现有材料的分析得到。即使对于已经接受的思辨和审美的各种观念作出分析说明，也只能使人感到什么是被颠倒了的，而不可能达到那种使一种印象强化到要消灭以前留下的印象所必需的强度，也不能达到唤醒心灵所必需的足够程度。单纯的驳斥与批评收效甚微。我们必须确立起正确的标准。

综合教学是建立在它自身的基础之上的，只有它能够承担教育所要求的建立整个思想体系的任务。自然，它不可能比我们的各种科学和我们的文学更丰富，但是正因为如此，它要比儿童个人环境丰富得多。自然，它将不会比教师所具有的手段更丰富，但思想本身可以逐步造就较干练的教师来。整个数学①连同与它前后有关的

① 在这里根本不必考虑数学的所谓分析方法。这里不谈数学家如何解决其面临课题的方式。按照教师或者教科书觉得好的要求来提出课题与编制课题，这肯定是一种综合。

一切以及人类从古代到近代的教育阶段的全部进程，都属于综合教学的内容。但是乘法表、单词和语法也都属于综合教学的内容。这就容易使我们想到，在这方面错误的做法会造成多大损失。假如各种成分一定要通过单纯背诵的方法印入学童的心中，那么他们就有极充分的理由反对综合教学的任何推广应用。事前的概述、复述、复习、举例以及各种符号都是众所周知的减轻综合教学困难的有益方法。对于典型三角形我曾建议过，用发亮的钉把它描绘在壁板上，不断地置于摇篮里的幼儿的视线中。有人曾笑话我。而现在请再笑吧！因为我想，除了壁板外还可以布置各种颜色的棍棒和圆球，我可以常常移动、组合和变换这些棍棒，以后则代之以各种植物和儿童玩具。首先，我把小风琴放进婴儿室，并让人奏几分钟简单的曲调，并奏出简单的音程，我还给它配上一个钟摆挂起来，以便使儿童的眼睛与不熟练的弹奏者能够注意节奏关系；其次，我将训练儿童用温度计辨别冷热的感觉，用砝码说明质量；最后，我把他送到布商那里学习，以便使他学会像布商一样出色地用触觉辨别出毛织物的粗细。此外，谁能断定我不会用有华丽色彩的大字母把婴儿室的墙壁装饰起来呢？这一切都是以一种简单的思想作为基础的：假如综合的成分在早期就变成儿童日常经验的组成部分，那么在儿童心目中突然地、费力地印入知识，即所谓背诵，或者就没有必要，或者就变得轻而易举了。这样一来，综合成分将在可能范围内渗透到儿童日常经验的无数事物中，在儿童学习说话以及叫出这些事物名称时将被极其顺利地掌握。但是，我并非蠢人，不至于把这些多少可以减轻教学负担与促进教学过程的小方法看作使人类得救的关键。

言归正传！综合教学必须照顾到两个方面，必须提出成分并构成它们的联合。这里的“构成”不是完全完成。因为完成是无止境的。什么人能测知所有事物的一切关系呢？有教养的成人还要不间断地致力于建造他的思想大厦。但是，他之所以能从多方面致力于这种工作，这肯定是其青年时期的教养为他做好了准备。因此，除了提供成分之外，教养还必须提供应用这些成分的方式方法与技巧。

最普通的一种综合就是联结性的综合。这种综合到处存在，它在一切方面有助于使头脑灵活起来，因此必须尽早地、最大限度地得到训练，直到达到最高的熟练程度。但这种综合的应用在经验学科中尤为普遍，因为其中没有什么可以阻碍这种综合，使人去认识其（逻辑的）可能性（这种可能性的一部分就是偶然的实在），同时这种学科可以让人用多种方式来加以分门别类。就这一点看，这种综合可以使人找到认识实用科学的道路。而在这些科学中，假如一系列的概念可以用于说明一系列现象的话，那么综合就是其媒介，关于这一点我们即将在这本教育学著作中加以说明。[①] 在思辨范围内假如缺少这种综合的话，将会使人感到怅然若失，数学家已感觉到这一点。可是在这方面，并同样在鉴赏范围内，这种综合被那种在这里占统治地位的特殊综合所掩盖。这种特殊综合一面排斥不容许的联结，一面使心灵脱离一切没有特色的思想活动。

与联结性概念密切相关的是数的概念。每一种联结活动把组合成分组成某一种数量。数本身就是这些成分的抽象。

众所周知，经验综合的本身形式就是空间、时间的形式，如几何形式与音律形式。《直观教学 ABC》就属于此类。这本书是综合性质的，因为它是从各成分出发的，虽然它的编写是由分析观察自然界中发生的并必须归入自然的各种形态决定的。

真正的思辨的综合完全不同于逻辑联结性的综合。前者基于关系之上。但是关系的方法还无人知晓。教育学没有揭示这种方法的使命。同时对自然抱一种严肃的批判态度也不是儿童早期要做的事情。另外，在儿童希望获得信念的迫切要求自动发展起来的年龄到

① 这一点也许可以，或者说应当，更多地通过积极的法则形式来加以说明。

来以前，在其顽固地抱住先入为主的观念而感到满足的年龄到来以前，让儿童的心智完全得不到训练，这同样也是不允许的。这种疏忽在我们的时代尤其不足为训。在现时，意见的分歧影响到每一个人，只有那种轻率的人，或那种既轻率又悲观绝望的人，才放弃对于真理的追求。相反，教育者应该完全不管他的体系如何而去寻找危险最少的途径，以便尽可能培养探讨能力，并从许多方面唤醒由个别问题（即各种思辨的成分）激发起来的能动的感情，以免年轻的思想者认为他很快就会到达真理的尽头。无疑，最稳妥的方法就是学习数学。可惜，这种学习严重地退化为玩弄辅助线和公式的游戏了。我们应当尽可能让它回到概念本身的思想方面去。同时，逻辑也有用处，只是不要对它希望太多。在哲学的思辨问题中，那些与数学、物理和化学有关的问题发展得最完备。在巧妙的引导下，青年人可以把心智多方面地应用在有关自由、道德、幸福、法律与国家的问题上，以得到极大的好处。但任何接近宗教的问题都需要多加推敲。在儿童早期，其宗教感情依附于天意这种单纯的思想。请尽量长久地保持这种感情，不使它受干扰。但一切宗教都有一种渗透到思辨中去的倾向和发展成为庄重的教条的倾向。在那种进行多方面教养时被触动的心灵中，这种倾向无疑没有停止活动。至此，是提出一点恳切意见的时候了：古往今来许多成熟的人物在这方面寻找不变的定论，这乃是一种徒劳的尝试。对这些对象的研究首先必须等待到一切思辨的预备活动终了以后才能进行。突然用思辨的信念来重新唤起那种业已失去了的宗教感情，这是不可能的。我们周围的自然界的秩序是同人类的依赖性在我们身上产生的永远无法满足的需要相一致的，而这种需要使宗教在同情的土地上牢固地扎下了根。就教育者的本质而言，积极的宗教教学不属于其范围，而应属于教会与父母，教育者在任何情况下不应当设置任何障碍，而且至少在新教范围内，理智地说，他不能哪怕有一点设置障碍的念头。

鉴赏的理论是非常模糊的，造成我们不能说明各种审美活动的成分及其综合。虽然如此，我们不难取得一致意见：美的价值不存在于事物的量中，而存在于事物的关系中；鉴赏并不基于感知的事物，而基于感知的方式。我们没有什么情绪比对于美的情绪更容易受到损害了。对于儿童明亮的眼睛来说，美是不清楚的，尽管我们觉得，仿佛只要看到美就能清楚美似的。没有受过训练的眼睛无疑可以看到物体，无疑可以看到眼前可以看到的一切，但是不能把各种关系汇集起来，如同有教养的人在最佳时候最愿意并最容易做到的那样。虽然鉴赏与想象迥然不同，但鉴赏往往寓于想象之中。想象有助于鉴赏，这是容易理解的。例如在想象的变幻中，各种关系也变化着。而在许多关系中有一些关系通过其影响将注意力吸引，把其他形象在其周围组织起来。这样，心智就进入了诗的意境，因此鉴赏的综合教养的任务似乎就是使美的观念在儿童的想象中产生。我们首先必须在可能范围内提供材料，然后通过交谈让儿童想象材料，最后才把艺术作品本身拿给儿童观赏。关于古典戏剧，我们可以先讲述一出戏剧的内容（这不是指各场次序，而是指情节），力求找出其间的关系、情境，使情节连贯起来，从各方面形象地描绘出来。最后由诗人的作品本身来说明那些我们感到困难的问题。我们也许得力求使各情节的要素理想化地体现出来，这可以是一幅图画、一件造型作品，我们可以把它们作为一种组合展现出来。至于音乐，则一切都更为明确了。各种基本关系，连同其最简单的综合都操纵在精于和声学的教师手中，只要他不是一个迂腐的人即可。

现在我们来谈谈综合地培养同情的教学，通过这种教学，心地一定能变得豪放并充实起来，即使没有美好的家庭关系，没有幸福的青年人之间的友谊，也许还没有师生之间高尚而自然真挚的友谊来辅佐。在什么地方我们可以得到这样一种教学呢？有谁能否认，通常的教学方法是旨在迫使心智服从于物质材料，以严酷的科学和甚至为我们所夸耀的艺术使心灵变得冷漠，使我们疏远人类，疏远不合我们口味的、思辨方面过于低劣的、往往离我们观察过于遥远的各个实在的人及其构成的各个实在的团体？但出于同情而为这些人工作仍然是我们最光彩的事情，而且我们也属于他们的种族，虽然承认这一点不免有一种羞愧的感觉，但我们无论如何必须承认这一点。

为了把历史印入记忆中，人们已经整理了联结在一起的历史结构，即用一种年代线索联系起来的各种地区名称的系统，用表列出来了。人们也曾设法从各种语言学习与古代知识学习中得到理解力的锻炼，重新将古代诗人作为一切艺术的楷模来强调。这一切做得都是很出色的！最后，人们曾经想把人类历史连同各种各样的思想观念看作一个伟大的发展过程。随后人们却并非毫无根据地改变了看法，因为把这个过程作为一出戏来看，那么这个整体，不是全部，无疑是不能令人非常振奋与满足的。但是，难道我们由于这一切而应忘记我们是在这里从各方面讨论人类吗？出于对人类的同情，我们只能为人类培养具有同情心的观察者。我们不应忘记，因为儿童还根本不能理解现实，所以还不能同我们一起展望未来，而正因为如此，在他们看来过去就是真正的现在，因此正是他们这样的人才会极自然地产生这种同情心。难道所有古希腊作家共同表现的儿童的这种天真不能克服我们以高傲的学者态度去阅读他们的著作吗？或者进一步说，难道我们如此缺少自我感觉，乃至不能发觉，这里是在描述我们应当已经经历过的青年时代，而绝不是我们现在还能够返回的年代？

我们不能再回避我们有时羞愧地感觉到的那种被曲解的教养了。我们感到，我们耽误了本来应当具有的一些东西。我们想通过羞羞答答的努力来加以弥补，但这似乎是徒劳的。然而没有什么可以阻止我们让我们年轻的弟兄们从头开始努力，用自己的步伐，不骄不躁，一直前进到未来。

然而，他们若要推进前辈先行的工作，那么就必须继承前辈的工作。首先他们必须从早年开始就把前辈的工作认作他们的先行的工作。

这样，我们对同情的对象就不会感到不知所措了。在这方面我们是否以综合的和基础的方式着手工作呢？

首先，我们无须列举同情的各种成分，也无须用某一种综合方法硬把它们联结在一起。这方面需要一种温暖的感情，但它任何时候都不是由一种辉煌的火焰瞬间发出的灼热，而始终是由一种能放出柔和的、温暖的热量的燃料所发出的持久的热量。

其次，同情与人类的冲动有关。由各种成分逐渐发展起来的同情将随着人类感情的前进而前进。但这种感情是由人们的境遇确定的，并随着境遇的发展而发展。我们在社会上的感觉，产生于欧洲各种复杂的政治和文化关系。假如对社会产生的同情出于各种简单、纯粹而坦率的感情，而这种感情中的每一种都独自呈现在意识中，以至整个意识有了解各种感情的需要，那么同情一定会在一系列人类境遇中前进。从最初的、已清晰地表达出来的、通过属于它的各种心理活动范围得到充分发展的状态开始，一直前进到现在这种状态。因为过去无疑只表露了人们各种状态的一小部分，更不能如同教育所希望的那样清晰而多方面地表达出来。正因为如此，某些文件是很珍贵的，这些文件用完美而生动的语言告诉我们过去。至于其余的，必须由我们通过想象来加以补充。

最后，同情虽然可能在儿童交际中最自然、最完美而连贯地发展起来，但他们的这种交际恰恰是按照每一个儿童对这种交际作出的贡献决定的，而贡献是依据每一个儿童的活动与观点来决定的。假如人们不让他们放荡不羁地成长起来，那么这种活动与观点无疑是由提供给他们心智加工的材料决定的。不可否认，青少年的交际由于其所获得的引导的不同而迥异。假如这种引导跳跃式地进行的话，那么他们就难以遵循，不愿遵循，就会退缩到他们幼稚的游戏与活动中去，他们将在这种活动中相互交往，使自己坚强起来。但是他们总得在某一天投身社会、投身世界的。假如到那时他们还相互抵触，毫无同情心，彼此之间如同陌生人一样，并顽固地坚持在他们的小事情上互不相让，那么这有什么可以诧异的呢？假如社会本身是由许多小组织组成的一种松散的集体，而每个小组织都喜欢各行其是，并尽可能地利用他们同集体的各种关系作为达到这种目的的手段，这又有什么可以诧异的呢？

但是在一个有爱国心的民族中情况是何等不同！这里 6 岁儿童都会告诉你们历史故事，告诉你们关于从前伟大的英雄少年的故事。他们彼此讲述这些故事，彼此联合起来随着本国的历史发展前进。他们渴望成为本民族的卫士，而且的确可以成为本民族的卫士。古人都能背诵“荷马史诗”，他们不是在成年时，而是在童年时学习这一史诗的。“荷马史诗”就是青年人普遍的教育者，而其学生并不辜负它。诚然，它并不能做到一切，我们也并不把一切嘱托给它。

请你们想一想欧洲的爱国主义。希腊人与罗马人是我们的先驱。一切分裂乃是派别心理的不幸表现，这种分裂必须同派别心理一起消失。有谁能够引起对这种思想的重视呢？教学能够。

请不要说我们德意志人本来就很赞成世界主义。这太缺少爱国主义了。可惜这是事实！但是难道我要在这里首先来调和爱国主义与世界主义吗？

让我们回到对古人的讨论上去。我们认为，诗人、哲学家、历史学家，就他们全都要使人去关心人的本性而言，他们在这里是属于同一个行列的。“荷马史诗”、柏拉图的《理想国》原先并不是艺术作品和至理名言，而首先是描述人物与思想的，首先它们要求人们乐意接受这些人物与思想。我们认为，糟糕的是，有人向我们推荐的外国人讲的是希腊语言！这就使我们难以很好地接受他们的作品了，因为我们不得不需要译者，不得不需要逐步地去学习语言，逐步的、不是一气呵成的，至少不能立即透彻掌握它。而这种学习对于我们现在越来越需要了，因为译者本身恰恰不能说最易懂的德语。将来有闲情逸致时我们将尝试使语言达到精深程度，从而来把握诗歌艺术，可现在对我们来说两者还同样遥远。寓言只能供我们消遣，但人物可以使我们产生兴趣。诚然，归根结底，教师需要具有某种程度的语言学技巧，以使他尽可能把文法课限制在最狭窄的范围内，却能在这种限制的范围内最坚定地把已着手的教学工作进行下去。可是，这种技巧在这方面只能获得做好工作的荣誉，切不要有其他追求。有一些意见认为，“荷马史诗”代表了各种希腊语言的最古老而闻名的形式，结构极为简单，这种古典语言的掌握对今后在文学上取得各种进步是具有决定性意义的。这些意见是正确的，但是它们在这里无关紧要。假如教授这种语言困难重重，而结果却事倍功半，那么上述理由仍然是无可比拟地强有力的。但这取决于用什么心情来理解这些理由。

为了实现这部分特殊的教学艺术，必须做三方面的工作。第一，必须决定教材的选择，主要从荷马、希罗多德①、修昔底德②、色诺芬③、普鲁塔克④、索福克勒斯⑤、欧里庇得斯⑥和柏拉图，乃至罗马历史学家的著作中选取材料，就罗马历史学家来说，一等到对他们有所准备后就必须立即选取他们的著作来进行教学；第二，必须严格说明教学方法；第三，需要确定某些辅助材料，以作为讲述和思考的补充，起到有力的陪衬作用。我仅在这里略微提一下，在荷马著作中较为粗糙的《伊里亚特》是不适用的，而整部

① 希罗多德（Herodotus，约前484—约前425），古希腊历史学家。——译者注
② 修昔底德（Thucydides，约前460—约前400），古希腊历史学家。——译者注
③ 色诺芬（Xenophon，约前430—约前355/354），古希腊历史学家。——译者注
④ 普鲁塔克（Plutarch，约46—约120），古希腊古典作家。——译者注
⑤ 索福克勒斯（Sophocles，约前496—约前406），古希腊悲剧作家。——译者注
⑥ 欧里庇得斯（Euripides，约前480—约前406），古希腊悲剧作家。——译者注

《奥德赛》，除第八卷中唯一的一个长篇以外却都适用（个别表达是容易避开的）。在儿童早期，索福克勒斯的《菲洛克忒忒斯》、色诺芬的历史著作颇为适用（但不要用实为放荡的回忆录，其所享的信誉是由于幸福论的缘故）。当儿童后期阅读了几篇简单的《对话》时，就可以选读柏拉图的《理想国》了。《理想国》完全符合他们对更大范围的社会正在萌发着的兴趣。在青年人郑重地投身治国艺术的时期，这部著作是不能满足他们的，就像荷马不能满足一个正在抛弃一切孩子气的少年一样。作为思想家的柏拉图与作为诗人的荷马，其作品诚然是适合于成熟年龄人的，但是这些作家的作品难道还不值得我们读两次吗？青年的教师难道没有留意与浏览这些著作的兴致吗？

以上对综合教学大体上作了充分的说明。这种教学必须很早就开始，而其终点却是找不到的。但它将使人感到，父母与青少年必须延长教养年限，使它超过今天习惯上的年限，因为他们也许不甘心让其从长期辛苦中获得的可贵成果半途而废，听凭命运摆布。对于大多数人来说，也许正是出于这一原因而不去开始进行这种教养，但只要能找到最好的教养，就有一些人想要得到它。

然而，假如聘请教师太迟，而他似乎也没有发觉被延误的儿童并非变坏（这种情况是少见的），那么他就应放弃希腊语著作，而更多地依赖分析教学。但切不要把积累起来的一大堆材料一下子就分解为极小的各部分。相反，开始时必须使各种专心活动——得到反复。然后，在继续交谈时（这种交谈也许是在共同阅读各种从现存见解出发选择出来的书籍中自然地引起的），必须不断地探索心灵受感动之处，把书中的各小节一部分一部分地教给儿童。这样做，与其说是为了纠正什么错误，不如说是为了让人意识到自己的潜力。假如一个人自己成了观察的对象，那么这就会表明，他如何可以使自己满意，他有多大力量，在什么地方，怎么样可以在综合方面给他提供帮助。

如上面提到的，我们希望教师在纯粹的提示教学中具有灵活的态度与观察的精神，而不拘泥于各种规则。在前一章中所阐明的概念应当联合起来应用于分析与综合的教学。请注意，这里仅说了个大概而已，不要期待对课程表上安排的各种严密的学科作详细的教学说明。

二、教学的分析过程

（一）经验

让儿童指出各种物件、叫出各种物件名称、触摸和摆弄各种物件，这都可以放在一切活动之前进行。这个过程可以从整体开始，逐渐深入到部分，乃至部分的部分。通过对各部分相互所处的地位的确定，将各部分联系起来。可以分析实物的各种特征，并通过比较把这些特征联系起来。当经验范围内的许多方面用这种方式逐一得到充分认识之后，就可以将各种差异方面的冲突所产生的各种事件分析为每一个方面发生的变化。这样就可以说明人类从各种事物中获得的应用。因果的概念、手段和目的的概念不属于这里讨论的范围，因此这里有理由避而不谈。经验只与事件的结果及其连续的过程有关。这种实物分析的对象，在儿童的早期一方面是人体（在外界对象中，人体也是最重要的对象，因为人不仅感觉到自己的身体，而且看到别人的身体），另一方面是周围的各种事物——家具、植物和动物等等。人的活动与遭遇是与人的身体联系在一起的，同时也与人们彼此之间最密切、最简单的关系有关。在这方面可以采取提示教学。这种教学通过初步讲授各国与各民族概况来扩大儿童关于自然与人的知识。地理学与博物学可以逐渐由此着手讲授，这方面始终得把说明与联合放在教学之前。同时得悄悄地让儿童对周边环境中的人进行经验观察。其次在本国语的分析练习中必须涉及本国语的整个范围，以便为学习缀字法、文体与普通语法做好准备，甚至可以暂时把概念撇开。凡经过说明与联合起来的事物都能通过某种综合的概括获得一种教学的形式，而在教学形式（如分类）中，什么地方适合进行这样那样的教学，当对这个问题产生疑问时，便出现了哲学探讨的迹象。

1. 思辨

在对经验范围进行分析说明时，处处会遇到事物性质有规律地联系在一起的迹象，即因果关系的迹象。不管这种迹象是否客观，是否可以解释为超验的或者意识之内的，对青年的教养来说重要的是，当它出现时他们是否了解它，如何用物理学家或讲究实际的历史学家（非幻想推理家）的眼光探究各种事件过程的本质的一贯性。第一步是指出，即引出手段与目的以及原因与结果的关系，同时必须通过具有不同结果的不同试验来揭示事件的制约性与相互间的依赖关系，例如使一部机器较快或较慢地运转，对这一部件与那一部件进行干预，以便观察哪些轮子转动，哪些不转动。为此我们必须控制结果，必须使这种结果引人注意，也就是说使其不太一般，也不太奇特。请把先前一一说明的试验联合起来，并指明它们的联系。例如，把钟摆与钟的齿轮组联系起来；在用枪射击方面把机械能与火药爆炸联系起来；在应用蒸汽机方面把蒸汽的受热膨胀与受冷收缩联系起来；等等。在进行试验时应注意每一部分保持的状态，每一部分发生的变化，不要忘记其中的残余部分，应观察结果的完整性，或者说留意其过程中将不为人所观察到的部分，但是，如同人类在其工作方面、在家中、在经济领域、在行业中、在国家事务方面相互猜测、相互依赖或相互干扰一样。这又可以使人联想到有利或有害的自然力的自动运行机制，这一切无论在经验中还是在描述性的教学中都必须向儿童作最详细的说明和让儿童进行冷静的观察、反复的检验，而决不是让他们肤浅地观赏，使他们惊讶、恐惧，甚至使他们须臾间入神。至于概念的分野、定义的探究、自己思想的阐明，这一切都可以以后结合在一起进行。教学与哲学探讨在这里属于物理学方面进行的工作，并最终可归结为思辨系统。

2. 鉴赏

审美（我把美、高尚、可笑以及各种细微的差别和对立面都包括在这个名词中了），对我们来说，最初产生于留意的观察中。通常少年儿童仅把一种物质看作与其他物质一样的东西。最初他们觉得彩色的、形成对照的和运动的东西都是美的，而当他们看够了这一切，并处在一种极其平静而跃跃欲试的心理状态中的时候，我们就可尝试，是否可以让他们去探讨美了。首先我们应把美的现象从一系列在审美上无关紧要的现象中揭示出来，从而说明它。然后应开始分析，即把它分解为各个部分，使其中的每一部分本身具有鉴赏价值。例如，我们可以取一棵茂盛的灌木，砍下突出的一枝，而后再从一枝中取一叶，并从复叶中取一单叶；或者取一朵花，将其花瓣摘下并一一展示给儿童。错误的分解，例如，在叶子中间切割，是必须使学生注意并受到批评的。就这样，美的最简单的形式、组合在一起的美的联结形式以及以新轮廓重新合并产生的美，这一切都必须一一了解并联合起来。同样，我们应当把美的现象从有趣的和感人的现象中揭示出来，把实质从装饰中，把思想从修辞中以及把内容从形式中揭示出来。但是，这一切分解手段应始终作为有助于综合的工具，因为理解的心理是力图向这种分解发展的。我们应当在不使整体完全陷于朦胧中的情况下来说明每一个局部。同时，我们不应当从太大的对象着手，越简单就越能产生较明确的鉴赏判断。但是，我们不仅应当在艺术中，而且应当在生活中、在交际中、在礼节中和在言语表达中指出得体的行为来，并要求儿童在他们自己能通过其鉴赏力来表现得体行为的情况下做到它。同一切生硬的做作行为保持的距离越远越好；一般地说，能保持的心情越纯洁，就越能做得好。按照艺术规律进行审美分析的教学及其哲学探讨大多是困难的。

（二）对人类的同情

对那种为唤醒对他人同情心的交际进行的分析，具有一个主要的观念：应使感情（不管其好坏）返回到自然的感觉运动上去，使每个人在其本身的意识中都有这种感觉运动的可能性，因此也就能够产生同情。但是真正要理解别人的感情乃是以理解自己的感情为前提的。因此应分析青少年的心灵，以从中发现人类心灵活动的形式。同时必须使青少年学会人类感情赖以表现出来的表达方式，一开始学会非任性的表达，而后渐渐地也学习惯常地表示感情的范围与轻重。同时必须注意通过自己的行为将自己的感情始终明确地在他人面前显示出来，防止误解和无意识地中伤他人。这种内省性的心理的初步表现必然随着与他人的交际和对他人的认识而不断扩大，并且越来越影响心灵，从而必然使人类的每一种现象越来越容易被理解，使每一种反感，如对外来特异事物的反感，越来越不容易产生，同一切人的接近越来越真诚。但是要达到这种境地，应当使人类的每一个特点像在镜子中那样较为完全地，不像在一般生活中那样模糊地接近崇高诗意地，在那模仿着别人而不失自制的心灵中显示出来，但并不由于超越实际以及因此也超越同情本身而陷入幻境。古典诗人可以使我们懂得这一点。

1. 对社会的同情

关于交往礼节以及各种社会制度的探讨都是从人们相互适应与相互帮助的需要出发的。教学基于这种需要来说明社会上服从与协调的各种形式。为了使这方面的教学形象化，教师可以首先举出最合适的例子，即学生本身，让他了解自己在其一切社会关系中所具有的正确地位，并让他感到其生存的全部条件与对他人的依赖性。通过同情心把这种感觉化为对所有人相互依赖的了解，通过越来越清楚地了解和越来越如所期待的那样明白社会运动在不断进行，乃至反复来回摇摆，儿童必然会珍惜一般秩序，不损害这种秩序，甚至觉得值得为这种秩序作出牺牲，假如有一次可能要求他立即作出牺牲的话。假如在青年时期一个人表现出具有体力的话，那么这正适宜于让他观察军事来增强他保卫祖国的思想意识。军事是国家光辉的表现，从青年的早期开始它就强烈地吸引着他们的目光；但假如教学不对野蛮的狂热与虚荣的煽惑采取充分的平衡措施，教育就很容易遭到损害。教学应当针对国家这样那样的制度所投射出来的一切光辉，始终提醒学生想到一个勇敢的人可以在其岗位上发挥的真正力量，想到每个公仆必须加之于自身的切实可行的限制。

2. 宗教

对于人类普遍依赖性的同情是一切宗教基本的自然原则。我们应当让学生注意，在什么地方人们会表达受限制的感觉，应当向他们提出，任何傲慢都是对自己力量的错误与危险的夸大。崇拜应当解释为恭顺的一种纯粹的表白，而忽视崇拜可能会导致（事实上确实会导致）一种自负的活动，为取得暂时的成果而花费过多的精力。对人类生活及其命运的进程作出的不断观察常常使人认识到生命的短促、享受的短暂、财富之价值的两重性，以及工资与劳动之间的关系。为此应当使学生注意俭朴的可能性，注意知足常乐，注意对大自然的观察，了解大自然适合人的需要，能够使人努力并大体上给以报偿——尽管大自然并不会对每一个个别成果都给以报偿。应当由此引导儿童进行一般的因果报应的探索，但始终必须把这种探索局限在大自然范围内，而不要使这种探索迷失在人类角逐的混乱中。

从根本上说，心灵应当在宗教中获得休息，在宗教中摆脱一切思想、欲望和顾虑，达到安宁。但是为了获得高度的休息，应使儿童欢迎与众人联合，欢迎教会。只是他们在这方面也必须保持足够的清醒，拒绝荒诞和神秘的欺骗，完全拒绝神秘主义的矫揉造作，把这一切视为宗教尊严所不齿的。①

三、综合教学的进程

导　言

综合教学提供了一系列新的观念，因而必须对它们进行论述。首先，在进行综合教学时我们应当不断地观察它是否也会使心灵过于充塞或过于空虚。在这方面，我们可以看到，不仅儿童的能力，连他们对各种课程的爱好都是迥然不同的，因此必须有针对性地进行教学。其次，管理与训育，尤其是教师自己对于事物的全部考虑，应能唤起学生的努力，以求一开始就完全而正确地了解一切，明确而利落地接受一切。最后，应防止过急地在刚准备好的基础上追求有所建树。今天清楚的事，明天可能又模糊了，而谁还要吃力地回想个别事物，那就谈不上联系和应用它了。至于各个成分，应当注意在可能的范围内使它们在需要以前就做好准备，同时应当始终建立较广泛的基础，以便使它们到处可用并进行各种变换。关于复杂的事物，应使儿童心灵特别探索其各种形式（只要有可能的话），以使儿童预见到它们联系的途径并自己去探索——这是非常重要的。

（一）经验

我们很早就应当通过许多例子来说明各种联合的程序，尤其是

① 为培养儿童的同情心，提示教学可应用历史故事、关于人以及人的集团的生动的传记等，但切不要用现代政治方面的东西！

它们最常用的变化形式了。除此以外，我们还应当指明感性事物的特征的顺序，这类顺序比如在矿物学教科书中提到的颜色的顺序、质量和硬度的级别等。这方面也包括空间形式。开始先提出正方形与圆形，不用分析，这些形状是周围器物中最常见的。然后再提出角，在这方面可以利用钟表的指针、门窗开启形成的角，等等。首先，必须提出 90 度、45 度、30 度与 60 度角。我的《直观教学ABC》一书假定这种知识是常用知识，这本书在这方面是恰到好处的。撇开关于事物特征顺序中形成的联合构想的一切例子（对这些顺序的自由联想必须先于联合构想），或者撇开一切关于在联合基础上对一定事物作出分析的例子（因为这种分析不应当在那些事实上还缺少许多可以想象的复合体的场合中进行），而只来谈谈语法，特别是变位。这里应先从那些构成这种那种语言的符号中区别出在这里变得复杂起来的一般概念，区别出人称、数、时态、式、语音。其次，应当把说明各个词义及其类别与阐述动词变位类型区别开来，这些类型纯粹是由那种类别的变化产生的。但是，假如除了认识概念之外还认识了超出一切语法之外的变化形式，那么这种类型也会自己形成。假如只想教一种语言，例如希腊语，那么在做好一切准备以后首先可以指出其在大多数情况下稳定的特征，例如将来式、现在完成式、虚拟式、祈求式等，并通过个别词来研究它们，然后再来探讨不稳定的特征，例如不规则的变化。这必须进行专门的学习。尽管熟记也是不可忽视的，但应先让儿童思考变位，用各种方式使他把各种各样的变位联合起来，然后再让儿童开始熟记。在对各种变位的联合作了充分练习之后，就可把这种类型迁移到其他形式中去了。这可以在系列的编排由于发生变化而被改变时进行。一个更简便的例子也许要数乐谱了。在乐谱中音符系列是随着节奏符号的变化而变化的。但是，我们也可在植物学、化学、数学和哲学方面运用这种练习。只有借助这种练习才能正确地说明科学的框架，正确地教会学生分类，并对此作哲学探讨。

在我们同时思考许多问题的一切场合，联合的观察确实是一种难能可贵的才能。这种联合观察在作句法练习和了解历史轮廓的教学中特别实用。学会这种观察是童年后期的一种特殊的工作，这种工作肯定与同情地了解历史故事完全不同。有些历史故事的讲述应在这以前进行。在历史轮廓中存在着一系列人名，这些人名可归入各个国家的历史年表中，也可任意地归入教会的、各种科学的以及艺术的历史年表中，并列在一起。关键在于，我们不仅应当能够熟悉各个人名系列，而且应当能够任意地把它们三三两两地联结在一起。对于法律关系和对此作出的积极规定，我们也可作类似的探讨。获得这方面的一些知识对早期青少年颇为有益，因为通过这种知识，他们对现实生活的注意会变得敏锐起来，而且在今后他们处理私事时会变得容易起来。

1. 思辨

在任何重要场合，找出关系或者进行超验的综合，这些都是以事先感觉到的困难、专心于思辨的问题为前提的。但是这些问题可靠的基础乃是经验——内部的和外部的经验。在青少年教养中，本来是应当使他们掌握这种基础的，不管这种基础如何广泛。经验范围的分析说明可以达到对一系列因果关系的了解，这一系列关系是无始无终的，既找不到其在世界与意识中的广度，也找不到其深度。物理的自然知识可以使人了解一系列假设，从这些假设出发，综合地返回来解说自然，这种尝试通常不会不碰到困难。应当指出这些假设和那些问题，并视机会一一地把它们指出来，使儿童想象它们，并给儿童进行各种想象的时间，以便他们尽可能自己了解它们，或者至少把它们用各种形式联合起来。我们应当逐渐从那些似乎直接涉及实际的诸多问题中引出各种概念来，并应当使人感到，思想家在这方面也可能囿于其自身思想的混乱之中，因此他必须掌握正确的方法来对待这些思想。这里可以提出逻辑了。到此时数学学习应早已达到重要阶段（《直观教学 ABC》对此已有所准备地指出了某些量度的相互依赖性）。通过那种不仅在数学分析中，而且在几何学中存在的中介概念来取得逻辑结论，这至少必须在数学中训练得娴熟了。现在应增加思辨系统的学习（最好从最古老和最简单的开始），而且这种学习应与那种在心理上对人的意见的兴趣联系起来。用演绎方式来教授综合本身的方法，这无疑可以依靠教育来进行，假如青少年的教育者能没有偏见地对教育做好准备，那么这就足够了。思辨的开始虽然可以使一个健康的少年（甚至年龄较大的孩子）非常热衷，非常专注，但是只要各种思辨活动不影响其他兴趣，并使其他兴趣受到压抑与干扰的话，它是永远不会过分强烈而有害的。而一旦发生这种情况，就必须立即通过其他活动毅然决然地使这种思辨活动中断。反正在这时思辨情绪可以暂时消失掉。

2. 鉴赏

正如阅读一大堆哲学读物不太可能造就哲学家一样，浏览各种各样的作品，即使是经典的作品，也不太可能形成鉴赏力。通过默默地注意心灵在内部完成的无数次自我认识，最后产生美的感觉，但这种感觉大多还只是这样与那样的鉴赏力的一种而已。在这以前，当青少年的心灵尚未受到强烈印象的影响而把这种印象作为回忆对象黏合在脑海中时，就必须使它领略较大艺术作品结构的简单关系，即美的各组成部分。这适合于任何一种艺术的相互并行与交错的领域。对各种关系的领会取决于理解的清晰程度与成熟程度。心灵必须受到感染，而不迷惑；稍被感动，而不震撼。因此应当使心灵感受各种有关系的材料，即那些任何时候都完全处在其能理解的范围中的材料。应当把这些材料用各种方式联合起来，即使只有简单关系，如在音乐中具有的关系，我们也应当把它们指出来。但也应当注意审美的心情，切不可把一切力量平均分配到学习与体力活动方面。外露的放肆必须受到限制。自由、生动的谈话最能引起那种审美心情，而独自沉思有助于使它达到完美的境地。假如激发了鉴赏力，那么就必须观察一下想象力。亲密的关系对此是有裨益的。应当使学生相信，他的开诚布公，在这里特别会得到教师满意的认可，而不会受到尖锐的责难，但也不会受到过分的夸奖。假如学生自己创造什么，他切不可被他的作品诱惑，不使自己为此而筋疲力尽，不使自己自我陶醉。我们应当稍加提醒，使他冷静，但不能阻碍他，这样他就可以让我们从一个创造引向另一个创造。应当向他展示各种杰作，以免他太早就沉湎于自己的鉴赏水平。如他能反复地研究这些杰作，那就为他自己的进修树立了标准。但是，一切鉴赏力很迟才能达到固定风格。为了达到这一步，他必须以其特有的全部意识力量尽力影响其自身。

（二）对人类的同情

对于整个人类的同情就是对于我们想遇到并可能遇到的如此多样的人类所产生的同情。这种同情不能仅仅分析为从那种与熟悉的人交际或者同书上描述的个人的交际中发展形成起来的，更不能简单地理解为对具有一般种类概念的人类所产生的同情。只有那些在自己头脑中树立起无数人类形象的人，只有那些诗人中最可尊敬的人以及仅次于他们的历史学家中最可尊敬的人，才部分地具有对人类的同情心，并能把这种同情心传递给他人。我们可以发现他们具有最明显的一般心理真理观。但这种真理是按照人在不同时间、不同地点产生的不同状态而不断修正的。对真理的敏感性也是随着年岁的增大而不断变化的。教育者的责任是关心如何使这前一种变化和那后一种变化始终相互一致地、同时地积极发展。因此，这里存在着一种从旧到新的逐年变化的进程。这种进程自动地向旁边扩展着，并在扩大的、迁移的、模仿的教化中使个性的逐渐变异为心灵所接受。同时，表现在这种进程中的变异所遇到的那种被歪曲了的和艺术上拙劣的、其一切对立面和矛盾事物同时出现的现象，将丧失其感染力，而那些无的放矢地寻找着教养的无准备者常常会受到感染，容易受到迷惑，并常常受到危害。站在人类教育的高度前进，达到我们今天的文学水平，就可以容易地避开其中低劣的、不干净的部分；与此相联系的是借此可以获得高度保障，不受今日世界一切诱惑性东西的影响。全部进程将在时代与人类应当达到的明智理想之间的对照中，在一种关于人类如何能达到理想和个人应当在这方面做些什么的协调考虑中找到终极。此外，那种狂热地要求或者渴求每时每刻都有所进取的观念，至少对于那种饱览各时代，并在每一时期能觉察出同一类人的人来说是极不自然的。这种人甚至不受变化的影响，会尝试使别人获得我们的大自然所允许给予的自由。这就是同情的最高境界。

1. 对社会的同情

诗歌和历史的描述往往突出地反映了人在交际方面表现出来的顺服性与倔强性，同时反映了那种使各种相互冲突的力量得到缓和并相处在一起的需要的迫切心。关于和睦地结合在一起的人能够表明什么以及如何得以表明的，关于没有一个人能够单独地成为一个伟人，作出完美的贡献，关于每一个人在自身以及自身以外始终只能在时间与状况所提供给他的范围内有所作为，关于这种种的说明必然会引起一种主导性的兴趣，按照那种顺服性来指使人、教导人，如同所需要的那样，以使他们能够达到他们自己确定的较高目标。但是教学在这方面必须充分运用纯洁的青少年所应有的自然的质朴，必须对学生提出服从的要求，并为他指出：好斗嘴的不服从行为只能用泛泛的空谈充实懒散而空虚的头脑，在关键时刻会削弱公共活动的效果。社会兴趣将拒绝任何唐突与轻率，这种兴趣是与一种较高级的经济的审思结合在一起的，此种审思与目的相协调，并考虑到各种机会中的困难。不仅仅交际，促进这种交际的天然与人为的需要的刺激（如保障和压抑这种交际的公共权力以及国家行政各部门），而且关于人组成团体的条件（如其语言、信仰、科学知识、持家才能与公共娱乐），这些都必须一起加以考虑。在青年自己选择一种职业之前，必须通过对社会的描述，宛如提供一种指明一切位置与道路的地图那样，使他认识每一种职业。可以非常肯定地说，在职业选择前这样做是不会显得太晚的。这样，必然会使青年人全心全意地对待已选定的职业，而且会寄予它最美好的希望，希望这种职业发挥有益于人类的作用。

2. 宗教

宗教的综合教学就是造就与培养学生信仰上帝的观念。这种观念，作为宇宙的终极真理，作为一切尊严的顶峰，必须在儿童早期，即当心灵开始萌发探求知识与思想、恐惧与希望的勇气，当它尝试越出他的视野向外窥视的时候，就应让他有所了解。假如宗教的基本观念不是属于最早期树立起来并通过回忆可以达到的，假如它不被熟悉，不同的变迁的生活在人格中心所遗留下来的一切融合在一起，那么宗教就绝不可能在心灵深处占有它所应有的稳定位置。这种观念始终必须重新置于大自然的归宿点。这是使任何一种机制在某一时期发展出理智行为的根本条件。在儿童心目中，家庭乃是世界秩序的象征，从父母那里可以很理想地领会到神的品质。他可以与神交谈，就像同父亲交谈一样。长辈们一定会愈益明白地示意儿童，他绝不属于他们的神祇，不具有他们的命运。他应当从早期开始依靠艺术本身了解倒退的文化想用丧失其实效的艺术重新产生什么影响。应当向他描绘苏格拉底的时代，在这一时代，命运（既无因果关系又不受意志影响的可靠的定数）开始被那时崭新的神意观念所代替。应当使他了解，我们积极的宗教是可以与柏拉图所希望用以教导希腊青年的宗教相比拟的。青年应当尝试发表自己的意见，但他的性格必须能保证自己永不希望放弃宗教；他的鉴赏必须相当纯洁，致使他永不能忍受一种从缺少道德秩序的世界中，因而（只要他是个现实主义者，就会看到）也是从一种没有真实神祇的真实自然界中必然会产生的不和谐状态。

四、关于教学计划

从上述的摘要中我们一看就明白，那不是教学计划。因为其中有许多部分根本不能包括在一种固定的课程之中，而只能指望某一种教学可以把它们结合进去的机会。**教学计划就是这种机会的准备**。在拟定教学计划之前，教育者首先得对这里指出的思想范围深思熟虑，把他的全部知识置于其中，并对学生的需要作充分的研究。为了使教学计划行之有效，必须考虑其与许多偶然因素的依赖关系，这些偶然因素是与多方面教养的一般观念毫无共同之处的。因为教学效果来源于教育者与学生双方的个人能力，所以无论这些能力怎么样，都必须得到最充分的利用。

教学的许多方面取决于学生**对其反应的程度与状态**。从儿童早期开始的，而且主要采用综合形式的教学，可以在相当程度上信赖它对教给学生的一切所发挥的威力。但是，准确地说，**学生本来是应当自己为分析教学提供材料的**，特别是在他以后的数年学习中，因为那时大量的日常经验已经用尽，而只有那些业已埋入心灵深处的材料尚有分析价值。因此，经验很容易表明，当业已成年的青年开诚布公地表白自己时，教育收效就会很大，特别是在刚刚开始时（就分析而言），几乎可以获得奇迹般的成功；而当他们不肯流露自己的想法时，一切努力将付诸东流！

分析教学的真正的媒介是**会话**，在会话时可以穿插和进行自由阅读，如果可能的话，学生与教育者可相互出示书面作文来加以补充。读物必须是用学生通晓的语言写的，并与学生有某些共同点，而且不应引起学生的兴趣到这样的程度，致使时常中断阅读，例如，学生欢迎的较长时间的离题讨论有可能造成学生的反感。作文必须不太冗长和不太矫揉造作，而必须十分细腻地将他们在谈话中获得的材料既清楚又明确地写出来，并对其中心思想作清晰而引人注目的解释。这些作文必须证明，他们的心灵已倾注到了其注意的对象上。如学生写得不好，教育者可以加以改进。必要时，教育者可以组织竞赛与辩论，用紧张的气氛消除松懈。只有一点，他自己在这种场合不能发怒！假如对象是延误了受教育的青年，则必须尽量把重点放在这种练习上，并力求使这种教育逐渐切合他们各方面的兴趣。为了充实他们的心灵，可以补充某种生动活泼的演示教学，也可以采用一些本身虽然重要，但完全有可能形成对照的附加阅读教学。在教学业已变得非常不适合的地方，这便是看上去缺少计划性的教学方案的全部形式。但是即使在通常综合地推进的教学中，作为补充的那些练习也几乎是不可缺少的。因为这样做，就可以使学生在内心世界进行的一切活动置于教育者的注视之中。

假如综合教学开始要适时，并充满着希望，那么上述说明很容易使人找到两条线索。这种线索贯穿于教育的始终，而且绝不会脱离控制。鉴赏力与同情的教育要求有一种从上古至近代的编年系统。教学计划必须注意如此安排教学：儿童早期应从希腊文开始学习，中期应从拉丁文开始学习，青年时期应致力于现代语学习。至于思辨与经验方面，假如后者要通过前者来加以说明的话，则首先要求安排有系统的、多方面实用的数学学习。我敢举出《奥德赛》与《直观教学 ABC》作为这两种课程开始时最适合的重点。一系列不同质的学习可以视为第三类课程，其中如博物学、地理学、历史学讲述、成文法和政治学的研究等是最重要的。这些科目无须先结束一门，再开始后一门，仅须在环节上相互衔接，因为每一科目在学生心灵中都可以引起先入为主的影响。而每一科目都需要这样一种环节，以使这种教学一直如此固定下来。假如补充上述练习，随时来为分析教学过程服务，那么我们也就似乎具备了教育性教学完备的计划的主要部分。这样只需在主课学习中增加辅助知识就可以了。主要工作的外围有许多次要工作要做，它们大部分可以安排在课余，而并不脱离连贯性训育所产生的作用范围。此外，可以信任已经被激发起兴趣的儿童将能精力充沛地承受这种兴趣带来的负担。只是应留心不让这种兴趣涣散开去！凡有碍于工作连续性的一切都不可避免地会产生这种影响。工作必须这样安排：使它在本身范围内具有必要的变化，但绝不可使爱好的变化瓦解为无目的的涣散状态。在这方面，最有经验的教师似乎还需要获得经验！他们似乎不了解对不间断地遵循具有同一种兴趣的同一种进程采取某一种教学方式所起的作用，否则也就无法解释大多数课表所作出的支离破碎的课时安排是从哪里来的了。应当明白，在一种严格教学的一切外部条件中，头等重要和绝对必要的是：每天为同一种课业安排一课时！但是，所有科目无疑必须占有一定的位置。

在有些情况下，综合教学不能扩展到全部领域，但也不能完全放弃。这取决于如何将它缩短而又不使它有所残缺。它将被有规律地压缩，就形体而言却照旧，这就像在缩小镜里看到的那样，显示出更醒目的色彩、更明显的对比，但将不可避免地丧失其丰富性、轮廓和效果。大量的语言教学这时被取消了，在那通常要阅读原著与整部作品的地方，现在只需要阅读译文和节录了。但是，通过各种各样资料来维持效果的可能性越小，就越要强调使教学停留在主题思想上。在数学中可以放弃对这门科学本身所进行的无穷多样的运算作出说明。我们只要教授主要规则、最重要的计算方法，但这些都得编词典式地（从最低级到最高级）一一加以说明，因为最高级的不一定是最复杂的。凡要说明的，应说得透彻明了，以使学生永久记住。在博物学、地理学与历史学教学中不必要求记住许多名称，但应注意使世界与人类在学生心目中形成一种清晰的观念。

在对各门科学作教学加工时，我们必须通过对某些部分作一定的剔除，以使教材得到与上述做法相同的压缩。

如此才能培养出多方面的兴趣，虽然这种兴趣必然会缺少某些教材在表述上的内在力量与流畅性。①

但是无论什么样的教学计划，假如它所提供的机会得不到利用的话，就会成为泡影。我希望这部著作不受那些见解肤浅的友人的歪曲，他们以为，只要相当早地让儿童开始学习“荷马史诗”与《直观教学 ABC》就达到了本书的要求。假如他们不同时力求表现诗歌中的人物和说明事物的结构，那么我就没有称赞他们的理由。一切教学计划中最空洞的莫过于为全省与全国拟定的办学计划了，尤其是校务委员会拟定的那些空泛的计划。这种计划在制订之前，学监未曾听取每个学生的愿望，未曾考察每个学生的优点与弱点，未曾了解他们相互的私人关系，并借以为计划准备应有的参考资料。通晓人与政治的知识，这对于一个出色的学监来说肯定不是一件小事。因为他必须把许多人团结在一起，使他们精诚合作，对学生施加全部影响，而这许多人中每一部分却是很容易成为另一部分的对头的，纵使只是出于对知识的忌妒。他必须运用各方面的一切办法来缓解引起对立的触发点，在这些人中——无疑是指在个人方面——激发起较优良的精神，为每个人指出按照他的特性所能产生的有力影响力在什么地方。（假如一个有知识的人不能从事其所爱好的工作，那么损失会多大！）最后促使他们所有人产生共同的思想，使每一节课取得真正的教学效果。一项全国的教学计划从这些分析中能吸取点什么呢？这样一种不考虑在各种地方执行它的个人的计划，也许只有在避免与一系列课程和居民的现存精神发生冲突的情况下，才能发挥它所能发挥的作用，除此以外它是不可

① 这句话的意思是：只有通过压缩教材才能培养多方面的兴趣（因为压缩了教材，就可以不使某一种教材太冗长，影响其他教学内容），但压缩教材后，某些方面在表述上就会失去内在力量与流畅性，从而使多方面兴趣得不到某些教材的内在力量与流畅性的激发。——译者注

能有多大作为的。我承认，我对国家接管教学事宜（仿佛她可以把教育委以政府和督察机构，从而能够达到一切目的）并不真正感到高兴，实际上只有通过个人的才能、忠诚、勤奋、技术才能有所成就，只有通过他们的自由活动才能有所创造，只有通过他们的榜样才能推广。在这方面，政府所能做的仅仅是扫除障碍、铺平道路、提供机会以及给予鼓励，而这一切已是对人类的一种伟大而令人非常崇敬的功绩了。

第六章　教学的结果

对于教师来说，再也没有比时常结识具有高尚性格的青年人，借以充分地了解他们富有接受教育的特点，更能使他感到幸福的了。通过结识，青年人的精神世界将为他敞开，他的努力不至于徒劳。而且他可以坚信，在人类教育的观念中，他已获得了自己工作的真正蓝本。当教师与学生之间因一方强求另一方做他不想做的事而造成相互不快时，教师不应因学生对自己不敬重而生气。他应不至于误把教学改变为游戏，也不至于把教学故意地改变为工作。他应认识到这是一项郑重的事业，须尝试灵巧而有把握地促进它。他不应用他渊博的知识加重课程的分量（否则在这方面虽然可能考虑到了一切，却忽略了学生的兴趣），他须煞费苦心地使教学的多方面性要求不低于学生的能力所及。因为要不断地满足和充实青年人纯洁的心灵，并不是一件小事。

心灵的充实——这应当视为教学的一般结果——比其他任何细枝末节的目标更重要。文明的人类由于脱离了其自然状态而不断需要艺术。当人们过上了舒适的生活，积聚了财富，并不再为需求而使用自然力以后，就必须使其精力有发挥的机会，不能让其安逸懈怠。怠惰的富人生活使任何时代的观察者感到愤慨。“绞杀这肉体！或者让它回归到森林中去！”假如人类不去学习防止通常从文明中屡见不鲜而可恨地产生的陋习，那么人类将始终不断地用这种语言来谴责自身。必须在精神追求中使任性受到折磨，这样才能避免祸害。

我们希望，以上关于教学的叙述，无论就其广度还是深度而言，在量的方面没有缺陷。现在我们来探讨教学培养心灵状态的质量方面的问题。

一、生活与学校

我们的学习不是为了学校，而是为了生活！假如我们知道这里的学校与生活意味着什么，那么我们便会更加清楚地领悟这一睿智的格言了。

不是为了富丽堂皇，而是为了实用！也许这一简短的译文可以解释那句格言。它是一条聪明的经济规则，它适合于家具的添置，同样也适合于知识的置备。

但是，生活不仅仅是对某些具有不同目的的手段的应用，否则这样的生活准会使人怀疑，多方面的兴趣会遭到某一些欲望的窒息，而这当然不是我们心目中教学应有的结果。正如我们不把生活同纯粹的应用混为一谈那样，也不把学校同富丽堂皇的装饰混为一谈。因此，我们对那句格言的译文是不能应用的。我们不必对注释作详尽的修改，宁可花力气来分析一下学校与生活之间的关系——不必担心我们在分析中是否再会碰到不为学校而为生活的这种矛盾。

假如我们扪心自问，在未来的岁月中，兴趣的已知部分将如何伴随着我们不断发生作用，那么我们就一定会非常容易地了解生活。

真正的经验、纯粹的观察，是没有止境的，也不追求止境；它喜欢新事物，每天都会得到新鲜的东西；无论它得到的是什么，其中有一些永远属于同情心，因为人类的幸福与国家的幸福永远处在变化之中。这就是说，观察与同情就是我们借以将每时每刻占为己有并借以真正地进行生活的活动。当观察与同情的脉搏减弱时，人们就会感到无聊，果敢的人将打开时间的大门，寻求永恒。

思辨与鉴赏并不是为日常生活与应变而进行的。应变不仅对于各种哲学体系来说是可耻的①，而且每个人一旦确定了他的观念与鉴赏标准之后，便不愿意将其放弃，也不可能完全将其放弃了。我们的基本原则是经过长年累月的努力形成的，所以一经形成之后，便不再随便地改变了。

这是审思与人格的关键，而观察与同情则不然，它们始终沉浸在新的深化之中。

无疑，凡见多识广的人，都会在一定的时候达到某种超越激情的境地。与业已感受到的事物相比较，新的事物对他们来说反而太乏味了。但是这种境地还不是静止的，不是一切的主宰，而仅仅是不易于屈服的一种活动状态。

对于那些优良的人来说，假如他们在思想方面很少受到过训练，那么几乎唯有宗教能指导他们控制生活。宗教同时可以代替思辨与鉴赏的位置。一切人需要宗教来保持精神上的安宁，但是心灵的活动使那些曾受过宗教陶冶的人们受到双重的教育——理论和实际判断的教育。

无限制地积累着的观察，从一处转向另一处，最后在转向一切时将失却其自身；在狂热的要求中伸向各处的同情，同样会因而导致彻底消退。思辨可以使这两者保持节制与冷静，因为思辨将放弃应变而达到向实际升华，尤其因为它在回顾往事中能够从非感性认识出发来确定和限制感性认识的一般可能性，并重新与经验结合，从而告诫那些不考虑程度与时间、不考虑各种能力的全部庞大进程的人们，防范一切轻率、夸大、奢望与过度恐惧、一切误解与小聪明。

① 赫尔巴特在此认为：经验与观察总是随着日常生活，随着它们对象的变化而变化，而思辨与鉴赏从一种立场观点出发，或者说从一种形成了的基本原则出发，是不变的，不应当随便改变，否则，哲学体系也就不成为体系了，因此可以说是可耻的。——译者注

在知识积累过程中被激发起来的能力将在思考范围内期待指导者的出现，而在使这种能力发挥作用方面，鉴赏是有它的模式与观念的。一切端正的、一切美的、一切道德的和一切正确的，一言以蔽之，一切完美突出的、经过完善的思考而使人满意的行为，假如事先无须努力扫除在那些不重视审思作用的人们任意行动的所有场合大量地积聚着的可憎现象的话，那么对这一切的描述乃是纯粹审思活动的愉快工作。鉴赏是严格的，它不会退缩。生活必须按鉴赏来进行，不然生活将受到它的指责。

为了能够完满地教人懂得生活的两个主宰，即思辨与鉴赏是如何决定生活的，我们就要寻找一种哲学的体系，教学的钥匙。

可悲的是，我们可以看到我们的哲学迄今常常误解了这两者相互完全独立的性质，错误地用思辨来代替鉴赏，或者用鉴赏来代替思辨；可悲的是我们可以看到哲学是如何通过这两者去压抑观察精神与同情，因而也伤害生活本身；可悲的是我们目击许多有才干的青年时常处在痉挛般的挣扎之中，因为没有事先准备而在宇宙与自我之间摇摆，其中一方对他们来说过于遥远，两者对他们来说又过于深奥，以致他们几乎被磨灭，然而他们还为其获得的见解“万事皆空”而自负。使教师感情上产生愤慨的，莫过于毫无顾忌地把审慎教学的结果弃置于时代的冒险旋涡之中，并为其无把握的成功作出牺牲。关于这一点，我似乎不必赘言，只是教育学必须指出这方面的危险所在。①

诚然，那些有能力的人寻求审思的真正关键，并一直寻找目的去达到，这乃是属于人类进程之内的。

但愿个别的人能够在茫茫的大自然中不仰仗别人而幸福美满地生活。当生活的浪潮不高涨时，自然是不需要花多大力气使自己保

① 人们可以要求我说透彻一点。假如有人要我作解释的话，那么眼下我可以介绍他去看我这部著作的补遗——《关于柏拉图系统的根据》。

持在其间的。

但是，我们处在文明国家的中心，对人类与社会都感兴趣，因此就被这种兴趣所驱使，要去寻找一种统一的思想，这种统一的思想也许可以成为无数专心活动中产生一般审思的集中点（许多人都为此耗尽精力）。沙龙先前非难雅典人说："个人具有理智，个人集合在一起就没有理智！"在这非难中可以了解人类自古以来的一种需要，那就是产生共同理智的需要。

一切专心应当汇集成审思，而不断更新的生活将不断产生学校。在那懂得培育生活之果实的聪明人存在的时代，事实上的确会如此。请不必抱怨迄今一直不断地产生另外的各种学校，而请多考虑一下这时期的短促和迄今转向这种学校的力量的薄弱。

现在让我们比以前更忠实地翻译一下！学校——让我们给予这个崇高的名词一个正确的含义吧！学校就是闲暇，而闲暇便是审思、鉴赏与宗教的共同财富。生活对于那些对外界活动与忍受的应变产生同情的观察者来说就是贡献。那句苛刻的格言似乎在把应变作为闲暇的目的，使审思成为专心的手段，但我们可以期待并允许从一方面向另一方面变动，从活动与忍受向闲暇过渡，再从闲暇向活动与忍受过渡，正如为了健康与健康的需要而维持人的精神的呼吸一样。

以上谈了许多关于心灵状态的特性，只要现代知识可能，多方面的教学就要力求训练它。在心灵中，生活的乐趣是与内心崇高的感觉一致的，后者知道如何从生活中解脱出来。

二、对青年教育期结束的考察

正是当青年在其自然的活动中倾注了全部精力，并大多为扩大兴趣服务的时候，其各方面也就表现得更加清晰了，而依附于这各个方面的精神视野将变得越来越狭窄。这些方面本身并不使我们感兴趣，我们感兴趣的倒是一般的结果。

每个人都必须有所活动。青年人梦想着他的活动，这就是说也梦想着各种手段与途径、障碍与危险，当然也梦想着大大小小与他的活动相联系的一切。因此他对于一切有用的和有害的都感兴趣，而对于无关的方面则漠不关心。各种人、各种事和各种科学都将受到挑选。他们实际活动的兴趣日益高涨，而对所学到的知识的兴趣却日益降低。例如，所学到的古老语言在消亡，已死的语言文字让位给活的语言。他们力求使自己的鉴赏与研究达到时代的顶峰，以便与同时代人容易相处。爱情起而代替同情，对社会的良好愿望变为对某种职业的追求。社会上存在着善者、忌妒者和两面派，因此青年人不得不戒备、谅解、争取、交往、伪装、威吓和拍马——在这样多的利害关系当中，多方面性是可以应付而不成问题的。

教育者对这种精神上的颓唐感到难过，这是很自然的。但是，如果教育学本身真正主张通过原来的那种贫乏的教育去预防这种精神颓唐，那么这对于我们这种教育学的爱好者来说是可耻的。

但事情并不变得如此糟糕透顶。由持续而有力的教学所培植起来的一种基础扎实的、真正多方面的兴趣是不受限制的，它本身将对生活计划发表意见，甚至包括选择或淘汰各种活动的手段与途径，创造希望，争取朋友，使忌妒感到羞耻。这种兴趣将通过纯粹地体现正直的人性，此外通过丰富多彩的练习，在行动上表现出来；只要需要，这种练习马上就可能成为熟练的技巧。而轻率的任性将借以受到限制，不再能随心所欲。

培养出来的未来的人是什么样的，这取决于这种发展的趋向。这个未来的人愿意要什么，不愿意要什么，这都将在这里区别开来，而他对自己怎么看，也将在这里体现出来。这种趋向决定了内在的人格，限制了交往，在与他想获得他们尊重的人的牢固联系中表现了他为赢得这种尊重所要承担的责任。一切都将在这种趋向中得到估价。凡青年人以往学习的、考虑的、练习的都有助于他在人群中、在他自身中找到一个位置；正因为如此，这一切现在便融合在一起，归于统一。他所希望的、爱好的、容忍的和鄙视的，通过确定其生活的观念与生活的计划，以前后和上下的层次井然有序地组织在一起。这种组织的结果，就大多数情况而言将会在今后继续发挥作用。谁投入到公众活动中去，谁就很难将自己的许多思想置于他自己的事业之中。爱好一旦从义务中分离出来，就可能造成双方的损失。以个人主义开始行事的人，此后便会以疏远他自己的相反的关系对待他人与事物。但是，在多大程度上让同情心理对未来命运的选择起作用，在多大程度上愿意对自己的进一步教育作出考虑，假如青年人学会了对付自己的摇摆心理的话，这两者是有保证的，虽然并不是在实践上得到保证，而是在意志上、人格上得到保证。

我们在这里看到的教学结果接近于性格形成的结果。随着真正多方面性教学的发展，性格的正确方向也就被考虑到了，这是相当明确的，但性格的稳固性、坚定性和不可伤害性又是另一回事了。

没有心理学与实践哲学的某种前提而要能够充分地说明上述两方面问题，那我们就必须首先像本书在前面写的那样来阐明各种概念问题。

第三编

道德性格的力量

第一章 究竟什么叫作性格

在前面我们认为性格寓于意志之中，意志自然不是指可以变动的愿望和情绪，而是指意志的前后一致性与坚定性。由于这种特性，意志一定是这样的，而不是别的什么。对那种坚定性，我们把它称为性格。性格见诸一个人决意要什么与决意不要什么这两者之间的比较之中。

每一事物都可以在这种比较中确定它的形态。这种形态在某一个程度不确定的较大范围中突出地显露出来，并将通过辨异被人们所认识。因此性格乃是意志之形态，只有在对决意要什么与决意不要什么的比较之中才能理解它。

就性格的消极部分而言，我们必须把不完全的意志从否定的意志中区分出来。不完全的意志的确是有可能产生的，它属于人的不确定性。只有那种与坚定而积极的“要”不相一致的意志已被排除在这种要的意志之外，因为这与明显的“不要”的意志同样具有独特性。可是后者还具有强化的作用。

我们观察人是为了了解人有什么样的本性。我们要把人确定为观察对象。一个人自己也有这样的需要。为了被理解，他必须是可以被理解的。这就导致我们去明确地区别各种性格。

一、性格的主观与客观部分

有一种由来已久的怨言，说人常常好像有两个灵魂。

观察自己，可以了解自己，会使自己满意，并指导自己。但是，在观察之前，当他沉浸在事物和事物外表之中时，他已经有了一个意志，有时也已经有了一种非常明显的性格特征。这就是性格的客观部分。观察着的主体，以一种新的、在完全不一样的心境中产生的意志对这种客观部分表示认同或不认同。

在不一致的情况下，是两者中的哪一种意志决定性格的呢？很明显，两者结合会加强性格，而现在的不一致却会削弱性格，并使它分裂。假如这两种意志都仅仅想避免陷入明显的不良状态，那么向我们提出的较好的要求至多只能是保持一种有益的无性格状态。

如果性格的两部分中的一部分还较弱的话，那么另一部分的较早的决断对较弱的这一部分具有较大的影响。这一点在某些少年身上可以得到证实，他们放荡，但不腐败，他们通过一位较年长的朋友或一本好的读物的影响很快在好的方面得到明显的加强。使人感到不幸的是，目前尚未证明能通过许多早期的道德教诲与鼓励——即使那是最纯粹的一种——可以抑制由少年自身造成的明显乖谬的性格特征。因为不管这种影响作用有多大，仍然不能阻止那种隐藏在良好的教诲背后的冲动在教育期到来之前的漫长过程中有时会迸发出来，并间或产生不可思议的变异。① 因此，假如道德教诲想对人发生作用的话，除非注意性格的主观部分，并在客观基础上进行尝试，看看它能有多大作用。

而对于教育来说，这种方法是不适合的。那种普通而自然的现象是：人们为自己以后的倾向创造了行为的准则，以便享受一种内在的“为所欲为”的舒适，这种现象必须指导教育把它的主要注意力放在性格的客观部分，使这客观部分在它的观察与影响之下慢慢地得到陶冶与提高。等到这客观部分解决好了，才能指望良好的道德教诲所具有的调整力量取得成果，然后主观部分才能接受教诲，才能完成对道德性格的修正与完善。虽然这还需要努力，却是容易实现的。

二、意志的记忆、选择、原则、冲突

有一种性格坚定性的禀赋，有时很早就会被发现。我不知怎样才能更好地来称呼这种禀赋，姑且用**意志的记忆**这种名称来表达吧。

这里我避开一切对于打上了“记忆”与“回想力”等印记的现象所作的心理学说明。这些现象仿佛是以心灵的某种特殊活动甚至能力为前提的。然而，我很诧异，目前还没有把观念的恒常性与那在性格上构成其客观部分真正基础的意志的恒常性作过较仔细的

① 赫尔巴特把性格分为客观部分与主观部分。客观部分是指人业已具有的意志部分，主观部分是指人产生的新的意志部分。他认为对性格客观部分的教育是困难的，我们对儿童早期进行教诲，而其业已形成了的乖谬的性格（或称客观部分）往往会隐藏起来，到时又会表现出来，所以我们似乎必须把教诲放在主观部分中。然而赫尔巴特认为，教育的使命恰恰不应回避对性格客观部分进行教诲，只有性格客观部分得到了陶冶，才能为教育性格主观部分打好基础。——译者注

对照。

可以肯定，如果一个人的意志不能像记忆中的观念一样常常自发地再现，也不能直接作为其自身重新出现，一个人只能通过思考回想他以前的决心，那么他要获得性格是有很大困难的。而正因为在儿童身上不常发现意志的天然恒常性，所以对他们要做许多训育工作。

我们在这里先只是指出在那产生意志的观念范围中的恒常性条件，这种恒常性就是指前后一致的洞察与充分的思考。谁一开始就不作出以意志为基础的考察，然后保持它，谁就准会不断改变主意，在这种情况下，外部环境便会产生很大影响。

恒常的志向，无论是决意要实现还是摒弃某种意图，乃是性格客观部分的要素。但这种要素是多方面的，而且不是一切志向都同样坚定，同样强烈。这种坚定和强烈的程度决定于选择。而选择就是取与舍。凡能进行适当选择的人，就会觉得每一件事都有一种有限的价值，除非具有最高价值的事物，才能使他以无限的努力去使它占据整个心灵。人的倾向是有坚固结构的。正是由于这种结构中不同的数量关系，各人的性格才各有不同。否则所有的人大体上就都有相同的倾向了。此外，很清楚，对事物价值的那种估价只能按个人的标准作出，但每个人都必然要作出这种估价，以巩固自己的性格。我们必须了解我们的愿望是多么宝贵，价值小的必须舍去，必须让位给更大、更重要的。

如果有意志的记忆存在，那么选择将由自己作出决定。愿望是以其轻重，不由自主地前后排列的。一个人无须作任何理论思考（因为只需初步选择，有关的动机接着就有了实践的意义），就会意识到他宁可要什么，宁可牺牲什么，他或多或少畏惧什么，他自己将会了解这一切。可是一个经常变动的心灵，在这方面是得不到任何真正的经验的。

如果心灵作为智慧参与进来，并考察自己与它的意志的对象，那么关键在于性格的主观部分能保持自己同客观部分不混杂在一起的纯粹程度。假如诚实的鉴赏将不受迷惑地作出自我判断，正如对陌生人作出判断一样，那么性格的主观部分不论与客观部分是多么不协调，却至少在道德上是纯粹的，并将保持这种纯粹性。但是，考察自己的人通常只求表现自己。在这里我们主要论述性格问题，所以似乎可以对这种自我表现可能离开道德标准多远的问题先不予考虑。

努力理解自己，这将直接起到加强自己的作用，因为通过这种努力，那较坚强的部分比那不坚强的部分更会被意识到，这样，人就容易在某种程度上达到与自身的统一。这里会引起一种舒适感，它足以使自己成为内心反省的主宰。于是客观部分最明显的特征便升华为性格主观部分的原则，而带有支配性的主观倾向便可成为合理的了。

但是，产生这种原则的自我观察对于内心的稳定还有别的作用。一个人只能在理解其环境的同时理解自己，理解其对象的同时理解自己的倾向。即使有某种理论思维的力量存在，也要考虑情况的变化，把这种考虑与这些原则结合起来，按照情况决定原则的应用。人学会依据动机来决定自己，学会听取理由，这就是说，学会每一次把当时所出现的从属原则包括在他假定的主要原则中去，然后才把这样形成的决定付诸行动。我把性格的这种特征叫作动机的力量，它是与原则的稳定性直接联系在一起的。

但是性格的客观部分是不会完全、彻底地包括在原则之中的。每一种个性本来像，而且将仍然像一只变色龙，因此每一种性格有时就在内心冲突中被理解。人的坚强性，或许是他的德行，在这样的冲突中发出光辉，但这对心理健康有危险，最终甚至对身体健康也有危险。因此，似乎有理由希望摆脱这种冲突。但是教人不要冲突的伪道德并没有力量把这种冲突铲除干净。要缓解这种冲突，可以期待教育的预防措施去完成。

第二章　论道德的概念

以上关于性格的整个论述是对各种心理现象的逐一说明。但是，假如仅仅说某个人具有某一种性格，那么也许任何思考过“道德”这个词的人都会认为，这种说法是不能令人满意的。

我们姑且承认，某些以道德为基础的要求是与一个人业已存在的性格相悖的。这些要求虽然在这个人的本质上根本不具有实现的能力，但也不因为它们事实上对性格的抗拒而趋向屈服。这些要求是与那种真实的、自然的性格毫无共同之处的，甚至在任何意义上说都是与客观实在的性格毫无共同之处的，它们仿佛是作为一种完全陌生的东西来补充性格，与它交往，以便对它作出判断。而某一种判断是不会与判断的对象对抗的。

但是，如果一个人的性格不屈服于最初的判断，也许可以从而接受一种新的判断。在这种新的判断中表现出来的与要求的不一致也许最终不能使一个人满意，于是到最后也许产生一种把要求作为**命令**来**服从**的决心。每一个人都知道，所有人都觉得他们被驱使朝这个方向前进，而且事实上多少都习惯于朝这个方向前进。

但是，是否有人立即不走样地说出最初的判断本来表达的是什么呢？法律的学说与道德的学说尽管都按共同的名义来论证，但它们的说法是不同的。

在《论对世界之审美描述是教育的首要工作》一文中，我在这方面得出若干结论。有些人至少暂时想摆脱矛盾，避免把各种按他们自己的观点作出的定义强加到客观与普遍适用的道德概念中去。这些结论无疑对这些人是有意义的。

没有人要求教育学预见那种只有实践哲学才能作出的解释与论

证。正因为如此，在这里我仅仅请求读者接受关于某些观念形式的历史知识，因为我的教育原理的提出是与这些不可避免地交织在一起的。

一、道德的积极部分与消极部分

不论在道德中存在着何等程度的谦逊，德行表现在它的实施上总被每一个人称为“坚强的”，而没有人称它为“懦弱的”。

虽然如此，如果德行只是迁就外来的要求，那么它的实施就只能说是懦弱的了。

就那种外来要求而言，我们多半是自己对自己提出的。当我们判断自己的性格并要求它服从的时候，就是我们自己在反对自己。这就是存在于我们内部的观察者的主观方面。这种主观方面在这时超过了单纯的自我表现，正像我们可以感觉到的那样。

道德的积极的和消极的这两个方面，在这里是相互贴近的。判断自己的举动本身是积极的，但是这种判断对于那种与判断提出的要求不相一致的性格来说则是消极的，这种性格正如前面在性格的客观方面所论证了的那样。只要一个人决定服从判断，那么这种否定的判断就会转化为真正的性格升华和自我牺牲。于是，他把那本身仅仅是一个单纯的判断的东西作为一个绝对的命令予以接受。

诚然，用一种绝对命令来对伦理学作科学的解释乃是一种错误。在这里，那种纯粹的积极方面必须首先得到说明，各种积极方面必须相互联系地依次得到阐述，而康德对这一点也没有透彻地思索过。但是，那些糊涂到想要使人类摆脱绝对命令的人，他们犯了更大的错误。

二、道德的判断、热情、决定与自制

人们谈到一种道德感觉，这种道德感觉在儿童的早期就可以发现了。人们也谈到实际的理智，这表明人们并不想把道德的原始表现归结为易变的、模糊的感觉，也不想把它归结为情绪的兴奋与倾向，而是表明，人们提出了非常自然的要求，认为这种权威的见解应当得到某种庄重的说明，在这种说明中不但有关对象而且其作出的判断都应清清楚楚地得到阐述。当人们出于这种出色的理由委托理智来说明道德的最初的基本论断的时候，人们不会意识到已把自己托付给了一位理论艺术家。这位艺术家眼下只想到逻辑与形而上学，用道德规律的普遍性给道德规律下定义，把自由作为产生善的根源。是的，这位艺术家与其说只是想通过我们道德感觉这唯一的一点使我们产生清晰的认识，使我们知道并学会从各种次要的事情中把那些在应用“道德的合理”与“不合理”这种表达时我们本来要拒绝和接受的东西区别出来，不如说是在使用全部超验哲学来说明道德意识的可能性。我的同代人中的某些人虽然有这方面的误解，但已经了解，道德的决定本身既不是一种感觉，也不是一种理论的真理，对于这种人，也许不难使他们产生赞成“鉴赏”这个名词的善意的偏见，尤其是如果我向他们保证，我所谓的道德鉴赏并不指我们日常生活里时髦闲谈中的意思，也不是像斯多葛学派的格言——只有善的才是美的——那样把美与善混淆在一起。

然而，任我们用何种名称去称呼道德的判断，一个端正明晰、坚决而肯定的判断在任何情况下都必然构成一个人的道德基础，除非用突如其来的冲动或病态的欲望来代替道德的热情。冲动与欲望这两者把善视为追求的对象，而对适合目标的与适时的行为来说，这两者之中没有哪一个有用。个人从自身可以找到引起道德判断的许多原因，它们需要用忠实的、摆脱一切畏惧的眼光来理解。此外，在家庭中，在交际中，乃至在综合教学与分析教学范围内出现的一切，都存在着这种原因的取之不尽的储备，只有从这种原因的丰富的储备出发——假如允许我再一次使用一个冒昧的表达方式的话，那么这种原因的丰富储备足以对道德判断作出有条不紊的动人的说明，甚至诗一般的表述——简而言之，只有从道德观的美学威力出发，才可能出现那种对美的纯粹的、摆脱了欲望的、同勇气与智慧相协调的热情，借以把真正的道德化为性格。

因为在性格的客观部分，善与正直的观念必然是与其他审美观念以及智慧观念汇集在一起的，所以可以大胆地说，由于它们的清晰性，在一般选择中，善与正直必然占据优先地位，优先于一切欲望的冲动。但是它们也必然会转入性格的主观部分，作为原则表现出来。由于人性极少会完全集中在道德决定中体现出来，因此执行道德消极部分的道德决定常常会得不到服从，从而感到屈辱。但是，假如这种决定不乏持久的热情，而且教育防止了把道德教诲转化为轻率地使人感动的做法，那么这种屈辱不会推翻决定本身。

在道德的决定中必须加上自我观察，就像小前提必须归入大前提之中一样。在这一点上，相当程度依赖于对个人自身的正确理解。谁错误地判断自己，谁就有损害自己的危险。但同时，其他属于性格动机的一切必然有赖于道德原则的推动力，并反过来对其应用产生作用。一个人必须用道德的眼光来观察他在世上的全部态度。他必须明了，他的最高利益如何才会为环境所促进或损害。他必须用理论武装实际见解。他必须依此行动。在别的著作中我是用道德生活秩序的实用构成来说明这一点的。

自制就是结论。人们由此可知自己是谁，了解自己在自制方面表现出何种弱点，而这种弱点的根源可以从个性的深处去寻找，去追踪。

第三章　道德性格的表现形式

以上所阐明的概念仅仅是形式上的，而关键在于找到它的真实性，确定道德的性格是为了什么目标决定的，它如何和为何要证明它的坚定性。

一、控制欲望和为观念服务的性格

道德的决定显然处在它所决定的与它被决定的两者之间。欲望，即指属于所谓低级欲官能的一切，将要在道德决定中被抑制、被调整、被保留在业已选定的先后顺序中。某种人的欲望正相反，他们那种没有意志的判断会不由自主地用“赞同”或“不赞同”来标志一切欲望的提出。因此意志在这里起到安排欲望顺序的准则和原则及其追求对象的作用。我把那种以无意志的赞同来标志的欲望称为实际观念。

因此，假如我们要认识性格的形式概念和道德性格的形式概念，那么我们必须探求在低级欲官能方面可以确定的主要成分与属于决定性观念王国的主要成分，以便可以认识道德性格的物质本质与形成本质。

二、可被决定的部分与决定的观念

我们所要忍受的	公正
我们所要有的	善良
我们所要做的	内心自由

低级欲官能是以欲望和憎恶的感情为基础的。一个性格完整的人忍受一部分欲望和憎恶，而摒弃其余部分。他知道什么是他要容忍的，什么是他不能容忍的，他已经排除了不耐烦的不安状态。同时他也约束了他的欲望，即不仅是那种为确保想要得到的事物而要占有它们的欲望，而且包括那种本身在起作用与产生结果的，也就是说处在活动中的欲望。

我从实践哲学中吸取了这些观念。在我使用的一系列观念中，我略去了纯粹形式的观念，即完善的观念。另外有两个观念在实践哲学中是严格分开的。我在这里把它们合并为一个观念——公正。在此我既不能说明这样做的原因，又不能说明各观念本身之间的特殊区别。对于普通教育学，已知道的名词将足以使人正确理解。但是，如果这门科学的这一部分要讲得详细些，那么就不能这样随便了。

第四章 性格形成的自然过程

假如我们希望领导的某些运动眼下已处在变化之中的话，那么不言而喻，在我们用自己的方式去干预之前就必须先尝试去认识业已出现的变化，这乃是智慧的第一条规则。

我们不禁要指出，我们不联系经验与交际，即人的永恒的导师，就无从谈论教学。这里，在我们要阐述形成性格的训育措施的地方，我们更需要指出，我们首先必须探究自由自在的人在渐渐获得性格的过程中，他们通常采取何种途径。因为，众所周知，人不是用十分柔软的黏土塑造成的，他们恰恰不期待教育家愿意给予他们什么样的性格。就这一点看，当性格已经形成后，为使人成为什么而作出的关心与工作往往是徒劳的，人最后所取得的结果必然还像他现在这样。

一、行动是性格的原则

性格存在于何处，即当它出现时，它在何处有它的基点，关于这一点业已作了说明。意志就是它的基点，意志决定的方式决定了这样那样的性格。

因此，性格将成为什么样的问题，只要说明意志是如何作出决定的，就得到了回答。

我们首先应当问一下，没有决定的情况下意志将是什么样的呢？

当然是几乎没有意志！是一种没有决定的兴奋，是一种对事物的单纯的意向，没有要达到它的设想——可以随意称它为欲望或要求。

说“我要!”的人，他已经在思想中占有了未来，已经看到他成就的是什么，占有的是什么，享有的是什么。

假如指出他不能要，他便不再会要了，因为他了解你。但是欲望也许还保留着，并且会骤然爆发或有竭力隐秘地尝试的企图。在这种企图中又有一种新的意志，但不再是指向事物，而是指向活动，这些活动是由驾驭它们的意识与利用各种技巧以达到其目的的希望所造成的。统帅有胜利的欲望，因此他要操练他的部队。假如他不了解他命令的威力，他也就不要进行这种操练了。但是，人人都可以有“要”的欲望（此例来自雅科比[①]），可以有“要跳舞”的欲望，就像韦斯特里一家[②]能产生“要跳舞”的欲望一样。各种人都不缺少这种“要”的欲望。而无疑，教师的教育是从欲望开始的，但是他的意志肯定也不能一蹴而就地达到应当逐渐取得的那种成功，至多也只能跟随其后。

所以，行动从欲望中产生意志。

但是，能力与机会是行动所应有的。

从这一点上可以大致看到形成性格的共同因素。

显然，人的活动首先依赖于他的欲望范围。欲望一部分来源于动物本能，一部分产生于智慧的兴趣。

其次是个人的能力，连同外界的机会或障碍。要达到目标的手段越多，从外部与从内部受到促进或阻碍的中间活动越多，它们的影响也就越复杂。

但是在这方面我们首先必须考虑到，一个受过教育的人的大部分活动纯粹是在内部发生的；主要是内在经验教给我们能力。性格

① 雅科比（Friedrich Heinrich Jacobi，1743—1819），德国唯心主义哲学家。——译者注

② 韦斯特里（Vestri），18～19世纪意大利—法国舞蹈世家。——译者注

从何处获得方向的这个最本质的问题就是把我们的思想指向何方，即是否有动机与适应性的问题。然后它取决于在我们想象中对于外部活动及其全部复杂性能十分清楚地表现出来的方式。伟大人物在采取外部行动之前，在思想中早就在行动，他已觉得他在行动，他已看到他的行动在产生，外部行动乃是内部行动的复本。有些转瞬即逝，本无足轻重的活动企图，很容易使他把适应性的信念转变为依赖，相信他凡能在内部清楚地看到的，也能在外部做到。这种信心可以支持他确立坚定不移的意志的行动。

不幸的是那些缺乏力量的人决意要干些大事业。毁灭的道路就是走向教育进程的反面。那种成了习惯的沮丧就是性格的致命伤。

二、思想范围对于性格的影响

无知即无欲！思想范围包含由兴趣逐步上升为欲望，然后又依靠行动上升为意志的积累过程。进一步说，它还包含着一切智慧工作（包括知识与思考）的积累，没有这些，人就没有手段追求他的目的。诚然，人的整个内心活动在思想范围中均有它的基点。在这里有原始的生命，最基本的活力；在这里各种阴谋都会容易地暗中产生，每种活动都有它的固定位置，并随时被发现与应用。没有什么可阻挡思想活动，没有什么可以作为沉重的压力来阻碍它起帮助作用。在这里，清楚、联合、系统和方法必然处于支配地位。然后，勇气将依靠内部行为的可靠性得到支撑，因为有理由肯定，在有教养的人意料之外出现的外部障碍是不能使这种人被吓倒的，他知道，在情况变化时，他可以立即制订出新的计划来。

假如这种充分而巧妙地武装起来的心智的内部可靠性同纯自我利益并存的话，那么性格立即会肯定无疑地被损坏。因此凡属于同情范围的一切都必须被培养成为要求与行动。

假如与此相反地唤醒一切智力兴趣，并使这一切活跃到提出要求的地步，那么为达到许多目的的手段很容易显得非常不够；过分的勤奋无济于事，也许因此而感到屈辱，而性格仍将得不到很大发展。但这种情况很罕见，而且不难给予帮助。

假如缺少内部的可靠性，缺少智力兴趣，甚至缺少思想积累，那么兽欲就有了活动余地。从这种兽欲中最终将形成某种畸形的东西，它看起来就像性格的讽刺画一样。

思想范围的限制虽然不是性格的限制，却为性格造成了限制。因为整个思想范围不能都过渡到行动。然而那静止地留在心灵深处的思想对于性格上容易变化的部分却是非常重要的。周围情况可以使它兴奋。因此，教学不能长期地忽视它不能充分实现的部分。它至少能帮助学生作出接受某种刺激的决定，它能增加并改善学生获得将来印象的意向。

以上我们讨论了性格的客观部分。假如错误意见对于性格的客观部分（作为性格赖以为基础的不完全条件）是有害的话，那么，一切偏见对性格的主观部分更有害，即对于坚持把正直、容忍、高尚和适度诸类作为基本原则的自我批评与自我赞许更有害。我们几乎看不到任何一种伟大的性格能不陷入它的偏见之中。违背这种偏见，意味着从其根本上攻击这些原则，这就是说，使主观部分与客观部分发生冲突，意味着剥夺一个人同他自己之间的统一性，并使他失去方向。一方面，拘泥于旧偏见的人也许有充分理由不使自己投向新的想象；另一方面，在为真理作出的牺牲中没有比承认性格赖以为支撑的谬误所作出的牺牲更大的了，这样的牺牲是值得尊重的，但同时也是值得怜悯的。

无论谁想把那种在这方面自发开始的反省（我们不能过分沉醉于其中）继续下去，都很难能完全形成坚定信念；思想范围的形成是教育的最本质部分。但是，他也应当把学校平常的琐事与期待从中获得的思想范围作出比较。他得考虑，如果一而再，再而三地像提供简讯一样对待教学，而把形成人的工作仅仅留给训育，那是否聪明。无疑，过早地受累于这些考虑的许多人纵使不会陷入命运的遐想，也会陷入自由的想入非非中。对于这些人，我在这里绝无可奉告。假如他们陷入荆棘丛中不能自拔，那么单纯的辩论很难打破他们内心的平静。

三、素质对于性格的影响

当欲望以活动方式出现时，必须与欲望相匹配的乃是素质与机会。

但是，在仔细考察这两者之前，可以直接联系前面讲过的来说明我们还要探究的问题在教育上的重要性。素质的发展是很缓慢的，它们直到成年时才成熟；其外部行动的真正机会也只有到此时才会出现，甚至其内部活动才从而得到真正激发。因为形成性格的是行动，所以在性格形成的早期主要表现为那种从内部追求行动的倾向，它仿佛像液体，随后会很快地凝固起来。正是在性格凝固定型时，即在成年时期开始时，在走向世界时，关键将是什么样的素质和机会与以前积累的欲望相匹配。但是，教育在这时便已完成，它的时机已过去，对它的可接受性已丧失殆尽。我们必须承认，这时教育的工作部分地留给了偶然的机会，与此相反，只有对性格的主观部分与客观部分的完全平衡的培养还有一定的把握。正因为如此，影响将限于伴随着人进入一定时期的思想范围。在这个时期中，世界是为它开放的，成熟的体力是为它服务的。虽然这种影响只触及性格的某一个因素，但几乎牵动着有意识进行性格培养的全部工作。

至于素质问题，除特殊情况以外，其最重要的差别，与其说完全在于人表明有什么倾向与敏捷性，不如说在于因人而异的形式的特性，即差别存在于各人的心灵状况是否较容易或较难改变方面。假如不易感动的人具有清晰的感觉，那么他们具有极出色的素质，只是他们需要非常细心的教学。易受感动的人较容易接受教学。诚然他们自己可以帮助自己去探索，但是他们需要训育，甚至在教育时期以后还需要训育，因此他们听命于机遇，几乎永远不能像前者那样达到如此坚固的性格。

这就很明显，性格上最基本的必需品——意志的记忆——是与心灵易动性的程度最紧密联系在一起的。有些人看事物是随他们心境改变的，时而把它看成是黑的，时而把它看成是白的；还有些人为了“跟上时代”而按时尚改变他们的意见，没有哪一种人比他们这些人更缺乏性格了。在儿童中间可以发现同样的轻浮，他们接二连三地提问，却并不期待回答，而且每天要有新的游戏和新的玩伴；在青少年中也有，他们每月学习一种新的乐器，从一种语言开始，学到另一种语言。最后在年轻成人中间我们也可以任意发现这样的品质，他们今天听六节课，明天自己学习，后天出去旅行。有些人超越了训育能够达到的范围，有些人还能从训育中得到帮助。但最值得教育的是这样一些人，他们牢牢地把握已知事物，不因为新事物的新而对它们产生兴趣，清醒地对待只是光彩照人的一切；他们生活在自己的世界里，守住、推进、培植他们自己的事业，很难使他们离开自己的轨道，有时候他们显得固执，显得迟钝，但事业上并不如此；他们最初不乐意对教育者开诚布公，冷淡地对待他，根本不想讨好他。而最需要教育的是这样一些人，如果听任他们，他们则深闭固拒，他们任性到了明显的偏执，甚至于倾向家庭荣誉、行会精神和地方主义等一切精神癖性。他们是值得被激发起各方面兴趣的人。在他们获得了良好的意志以后，他们的良好意志便能为教育提供牢固的基础，就有希望使他们忠诚地保卫他们受过陶冶的心智的纯洁性与正确性。这种希望也可能在性格培养的最后、最重要的步骤发生之后成立，而这种性格培养最后的步骤不是通过管教实现的，而是随着波澜壮阔的世界潮流被推进的。我希望人们不要害怕具有这样顽强天性的人会强烈抵抗教育的驯服力。假如我们最初遇到他们时，他们已是青年人了，而且找不到同他们的许多共同点，那么上述情况无疑会出现。但是，一个孩子又另当别论，而假如他比扎实的教学、坚定的管理和理智的训育更强硬，那么这样一个孩子乃是畸形儿。

诚然，决定个人较容易和较难获得成功的素质差别，也是性格培养中要预计到的。因为成功的事情是一个人乐意做的，而且乐意不断重复的（假如它不能成为目的，那么至少可以作为手段），所以它起到一种力量的作用，有利于达到其他某种目的，强化这方面的志向。虽然如此，显示特殊天才的那种使个人活动成功的高度可能性对于性格培养来说绝不是应受欢迎的。因为天才过分依赖于素质来接受意志的记忆，它不能自我驾驭。艺术家的情绪并不是一种性格。此外，艺术家的活动总是在离人类生活与创造很远很远的角落里进行的，以至整个人类不能照此来驾驭自己。诚然，甚至在整个科学王国中没有一种科学能够在生活的风暴中单独地担当起指导其追随者的任务。只有那种无事不通的天才——假如有这样的天才的话——是值得我们寄予希望的。自然在各人的素质中播下了各种病态，教育对此不能总是进行一般的工作，否则人将被伤害。在适可而止的业余爱好的名义下，可能在业余时间里造就出色的人才，并且可以看到他们究竟能有多大发展。一个人是否按此来决定他的职业，这是他个人的事情。教育者在这方面同时可以是一个顾问，但教育不是为了职业！

各种素质的基础是身体的健康。有病的人觉得自己是依靠别人的，强健的人敢于作出选择。因此，关心健康是培养性格的一个重要部分，虽然它不属于教育学范围，同时教育学本身还缺少关心健康的各种原则。

四、生活方式对于性格的影响

散漫的生活方式对于性格的影响是多么有害，这已经再三为教师们和其他人指出过，因此我只希望大家能相信这一点。最有必要注意的是，不要把儿童当作大人的娱乐品。我希望这种告诫不被人责备为迂腐，相反能为人重视。父母们通过其对家事的全部安排来建立日常生活的严格规范，可以给他们的孩子带来明显的好处。

但是不要忘记，这种有规律的生活有时会安排得相当单调，相当死板，以致年轻人被禁锢的精力企图发泄出来，如此，即使坏处小到不能再小，但性格的培养至少会脱离预定要引导到的轨道，并被驱使去寻找自己的途径。因为，一旦学生对自己说，他要另外那样，而不是教育者所要的那样，那么引导也就无济于事了。

与上述情况恰恰相反，我们应当尝试让年轻人的精力得到自由发挥。毫无疑问，这一点要能做得好，我们只有在欲望产生时就给予正确引导，最好是在欲望从平衡的兴趣升华时进行这种尝试。但是，性格培养要达到肯定的结果，是与它如何加速进行并如何被引入教学阶段成正比的。按前面所说的，只有使青年甚至儿童及早地投入行动，才有可能做到这一点。那些仅仅被动地作为驯服的儿童而成长起来的人，当脱离监督时，他们就没有性格了，便会向他们潜伏的欲念与环境让步，因为那时不再有谁具有威力来制服他们，或者，我们也许还能施展的某种威力，即使能使他们不完全被摧毁的话，也只会将他们压歪，驱使他们越轨。遗憾的是大概每个人都能够讲述许多有关的沉痛教训。

我们常说一种锻炼的生活方式对青年人有好处。我认为身体的锻炼是值得重视的。但我坚信，在我们学会为青年人安排一种生活方式，同时使他们能够按照他们自己的思想，而且按照他们自己正确的思想，进行那种在他们看来是严肃的活动之前，我们将找不到对于一个人——不仅仅是肉体——的真正的锻炼原则。生活的某种开放性对此是有很大作用的。但是，迄今为止习惯的那些开放性活动是不能经受批评的。因为它们多半缺乏培养性格活动的最基本的前提，它们并不是出于青年人自己的思想；它们并不是那种内在欲望借以决定意志的活动。试想一下我们的各种考试，自中小学低年级考试一直到博士学位考试！如果愿意，还可补充指出，青年人有时借以使自己变得大胆敏捷的演说与戏剧演出也属于这类锻炼。通过这一切也许可以获得崭露头角的艺术。但是，通过这些锻炼所引导的青年，也许将来有一天他会伤心地发现在自身中找不到那种性格所依赖的基础、表明自己并驾驭自己的力量。

倘使有人问我，到底有哪种更好的锻炼可以推荐出来代替上述那种锻炼。我得承认我无以对答。我不相信在我们现在的世界上能够作出重要的普遍适用的锻炼安排，以便有目的地使青年人进行活动。但我相信，每个个人都应当更多地从他们的处境出发寻找一切有利因素来适应青年人的需要；我相信，正是就这一点而言，那些让他们的儿子及早参与家务的父亲们对他们儿子的性格培养是有帮助的。此外，这一切都可以追溯到上述的这个原则：性格培养的主要基础是思想范围的教育。因为：第一，我们不能让那些没有正当欲望可以投入行动的人按照他们自己的思想去行动，否则他们只会在坏的方面有所进步，在这方面不如说，教学的艺术在于对他们的行为加以抑制！第二，假如青年人的思想范围已经完全地培养出来了，以至于他们纯洁的趣味达到了完全能够控制幻想行为的程度，那么我们对于他们进行性格培养的关心在他们一生中几乎可以完全抛开了，那个可以离去的人将如此选择外部行动的机会，或者如此利用那些自然而然产生的机会，以使正义在他们心中只会得到加强。

五、对性格的道德形态有特别作用的各种影响

行动从欲望中产生意志，这是普遍的。这就是说，在性格的客观部分，只要一个人力所能及地自己行动或者直接得到保障，或者间接地得到关于其能力的想象，就会最显著地产生果敢的“我要”的意志来；在性格的主观部分，如果一个人不仅仅是空谈行动准则，而是具有行动准则，就会按照他对于自身的意见并根据自己的内在经验，考虑作出关于自己行动的决定来。因此，那种对于人类来说显得高不可攀的、我们相信不能实现的欲望，却被坚定的人过分平常地视为热诚的愿望。说“过分平常”，是因为他们不应当从他们自己出发来判断一切。最后，在意志确实所处的道德部分中，行动也是从欲望中产生意志的，但那仅仅是道德的决定与自我控制而已，它们对不成熟的欲望产生否定和撤销的作用，以便获得并保持道德判断与热情的性格力量。在这方面，自制最初也不过是一种尝试。这种尝试必须成功，必须在内心经验中表现出它的威力。只有通过这种行动，人才能产生有力的道德意志，使人具有内心的自由。这样，凡能帮助自制的一切，都能有助于加速并巩固决定。训育在这方面具有伟大而崇高的使命。

但是，假如决定不受屈辱的影响，“德行即自由”的崇高感觉不是一时的冲动，那么道德的真正积极部分必然充满一个人的心灵深处。道德这种基本部分，作为道德，它与任何专断正相反；作为德行的基础，它仅仅是一种没有意志的力量，是一种纯粹判断的力量，在决定使欲望感觉到它不确定的威力之前，欲望便使人惊讶地屈服于这种判断力量了。这完全属于思想范围所能解释的，关键全在于是什么形成了思想范围。没有一个人在成长过程中是一点也看不到随时在产生的各种意志关系所具有的特殊审美价值的。但是这

方面看到的内容与总量有多么大的差别！明辨的程度与对整个心灵产生的效果也是多么不同！较好的一类教学很早就通过多少能成功地说明一个故事精华的一系列简短描述来吸引儿童，使他们注意进行道德思考，从而促使儿童明了，学会某种分析，同时获得对全部道德要素及其在生活中最平常的缘由的百科全书式的了解。在我看来，我们的教师在这方面已经取得的成绩远远超过在这种基本描述中可能产生的某些缺陷。此外，我们可以对一系列故事作出选择，单就康伯的《儿童文库》① 就可以为将来出选集提供很有价值的帮助。但是，对于道德来说，仅仅了解其要素还是十分不够的！即使加上道德洞察力的一系列练习，甚至加上实践理性的问答教学，对于道德形成来说也还是不够的。判断达到炉火纯青，这还不是道德的重点。在有意反省的时候，不管清晰的洞察离开感觉多远，将意味着在感情的狂热中宣告性格处在危险之中！众所周知，道德的稳固性几乎是同道德的敏感性分开的，而较少结合在一起。

巨大的道德力量是获得广阔视野的结果，而且又是完整的不可分割的思想群活动的结果。谁在家庭与祖国中注意到了生活的主要关系，并以明显的对比，在由时起时伏的作用造成的种种反映中，长久地注意到了同一种道德真理？谁专心于友谊与宗教而以后不感到受了迷惑，并不改变意见？或者谁恰恰在此时不带成见地对待被视为新奇的社会纠纷现象？这种人，我们看到他正在带着英雄精神走在前面；我们看到他在给人以彻底的帮助；我们看到他在毫无顾忌地破坏；我们看他的取舍依据是他行动的原则究竟贯穿于整个性格还是仅仅停留在表面，是他产生的行动出于全面审思还是易变的专心。要想通过许多个别道德触动的积累来代替在这方面起作用的思想群，这是愚笨的。小说与戏剧必定会在道德上有所描述，以使有正直感的读者满意，但从各种必然会消退的个别冲动中是不能期

① 该书于1779～1805年出版，内容包括寓言、道德、故事等。——译者注

待获得特殊效果的。作为道德培养手段的小说与戏剧在教育过程中只有当碰到不幸的情况时才有用，这种不幸的情况就是：他们本来应当通过早期阅读，通过母亲与其子女的早期谈话了解道德要素的，但这种了解还要在后来的岁月里弥补。[①] 这一点也适用于道德的教诲与劝诫，甚至适用于各种宗教活动本身，假如宗教的基本思想在儿童早期还没有深入他们的心灵深处的话。谁想教诲学生，谁就必须采用这样一种方式：使自己通过教诲同孩子逐步建立一种持久的和重要的关系。这种关系连同其一切结果，将被年轻人的道德意识（就像未定型的基础那样）轻易地接受，形成一种超越一切成见的不可磨灭的善与恶的感觉。

这里假定在年轻人的生活中、环境中、命运中确实存在着某些伟大而深刻的影响，它并不背离他的道德思考，而是使他感到温暖和鼓舞，一旦这种影响是他灵魂所依附的个别确定对象时，他身上便会出现一种独特的片面倾向。一般地说，他将会把正义和善良同他这种倾向的特殊表现混淆起来。比如就偏私而言，它有很重要的理由事先就使他倾向于一批迥然不同的人、观点与原则，而疏远其他一批人。或者，比如一种宗教崇拜，它像用单调的礼服遮住了他，使人立即发现他是一个宗教派别的信徒，而不是一个纯粹的人。他的任何一种追随都同样会给他带来某种色彩。有一种染色剂虽然能把正义和道德的某些要求不可磨灭地染在他的整个性格上，但它的烈性会毁灭纯洁的天性在他身上长出的种种萌芽。对那可能有的新事物的明显的专心将会消失在对以前立下的誓言的顽固审思中。

在这里我们似乎陷入一种矛盾之中了。我们需要有一种全面而冷静的思想，用以做人的一种道德力量。而假如我们在能够提供给

① 在弥补中，要从那种小说、戏剧作品中作出细心的挑选，这一前提是不言而喻的。

我们的一些思想中进行选择，那么我们可能拒绝每一个，理由是，我们需要的是纯粹而无瑕的，而给予我们的却是定型的和干枯的。我们需要一种力量，它应比观念强，却像观念一样纯，但是怎么能找到一种真正的而不是零星的，不受限制也不限制别的什么的力量去代替观念呢？

我相信，我们时代一切受过教育的人知道这种困难。我在这里提起这一点，并不是想在这里解答。假如我力所能及的话，那么我早就去解答了。我们已经谈到过多种专心与单一审思的联系，或者也可以说修养与真正多方面性的内心活动的联系。我们也大概地阐述了思想范围的全部配置，这种思想范围吸收了能够用单方面威力来触动心灵的一切，它（必要时，可以使同情心了解它）可以补充必须充实的一切，以使广阔的思想层次不断为获得广阔的视野而扩展开去，使这种思想层次从自身上升为一般，把纯粹的观念同经验的力量结合起来。假如我们观念中的个别部分不能以道德的名义，仿佛道德的全权代表那样，处处起支配作用地表现出来，那么我们似乎必须把那些实现理想的力量投入到我们处理人事的每个部分中去。假如热情的心将感动伟大的、平静的对象，这对象不是特别的、有限的，却是完全实在的，那么我们必须使一系列过去、现在和不久的将来将为我们接触到的人作为一个连续的统一体，获得不间断的学习。通过这种学习，他们将懂得道德判断的应用，激发起对宗教的兴趣，而不使其他审美能力、观察与思辨力丧失甚至倒退。在这一意义上，我在别的地方表明：对世界的审美描述是教育的首要工作。我的根据是从道德概念中推导出来的。

在我同时代的人中，有些人避免了这样的错误：把观念视为基于绝对自由的力量。谁不能避免这种错误，谁最好去谈论别的什么，而不要谈论教育！有些人也许首先会反对我，认为我把事情说得仿佛是新的，而他们早就知道了。他们会对我说："我们为发展人性作出的全部努力，只是关心人，使他直接观察自身和观察其种族以及其种族与其余世界的关系，在观察中意识到那种伦理学公理只是简短地说明兼有警告与鼓励的感情，除此以外还有什么呢?”他们会说：“诗、历史和历史哲学早就了解它们的使命，用它们的联合的力量对世界作出那种审美的，同时也是道德的说明。”他们会进一步指出：“只有超验的哲学可能对这种有益努力的进程造成不可救药的阻挠，可能与政治上的欺诈不幸地联结在一起，给予狂热与轻浮以新的借口和强词夺理的解释，其鼓噪不息，直到重听的人也感到不安和各方面沉默下来为止。虽然如此，我们只需要重新拣起业已接上的线继续编结；而因为一切革新都只能有害于正确开展的工作的进程，所以我们只希望得到合作，而不希望得到新的教育建议。”

在喜欢这样谈论的一些人的圈子中，事实上他们的工作只能说是一种合作，假如有人注意到，他们单纯地通过历史的、哲学的和诗的描述（假定这种描述经受得起任何历史的、哲学的和诗的批判）只不过使儿童对以往事物能获得一种附带的了解，然而对于教育来说，它却是一种长期的、严肃的、使人深深铭记在心中的工作方法。这种方法把一堆①（尽管是条理清楚的）重要的和相互联系的知识、反省与思考播种到心灵中间，这些知识、反省和思考与一切随着时间的推移将会有新的补充的事物有着如此的相互影响与接触点，以至于没有任何事物可以毫无顾忌地避开它们，这就是说，没有任何新的思想能够不在与过去的思想首先调和分歧之后建立起来。此外，至于超验哲学，它虽然不具备良好的影响力，却有某些优势。我们不想掩饰，可以通过两种方法来阻止它的消极影响，或者全面地收缩我们对它的研究，或者对它进行彻底加工，使它克服

① 条理清楚的一堆，这种表达似乎是矛盾的，但恰恰这一点乃是完善的教学的一种尝试：正是知识与概念的总和被教学借助清楚、联合、系统和方法提高到了极其敏捷的思维之后，由于它们的各部分完全相互渗透，便能够作为一堆兴趣，极其坚定地推动意志。事实上因为缺少这种教学，所以文化往往成了性格的坟墓。

自身的缺点。我希望通过教育来树立世界观，我还要按照业已说明的教学原则对这种世界观作出进一步说明，而我所要补充的只能通过一种哲学来作出，不过这种哲学与其说是通俗的，不如说是超验的，虽然它在我们时代的一系列最新的体系中还找不到可能接纳它的场所。

还有一个教育要点必须在这里谈一下。众所周知，业已获得的道德热情极容易在命运与处世知识的影响下重新冷淡下来。可敬的教育工作者因此已感到有必要为学生做好进入这个世界的特殊准备。在这种准备中，他们假定，得到过良好教育的青年在这个世界上会遇到许多根本想象不到的现象，而且不得不常常无可奈何地收回他那种自然的、殷切的和惯常的坦率与信赖。这种假定既不基于青年人往往欠思考的认识，也不基于正确的引导将会把动摇道德感情的一切排斥在外的看法。我们不要过早就有处世知识！在我看来，这里暴露了教育的弱点。青年人永远不接近坏事，这是非常需要的，可是捍卫道德感情的做法也不需要这样过分，至少不需要如此持久，以至于人的本来面目可能使青年感到诧异。诚然，不纯净的社交是有传染性的，而让青年津津有味地老是去想象对坏事物所作的具有诱惑力的描述，这几乎具有同样糟的传染性。但是，早期认识到人类种种形象，这不但有助于道德判断的早期运用，而且为防止产生危险的诧异提供了可贵的保障。生动地说明过去肯定可以对观察现在做好最合适的准备，只是必须充分明晰地说明过去，以便使那种像我们一样的人们不显得像另外一种生物那样。读者们看，我这是谈到哪里去了。我将停笔，希望教育学在用“性格形成的自然过程”这个标题的地方引进的这些教育学评述不难得到读者的宽恕。

第五章　训　　育

教育（erziehung）这个词是从训育（zucht）与牵引（ziehen）两词来的，因此人们往往根据这个名词把它的主要部分看作是我在现在接近论文结束时才开始探讨的内容。

通常人们把教育本身与教学作对照，而我曾经把它同儿童的管理作过对比。为什么有这种差异呢？

教学的概念有一个显著的标记，它使我们非常容易把握研究方向。在教学中总是有一个第三者的东西为师生同时专心注意的。相反，在教育的其他一切职能中，学生直接处在教师的心目中，作为教师必须对他产生影响的实体，而学生对教师须保持一种被动的状态。因此，首先使教育工作者费力的事情是：一方面有需要教授的科学，另一方面有不安分守己的学生，这就是教学与真正的教育之间作出分工的原因。因为我们肯定不可能把管理算作教学，所以它必须被悄悄地纳入到这种真正的教育中去。如此，明确地应维持秩序的教育，在教育学中似乎不可避免地必然要提出处理混乱秩序的原则了。

对于教育目的稍作清醒的考察，就可以发现，我们对于儿童的全部态度，远不是为他们着想，远不是完全为改良他们的精神实在着想而引起的。我们限制他们，为了使他们不惹麻烦；我们保护他们，因为我们爱他们，而这种爱其实最初仅含有生物亲子以自乐的意义，然后才有对这个未来的理性动物的健全发展的自发关心。因为这种关心毫无疑问是一项特殊的工作（这种工作完全不同于对动物的照料与保护，不同于使它适应在其中合群地生活下去的条件所做的工作）；因为一方面必须对儿童的意志进行培养，另一方面必须对意志进行抑制，直到可以用培养代替抑制为止，所以我们希望毫不迟疑地最终制止由管理给训育造成的有害混乱。我们应当记住，假如一切顺利的话，一开始具有重要地位的管理必须在训育之前消失掉，我们将会感觉到，对训育最有害的事情就是教育者像通常发生的那样去习惯于管理，而后又不能了解，为什么对幼儿有效的同一种办法，对于较大的儿童却常常失灵。于是他们幻想着必须用较聪明的办法去管理业已变得较成熟的学生。最后，当他误解了他的任务的全部性质时，却抱怨年轻人忘恩负义，并且顽固地坚持他这种把任务弄错了的态度，直到他与青年之间产生一种紧张关系为止，这种关系将无法忍受和不堪补救地一直继续下去。甚至还有一种类似的，虽然危害较小，却也糟糕的情况，它产生的原因是，当训育必须在教学之前停止的时候，却逾时还在继续下去。这样一种错误只有当一种借以能够认识应该停止训育的时刻之标记被它的一种很隐蔽的性质所掩盖时，才情有可原。

现在便容易对训育的概念下定义了。它与儿童的管理有共同的特征，它是直接对儿童的心灵发生影响的，它与教学共同的地方在于它们的目的都是培养。只是我们应当防止在训育与管理应采用同一种措施的时候把两者混淆起来。在应用的方式上还有更细微的差别，对此我将依次作界说。

一、训育与性格形成的关系

对青少年的心灵产生直接影响，即有目的地进行的培养，就是训育。这就是说，不考虑思想范围，仅仅通过对感觉的作用进行培养，似乎是有可能性的！——假如有人习惯不加以进一步探究，信赖由各种特征合乎逻辑地组成的概念的真实性，那么也许真会如此。

但是，假如我们用检验的目光来看待经验，那就显得完全不一样了。一个人陷入到了痛苦与不幸的深渊，并且长时期停留在这种深渊中，之后他又从那种深渊中摆脱出来，而当时间消除了不愉快之后，他却仍然是几乎没有变化的同一个人，他还保持着同样的追求与见解，甚至表现出同样的举动。至少注意到这种情况的人，必定不希望从操纵儿童的情感中取得很大收获，只有母亲显得特殊，有时候她们相信操纵儿童的情感就是教育儿童！此外，假如有人看到，一个粗暴的青年能够忍受父亲多大程度的严厉，却不为此触动，不管什么样的激发手段都会在一个脆弱的青年身上浪费掉，而看不到他们会由弱变强，他们对这类行动的整个反应又是多么短暂，那么发现这些情况的人会忠告教育者，不要在自己与青年之间造成一种糟糕的关系，而这种关系常常可能是纯粹的训育所留下的唯一结果！

我以为这一切经验都不过是一种最简单的心理学信念的证明。这种信念就是，一切情感都不过是业已存在的各种观念的短暂的变更，因此，当变更的原因消退时，思想范围便会自动地回到其原有的平衡状态。我从单纯的激发儿童可接受性的工作中可以指望的唯一结果，将是对细微的情感造成不幸的挫伤，否则，代替这种情感的将是一种矫揉造作的敏感性，随着岁月的推移，这种敏感性将只会造成自负及其有害的后果。

然而，当思想范围有时也得到充实，或者，当努力化为行动，并变成意志时，那么情况自然就完全不同了，我们应当重视这种情况，以便正确地解释各种经验！

从这一点出发，我们可以判断训育对于教育可能有什么关系。学生会经受情感的各种变化，这一切变化不过是确立思想范围或性格必不可少的途径。因此，训育对于性格培养来说是双重的——间接的与直接的。它一部分是帮助教学，使教学成为可能并去影响一个业已独立的人今后性格的形成；一部分是起这样的作用：通过行动或非行动直接使学生产生或不产生初步的性格。我们不可能对一个不可驾驭的儿童施以教学，而且这个儿童的胡闹，在某种程度上考虑，可以视为其未来个性的显露。可是，众所周知，这种显露是有很大局限性的。一个放纵的儿童其行为多半出于肤浅的即兴，虽然他借以学习他能够学习的一切，但他在这方面缺少固定其意志所必需的第一个要素，即坚定的、根深蒂固的欲望。只有当这种欲望成为基础的时候，孩子的胡闹才有助于被确定为一种性格。因此，训育对于性格形成的第一层关系是最重要的，乃是训育赖以为教学开辟道路的一步，教学将得以渗透到儿童的思想、兴趣与欲望中去。然而第二层关系也不容忽视，至少在对变动较少并以坚定的目的行动的主体进行训育时不容忽视。但是，开始时对训育提出的概念，单就本身而言完全是空洞无物的。单纯的培养意图，其对心灵产生的直接影响不足以使它成为在实际上起到培养作用的一种力量。那些凭借这种空洞无物的训育表明他们具有良好志趣的人，他们不知道如何通过他们自己进行的表演对脆弱的性格产生影响，他们时而温柔、时而胆怯、时而迫切的行为使观察着的儿童产生一种观念，认为通常受尊敬的某一个人所关心的事物乃是非常重要的事物！他们千万得注意，不要通过别的途径来破坏这种表演，不要以狂热和琐事来窒息儿童对他们的崇敬，或者赤裸裸地从较坏处考虑儿童坦率而尖锐的批评，这样，尽管他们对于那些不太愿意接受教育的儿童还不能确保其教育的成功，而他们对那些敏感的儿童却能不断作出许多成绩来。

二、训育的措施

训育可以激发情感，或者抑制情感。它可以激发起的情感，或者是乐趣，或者是反感；它要抑制的情感的途径，或者是避开可能引起情感的事物，或者是把事物视为无足轻重，即容忍它，或者对它视而不见。

在避开事物的情况下，无论是事物远离学生的活动范围，还是学生远离事物，一般地说，学生都根本不能经验到什么；他至少不能直接感觉到这种训育措施。

漠不关心的容忍，这意味着习惯。对先前习惯了的事物视而不见，这是由戒除习惯引起的。

乐趣可以通过诱导来引起。虽然似乎不是任何诱导都能引起愉快的感觉，但训育为了取得成果要激发每一种乐趣；它要借以引起学生的活动，正是在这方面它进行着诱导。

反感产生于压制。只要有某一种反抗（即使仅仅是内心的反抗）与这种压制相对立，压制就可以称为强迫。

因学生的某种缘故引起的，并可以视为对这种缘故的回答的某种刺激或压制行为，可以称为奖励或惩罚。

就压制、强迫、惩罚来看，有一些细微的差别是需要注意的。主要是因为在这里管理的措施与训育的措施似乎融合在一起了。

在管理有时求助于压制措施的情况下，它仅仅要使人感到它是一种力量。因此，如按以前的假定，我们依据管理目的的规定，可以认清必须进行管理的场合，那么下面一条规则是适用的：在这些场合，压制必须仅仅用来完成管理目的，而没有其他意图。在使用时，我们应当冷静，不拖泥带水，不动感情，一旦事情已过，就显得一切都已忘记了似的。在家庭与国家的比较中，可以得出关于惩罚程度的一些重要结论来。在这方面是缺乏原则的，但我所要借用来作为例子的，我将尝试尽可能简单明了地作出说明。我们应当把违法本身同反对家庭警察的这种违法区别开来。违法本身，如一种坏的意图变为行动（故意），或明知要留意而不留意，以致产生了损失（部分过失）。毫无疑问，不管是否了解事先作出的规定，这些违法行为都可以予以惩罚。在惩罚时要考虑可罚程度，在这方面管理仅着眼于行动造成的结果，而训育则还要看尚未付诸行动的意图。凡是在应当有意图而缺乏意图——如忽视——的情况下，惩罚往往可以是较轻微的，越不能证明过失一定会有意图，惩罚程度就应越轻。必须通过规定使人了解家庭警察并记住他。其惩罚可以根据事情的重要程度而定轻重。但是，在这方面教育者必须特别要防止不将这种惩罚与影响心灵的行为混合起来，后者应只留给训育措施去完成。惩罚的等级划分对于国家来说尚且是困难的，对于家庭来说就更困难了。在家庭中一切都必须化为小事来处理。但这主要取决于管理的调子，通过这种调子，儿童必须感觉到，他在这里过去不是，现在也不是被作为学生来对待的，而是被作为社会中的一个人来对待的；他必须借此来为他在未来社会中的生存做好准备。在某种程度上说，精明的儿童管理乃是教学的一部分。①

训育的调子完全不同，不是短促而尖锐的，而是延续地、不断地、慢慢地深入人心的和渐渐停止的。因为训育要使人感觉到是一种陶冶。虽然这种印象不是这种陶冶力量的实质，但是它不能掩饰陶冶的意图。即使它能够掩饰的话，它还得提出意图来，以便让人接受。假如预见不到某一种有益的、使人提高的原则寓于训育中，那么还会有谁不对那种常常使快乐受压抑，并不断使人产生从属感的待遇作出反抗，至少在内心中作出反抗呢？训育不应以诡诈的方法来影响儿童的心灵，不应违背其目的地让儿童去接受。这就是说，无论如何不应使学生在内心与它产生对立，好像两股力量按力的合成的对角线方向使劲。但是，假如不使儿童相信教育者的善意与力量，那么从哪里能使儿童产生真正地、坦率地接受他的训育的敏感性呢？一种冷冰冰的、令人讨厌的陌生的行为怎么可能造成这种信赖呢？相反，训育只有像内心经验一样使受训育的人心悦诚

① 这一思想在本书绪论中就阐述过了，只是在那儿称为“训育”，这本来应当称为管理更恰当。在绪论中我还不能使用我的用语。

服，才能有它的作用。不论引起兴趣的冲动和对公正评价的承认，还是引起对成功或失败的愉快或痛苦的感觉，训育的力量只能达到使学生对它的赞同。正在成长着的教育工作者必须如同他逐步获得学生的这种赞同和逐步地向前推进那样，逐步地扩大他的影响。训育作为儿童乐意接受（因为他必须接受）的管理的一种缓和性补充，这种情况有助于他对早期儿童进行的工作。这在以后将有所变化。一个自己管理自己的青年人，在训育中感觉到被纠缠不休地要求接受培养，而得不到信任、尊重，尤其是符合他内心情感所特有的需要之充分补偿。假如教育者在此时不知停止训育，那么青年人拒绝教育者施加的影响的努力渐渐会变得明显起来。这种努力是容易成功的，因为正如他们的勇气增长得很快那样，克制行为的消失以及即将自行解体（这种解体已经被推迟了）的师生关系中的不愉快部分上升得也很快。

现在让我们抓住事情的中心环节吧！与其说训育原来是许多措施、各种完全不同的行动的混合物，不如说它是一种连续的处理工作，它只是在为了强调时才诉诸奖励与惩罚及其类似手段的。管理者与被管理者、教育者与受教育者，是生活在一起的人，不可避免地要发生愉快的或不愉快的相互影响。当我们接近一位熟人时，我们不是要进入到一定的感情气氛中去吗？是什么样的气氛，这对于教育来说，不允许依赖于想当然，而需要经常认真分析，其目的首先是，如果这种气氛是危险的，可能变为有害的，那就要削弱它的影响；① 其次要不断加强它的有利影响，一直使它达到性格形成得到了保证的那种程度，不论是直接的形成，还是通过思想范围中介间接的形成，都要得到保证。

很明显，训育艺术原不过是人们交际艺术的一种变种，因此，

① 这方面比如：教师与学生可以不必经常非在一个房间里不可。每人有一间自己的房间，这是刚刚着手工作的家庭教师需要创造的一切条件中最基本的条件。认识这种好处的家长将自动提供这种条件，以避免通常难免的相互难堪的场景。

社交中的随机应变艺术将是教育者的一种出色才能。这种变种的实质在这里取决于教育者保持对儿童的优势，使儿童感到一种教育的力量，甚至在对他们压制的时候，这种力量还存在；但这种优势在直接鼓励和诱导他们时，则是按他们的自然方向进行的。

训育在找到一种通过感人至深的赞许（并不是表扬）来突出学习者自身较好的一面的机会以前，不可能有真正的进展。只有当责备停止作为消极力量单独存在以后，它才能为儿童所接受，因此它必须使儿童感到业已获得的赞许部分要被取消的危险。这可以使那种已有自尊而怕失去赞许的儿童内心感到受责备的压力。任何别的人都像他自己认为自己的那样看待自己，假如一个教育者不愿意把一个一味地受到责备的学生像这个学生自己认为自己的那样看待他，那么他会变得激愤起来。凡是单纯的责备起作用的地方，自尊心先就有所作用了。对此教育者也许可以试探，但不能盲目依赖这种自尊心。认为儿童自尊心不会完全没有，这是不够的。它必须达到责备能够赖以进行的程度，方能采取单纯责备的措施。但是赞许只能在值得赞许时作出！这一点是多么正确，同样也是正确的是，除了思想范围的可塑性问题以外，对于决定教育的可能性来说，没有别的问题比这个问题更重要了：儿童身上是否业已存在各种值得教育者留心的性格特征？个性至少会自动地表现出某些礼貌的迹象来，使教育者采取措施提高他。凡是在教育者起初只能采取很少措施的地方，他不应当操之过急。训育首先只能依靠一个火苗来点燃第二个火苗。教育者必须在较长时间内对此表示满意：以少许措施赢得少许结果，渐渐地直到基础扩大起来（假如工作不被干扰所破坏的话），并足以实现同教育任务有关的工作。

通过应得的赞许给儿童以快乐，这是训育的出色的艺术。这种艺术很难能教给谁，但是真心热爱这种艺术的人是比较容易得到它的。

同样也有一种不愉快的艺术，即给儿童的心灵造成一定的创伤。我们不可蔑视这种艺术。当儿童不听简单的训话时，它常常是不可缺少的。但是，教育者必须自始至终用温和的感情来控制它，同时使人原谅它，使它得到宽容；而且只是为了克服学生的傲慢顽固时才应用它。

几乎像一位歌手练习发现他那音域与最细微的音阶一样，一位教育者必须练习在思想上不断摸索对待儿童的音阶。这样做不是为了满足于这种游戏，而是为了通过尖锐的自我批评排除任何不协调的声音，为了在发每个声音时达到必要的稳定性，对于一切变化具有必要的灵活性，并对自己器官的局限性取得必要的知识。他有充分的理由，在最初数月中畏缩不前，他常常必须运用超出礼貌交际惯用的语调说话；他有充分理由以最严格的态度来观察自己和学生。是的，这种观察必须是对他渐渐形成的习惯不断作出修正的标准；这种观察将愈益重要，因为学生始终随着时间推移而变化！最后一点就大的方面而言是正确的，就小的方面而言也同样千真万确。假如需要一而再、再而三地提醒儿童，那么不应当用同样的方法提醒两次，否则因为第一次已经起过作用，第二次恰恰会失去其效力。必须在训育中排除一切单调无味的东西，就像要把它们从好作品、好演说中排除出去那样。只有当这种审慎的态度与某种创造力相结合时，教育者才有希望获得他所需要的力量。因为训育的范围对于儿童来说似乎是无限制的，其影响对他来说具有无可比拟的价值。训育应当像一种总是连接在一起的原子一样环绕着儿童的全部活动转，从而也使他不会产生可以避开它的想法。训育必须始终准备着使自己能为儿童感觉到，但如果它要能真正产生一些影响，也要不断地注意它自己，以免操之过急而使学生遭受不必要的痛楚。一个天性温顺的儿童能够忍受很深的痛苦，他能够默默地忍受，把痛苦埋藏在心间，在他成年时还可以有所感受。

学生需要有一种完全的健康，以便承受完善的训育产生的充分的影响。假如我们要照顾学生不够健康的情况，就不能进行许多教育了，因此有益于学生健康的生活制度是教育的基础、教育的首要准备。

假如师生双方一切都如要求的那样，那么学生极纯洁的可接受性将与恰当的训育一致起来。然而一切都会像音乐一样消逝的。假如石头在这阵音乐之后不能将自己筑为城墙，从而在清晰的思想范围构成的坚固城堡中给性格提供一个安定而舒适的居所，那么任何效果都不会保留下来。

三、训育的普遍应用

（一）训育对形成思想范围的协作作用

训育对形成思想范围的这种协作不仅对授课产生影响，而且尤其会对儿童的整个情绪产生影响。在授课时保持安静与秩序，排除对教师不敬重的任何迹象，这是管理的事情。但是，注意与灵活的理解同安静与秩序还有一点不一样。儿童可以被训练得安安静静地坐着，但会一句话也听不进！许多方面配合起来才能使学生产生注意。教学必须是可以理解的，但与其说教学必须容易一些，不如说必须难一点更好，否则会使学生感到厌倦。教学必须始终保持同样有趣，对此我们在前面曾论述过了。但学生也必须带着恰当的情绪来上课，这种情绪对他来说必须是习以为常的。这一切便是训育的任务。整个生活方式必须从干扰中摆脱出来。一时占优势的兴趣不应当盘踞学生的心灵。自然，这并不一直是教育者力所能及的，也不是教育者能确保力所能及的。他的劳动成果往往由于把学生思想引开的个别偶然事件而可能完全被毁掉。他比较有把握力所能及的是，通过整个训育使儿童养成很深的感情，使他知道全神贯注对他是多么重要，以至于感到不集中思想上课是不能原谅的。做到了这一点的教师，当一种有力的偶然影响把他辛勤地获得的儿童的兴趣转移到了其他方面去时，他也许会感到悲伤。但他必须让步，必须接受，并同情地伴随他的学生；他不能犯比他不合时宜地去禁止学生而破坏师生关系更大的错误了。虽然儿童多少会分心，但一个人的思想若已受过陶冶，凭这种特性，他最终仍然会把心思收回来。当他回想到旧的事物时，教育者可把他的思路连接起来；当他思索新的事物时，教育者可以抓住时机，对它作出分析。只是必须始终保持他原来的那种可塑性、意欲与坦率，或者重新为他创造这种可塑性、意欲与坦率，因为训育的一切直接影响都是易逝的。

假如儿童已经达到了可以自动地寻求其恰当的途径的时候，那么他就需要较多的安静！此时训育应渐渐地放弃各种要求，它必须局限于对儿童投以同情的、友好的、信任的目光。是的，一切劝告不过是为了引起儿童自己的思考。比起友好地帮助儿童排除一切不适当的干扰以使其内心世界达到纯洁来，没有别的什么在这时更为妥当，没有别的什么更值得感谢的了。

（二）通过训育来形成性格

应当如何来限制与鼓励自我行为呢？

这里假定管理已可以控制一切不良行为了，这种不良行为除了它直接的明显的结果以外，甚至还可能在儿童的心灵中造成不诚实和类似的粗鲁的特性。

我们首先不应当忘记的是，不单单那种为我们所感觉到的活动属于人的行为，而且那种在人的内心实现的活动也属于人的行为，只有使这两者相结合才能构成性格。健康儿童所表明的其出于运动需要的多方面活动、天性不定的儿童的不停的动作，甚至显示一种粗野的男子汉气概的儿童的放肆娱乐，所有这一切乃是儿童未来性格的虚假标志，它给予教育者的启示，并不比心灵已安定下来的儿童所表现出来的个别缄默的、深思熟虑的行为给予教育者的启示多，也不比一个通常较顺从的儿童作出唯一的一次坚决的反抗给予教育者的启示更多。因而在这方面教育工作者还必须常常把思考与观察结合起来。儿童绝无真正的坚定性。他们不能防止思想范围的变异，他们面临着来自多方面作用造成的变异——我们希望教育者方面也对他们产生作用来造成这种变异。但是，当儿童行为中表现出由深思熟虑武装的坚决的倾向时，训育便不可能有多少效果了。在切断训育机会之后我们便不再能继续通过训练来使儿童产生坚定性，因为我们在这时只能留意如何完美地切断这种机会，并承认我们根本不可能阻止儿童的幻想，假如我们不愿意接受这一点，那么，除非我们有另外一种能重新对思想范围起作用的非常生动和具有吸引力的活动。因此，这种活动如果可以排除儿童的某种乖僻的话，是我们应当关注的；而训育在这方面主要起协作作用。然而，在这种场合我们应当完全抛弃严厉的惩罚手段！只有当儿童不假思索地一次、两次表现出一种孤立的、新的错误冲动，并有大胆地重复趋势和可能在他心灵上造成一种坏的品性时，才能采用这种严厉的惩罚手段。在这里训育必须立刻予以坚决的干涉。比如第一次利己的说谎恰恰可以给予极严厉的惩罚；恰恰可以使他对此产生经常的（渐渐地平缓下来的）回忆，从中得到持久的告诫；恰恰可以使他内心极深刻地感到痛苦，从中得到责备。而对于一个老练的说谎者来说，这样一种处理，也许会使他变得更隐蔽，更狡诈。他所处的不正常状态一定会使他感到有一种越来越大的压力在渐渐地紧逼他，但是仅仅这一点还是无济于事的！我们应当使他整个心灵感到提心吊胆，使他感到并估计到获得别人尊重的可能性，而这种尊重是与欺骗势不两立的。但是，是否有人不具备从各方面来影响儿童思想范围的艺术而能做到这一步呢？或者说，是否有人认为这取决于某些孤立的说教与劝诫呢？

那些外部的多方面活动，如没有始终不渝的倾向与深思熟虑的思考（而且在其中所表现的身体方面的素质甚于精神方面的素质），那么就不可能形成性格，相反，它们会阻碍性格的巩固。外部活动可以认为是快乐的表示，有助于健康与敏捷性的发展，甚至会给教育者提供时间来为以后确立儿童的性格做好一切准备，就这一点而言它是有益的。另外，它之所以不受欢迎，乃是因为较迟的性格培养容易错失教育时机。因此，一方面，假如思想范围的形成被延误了，或者思想范围的形成必须作彻底纠正，那么再也没有什么比青年人的习气长期动摇不定更受欢迎了；另一方面，假如现存的思想范围有了形成正确性格的希望的话，那么为使一个人的性格很快固定下来而进行严肃工作的时机便到了，不管其是否需要若干年。谁被人明显过早地投入行动，谁的教育时机就已成为过去。或者，对这种人的教育工作至少是非常麻烦的，并且只能事倍功半地重新开始。但是，最根本的是，我们决不要过度地把儿童的外部活动激发起来，以至于使精神呼吸——专心和审思的交替——受到干扰。对有些人来说，教育的原则必须是：从他们的早年起就要避免给他们的活动以过度的外部刺激。否则，他们就绝不可能达到思想的深刻性，形成礼貌，获得尊严。他们将在世界上没有地位，将仅仅为了有事可做而把事情弄糟；他们将为人们所惧怕，只要有可能，人们就避开他们。至于有些人，他们很早就专心而狂热地投身于不动脑筋的职业，对于他们我们可以有把握地假定，他们终始头脑空虚，他们的情绪甚至会变得十分恶劣，因为生活在现在还能给予他们的情趣绝不可能以同样的强度保持下去，绝不可能使他们不感到枯燥无味。

在作了这些论述之后，我们还必须探讨一下前面已在性格的客观部分和主观部分所提到的差别。

就意志的记忆来说，最首要的是必须通过训育来充实素质。这就可以使我们想到，简单划一的生活方式，即避开一切使人分散注意力的变动，是有助于充实素质的。但是，教育者的处置究竟对此有多少作用，这一点只有当我们在与各种具有坚定意识或无坚定意识的人相处中获得不同印象时，才能非常容易地感觉到。与意志动摇的人相处，我们始终会感到我们与他们的关系一直在变化；在同他们相处中，我们需要用相当于与另一种人相处的双倍力量来坚定我们自己。与另一种人相处，他们会不知不觉地使我们了解其沉着与坚定，并让我们始终看到同一种相处关系，以至于使我们可以在平坦的大道上前进。但是，在教育中，我们要在同样的境况下始终对儿童示以同样的面目，这是格外费力的，因为有那么多的事物使我们激动，而这些事物是儿童不可能经验到，不太能理解的。当许多儿童聚集在一起时，教育工作本身对他们的影响可以是多种多样的，以至于我们需要对各个儿童进行特殊的关心，给每个儿童业已被激发起来的情绪留有余地，不要把对待他们的不同办法混淆了，不要错误地使其乱成一团。这里要估计到教育者的天然素质以及他与人交际的经验。假如他缺少这一种素质，而在那种经验方面又表现不佳，那么训育的失败往往就来自他不能充分地知道控制自己，使自己保持沉着坚定，以致那些信托给他教育的人也感到困惑，并放弃做得使他满意的希望。后一种情况与培养性格的训育所提出的基本要求恰恰是截然对立的，因为这样一来，业已存在的意志的记忆将会减少得无法进行训育；而性格被迫在某种隐蔽的深处发展起来。因此，作为支柱的训育（我用支柱这个词来表明训育对于意志的记忆有恰当的协作作用），首先将在具有天然沉着素质的人那里获得成功。

虽然如此，那些可以夸耀自己有这种长处的人，应当防止第二个要求的丧失。训育也应当是有的放矢的，这样才会对训育措施有所选择。这包括教育者要有灵活的头脑，知道如何与青年人的心灵活动始终相适应。这取决于教育者的素质，更取决于他的思想的集中，他必须出于教育工作的需要而达到这样一种集中，甚至把大部分心血献给学生，以使他可以通过自然而然的反作用来影响学生。他必须投身到儿童正当希望的一切之中，即某种程度上基于他们所有的意见与观点之中；他不应当过早严厉地纠正儿童那种能够向他提供与他们接触机会的事情。我们要影响人，就必须接触他，然而，这一点通过行动比通过笔墨来表达显得更有效。就具有决定性影响的训育的第二点而言，论述比较容易，这一点就是：教育者必须在儿童周围营造具有充分影响力的那种自然而然的感情气氛，必须用各种行为方式与思维方式的结果来感染他。教育者不应当用模棱两可的模糊思想去迷惑儿童作出的选择；不应当用一时的快乐或困扰来诱惑他们，使他们受到吸引或把他们吓退；必须尽早使他们感觉到事物的真正价值。在进行这样的教育中，真正的教育性惩罚将明显起来，这种惩罚不像管理性的惩罚那样同报应的程度联系在一起，而在程度的衡量上必须使儿童始终感到这种惩罚是一种善意的警告，从而不至引起他们对教育者产生持久的反抗。在这里，儿童的感受方式决定一切。至于惩罚的性质，教育性惩罚与管理性惩罚的差别似乎是不言而喻的：后者不论通过什么途径，都不过是对好与恶的应得报应量的回答；而前者却是要尽可能避免给予正面的、专断的回答，并且只要可能，应完全遵循人类行为的自然结果。因为教育性惩罚应及早这样来影响学生，就像当他有了成熟的经验（比如吃一堑长一智）就将自己把握自己一样。此外，教育性惩罚作出的选择往往是暂时的，或者说，以后会变动的。我们应当按照上述这些原则来确定教育的奖励措施。但是，如果不把奖励所注重的整体处置作为基础，那么这种奖励将没有多大效果。这一点讲得已经够多了，它已经使教育者够忙碌的了。

如前所述，性格的客观部分原则上基于自我表现之中。训育通过调整措施与此合作。同时，假定学生的选择已经作出，而不再举棋不定，那么一切可觉察到的干涉与干扰应在这方面予以避免。学生将自己行动，教育者只有按学生自己的衡量尺度来衡量学生。教师的处置会让学生觉得，这种处置不可理解，即不知道如何来对待一种前后不一致的行为，结果使师生交往产生停顿，教师只得等待年轻人乐意重新回到惯常的轨道上来。有时候，那些想要早一点成为成人的儿童，需要教育者使他们注意其所考虑的原则的不成熟性与草率性。这一点却是难以直接做到的，因为坚定性尚值得怀疑的人是容易被教育者伤害的。如有机会，教育者应当使爱按推理行事的青年人陷入自己造成的麻烦中，或者也可以使他在同外界交往中碰碰钉子。在恰当的时候，很容易使这种不知所措的青年人恢复谦恭的态度，使他认识到他下一步的修养要求。假如我们越能成功地把这些想象的原则限制在单纯的自我决定的初步实施范围内，那么一个人作为准则的真正的信念越是会清晰地表现出来，性格的真正的客观部分将会通过相应的主观部分得到加强。但是，这里存在着暗礁，一般来说正确的教育碰到这种暗礁也容易失败。那些真正出自心灵深处的行为准则不会受到类似纯粹的推理所受到的那种对待。假如教育者**有一次**蔑视那种在学生看来是真正严肃的事情的话，那么这将会使他丧失长期工作的成果。对此他可以解释，可以指摘，唯独不可轻视它，把它**仅仅**看成是**空话**。但这种错误是容易在很自然的疏忽中发生的。多言的青年，当他们处在尝试表达的时期，常常把这种尝试带到语言中，来表达他们最真实的感受。他们无意中招来的批评会使他们感到莫大的不公正。

训育——假定它是值得进行的——应当有助于儿童试图坚持自己原则的**斗争**。这取决于两点——关于儿童心灵状态的详细知识与教育者的权威。因为儿童自己行为原则中存在着的内部权威必须通过一种与其完全一样的外在权威得到强化与补充。教师应按照这种看法来决定自己的行为。对于正在奋发向上的儿童的细心观察应当走在前面，然后应当完善自己冷静的、坚定的和谨慎地表现出来的严肃态度。

出于道德教育的考虑，要对这一切作一些修正。认为意志的记忆始终是值得欢迎的看法是大错特错的。在遇到儿童错误的追求时，训育的艺术就在于使这种追求陷入混乱，感到羞愧，然后通过各种能使儿童心思转向其他方面或相反方面的事物让他们把这种追求遗忘掉。行为的选择不应当完全由行为发生后会产生的印象深刻的结果来决定，否则可能会使那种不问结果的善的意志变得模糊不清。性格的客观部分，在我们促使它提高到原则并通过斗争来保持它之前，首先应当让我们用道德来加以评判。

在儿童的早期，当教学与环境赋予儿童最初的道德观念的时候，因为看来儿童心灵在这种观念中活动着，所以我们就要观察这一时期的情况，不去损坏它。必须使儿童的情绪保持平静与清澈。这是训育在这里应当作出的第一个贡献。常常有人说，我们应当保持儿童的童心，在某种程度上看，这一点往往还不能说得很充分。然而，是什么摧残了这种童心，这种对于世界的无所偏见、无所追求，也正因为如此而能够发现其所能够发现的一切的童心呢？一切与那种自然地忘却自我对立的工作都能摧残这种童心。健康的人是不知觉他的身体的，正是从这一意义上说，不应当使无忧无虑的儿童知觉他的存在，以便使他不把这种存在作为标准来衡量他以外的事情的重要性。这样就可以指望在他的观察中将有明白的观念，分清什么在道德上是正确的，什么在道德上是错误的，而且能用这种观念来像看待别人一样来看待自己，就像了解特殊从属于一般那样，他会把自己置于自己的那种评价中。这就是道德修养的自然起点，其本身是脆弱的、不坚定的，但通过教学可以得到强化。然而这种起点将受到每一种突出自我感觉的强烈而持久的刺激的干扰，突出了自我感觉就使自我成了与外界的一个联系点。[①] 这样一种刺激可以是乐趣，或是反感。后者在疾病与虚弱的情况下出现，甚至在容易激动的心情下就会出现。教育者早就了解道德发展将受到这种情况的影响。造成反感的情况也可能在受教育者被严厉地对待、

① 因此人们并不担心自我的理论观念，即自我知识。这种自我知识恰恰表明个人是多么渺小，就像他的确处在事物的中间一样。

频繁地嘲弄，或儿童各种需要被忽视的情况下出现。与此相反，我们有理由建议，满足儿童自然的快乐。但是，教育学有同样多的理由劝阻一切通过使儿童感受乐趣来突出自我的做法。这一切就是毫无意义地激发儿童的欲望，使某些应在以后出现的愿望提前出现，总而言之，这一切就是培植自负与虚荣。我们要做的应与此相反，儿童、少年与青年，每个年龄阶段的人都须习惯于忍受其所招致的责备并保持这种习惯，只要这种责备是恰如其分的和可以理解的。训育的要点就是使儿童留意周围人的普遍意见，也就是公众意见，正确地对待这种责备，不要画蛇添足，使这种责备受到抵触。使儿童理解公众的这种意见，并通过内心的默默忏悔来强化它，[①] 这比使儿童习惯忍受责备容易，但这当然不是画蛇添足。假如教育者必须独自代表那普遍的意见，或根本上违背这种意见，那么要使他的责备为儿童重视是困难的。这时特别重要的是他应当具有压倒一切的权威，除了这种权威以外也许没有其他任何判断会得到儿童尊重了。在儿童的早期，道德的初步教育几乎是与对他们的评价融合在一起的。这时我们可以把这种初步教育让给母亲们与各种出色的儿童作品，不过请不要把这种教育变成灌输箴言，这种做法，即使一切进行得非常顺利，也会使性格主观部分的培养操之过急，以致不但使性格培养本身受到干扰，而且对儿童坦率态度的形成造成危害。

在这时期，排除可能使儿童的想象习惯于道德所厌弃的现象的一切事物，借以来保护与促进儿童的温顺感情，这是适宜的，而且是很必要的。只要儿童的身体需要不断地保养与爱护，那么对保护与促进儿童的温顺感情所必要的注意并不需要特别的约束措施。当

① 对于儿童因明显的理由作出的公开忏悔，教育者不应当固执地加以拒绝，但也不应当由于教育者的过错使它变成儿戏，变成家常便饭，变成一种达到阿谀奉承目的的窍门。谁乐意忏悔，谁就会不知羞耻！而对于遵循教诲，愿意以行动作忏悔的人来说，只有最强硬的训育也许还能迫使他作口头忏悔。

孩子能够奔跑时，母亲不应当阻止孩子到野外自由奔跑。教师除关心儿童身体健康之外，还对他们的道德提心吊胆，甚至在儿童年龄增长时还想干预其一切环境，这是不明智的。这种提心吊胆的态度似乎没有注意到，娇惯从道德角度来看正如从任何其他角度来看一样是对确保个人抵御气候侵害的最坏做法。阻止外界寒冷的侵袭并不意味着增加内心的温暖，而恰恰相反，道德的加温多半产生于内心的活动与激奋，外界坏的刺激可以使业已存在的道德力量渐渐地注入这种活动与激奋中去。只有那种粗心的教育者才会觉得儿童把他看到的一切作为榜样来加以接受与模仿。适当的教育可以促使学生为他自己探索到一条修养的途径，并使他像观察与判断一种奇异现象一样对待粗野儿童的全部行为，认为这种行为是不能同他的追求等量齐观的。如果他与他们相处，他们常常会一方面使他那温良的性情觉得受到侮辱，另一方面使他愉快地感到他精神境界的优越性，使教育者（假如他先前是按另一种方式尽他职责的话）现在就得费很大劲，才能使他所训练过的学生同因别的命运耽误了训练的儿童重新建立必要的交往关系。但是现在有意建立的交际可使学生的傲慢受到挫折，同时，不道德的行为对他的冲击越强烈，这种交际越会使其自信心去依靠道德方面的支撑。

训育必须在这一过程中留意环境方面。自然，这方面假定业已确立的道德观念是明显强有力的。在这里要在多大程度上考虑思想范围？为了不至于重复，对这个问题我仅仅提一下处置的最重要方面。默默地，然而却是充分地和全心全意地给予儿童的那种应得的赞许，这是同样充分的、有说服力的、仔细权衡过的，并通过种种措施得到强化的责备必须赖以产生效力的手段。这种手段一直要应用到儿童表明其内心世界充分占有了赞许与责备这两者，并通过这两者来控制与推动自己为止。因为或迟或早总会出现这样的情况，到那时教育者的话将会成为多余，教师要想继续说的，学生自己都能同样正确地表达出来，从这时起，师生间的某种信赖开始出现。

这在以前是根本不适宜的。这种信赖以考虑师生共同事情的形式出现，不时地反省一个人就道德来看待那些需要检点的事情。

我们在这里已论及了道德决定与自制的范围。假如在这范围里不适合用斩钉截铁的语言的话，那么经常性的提醒与始终比较温和的警告却大大有助于儿童始终如一地注意自我观察。因为对于道德来说，它不仅仅取决于决心的力量与善良，而且在许多方面取决于它与思想范围一切方面有多少共同点。道德批评的一种无所不在性是道德真理存在的必要条件。从局外人口中提出的道德批评几乎不可能是很温和的；而退一步说，当我们用强烈的语句相当彻底地责备和劝诫儿童的时候，我们应当选择时机，以便能够综观和纠正一系列事件。我们应当超越只能作为例子的个别现象，而应当站在较高的角度来观察它，使一般的观察获得清楚的结论。否则就显得有点小题大做了。

最后，关于对道德冲突的帮助问题，这方面师生之间的全部现存关系，即他们能够如何相互接近、相互接触，是起决定作用的。在这方面信赖是多么值得希望；相反，那种要把事实上缺乏的信赖假定为业已存在的行为是多么有害。能否用一般的规律来更详细地说明这一切呢？我宁可把这种说明委任于教育者的人道与热情，让他十分审慎地去探究场合与方法，即探究在危急关头他在何处与如何最有把握和最有成效地去把握和提高其所照料的儿童。

第六章　对训育特殊性的考察

一本详尽的《教育学》本来在这里是有机会详细地论述其观察与试验得来的全部宝藏的，而我之所以不作整体性论述，反将作一些比本书计划所允许的更简短的说明，是出于两个原因：第一，在必须论及道德的各种表现与道德训育的地方，我得明确地提示读者去读我那还未出版的《实践哲学》一书（即使作充分简短的处理，提示读者这样做也是完全不可避免的）；第二，我可以假定，本书的所有读者先前已学过尼迈尔的著作。这一著作在我们看来已成了经典著作。这本著作就它的语言与它的论点的前后一贯性而言足以称得上经典，而我觉得它特别有价值的是它对于教育活动的全部特殊性作了充分周密细致的探讨。这种探讨集中的地方以及也许比其他地方价值更显著的地方是此书第一卷第 113 至 130 节。这些章节在关于各种德行和恶行方面提出了道德教育的特殊原则。这里我请读者在对尼迈尔先生的原则与我提出的原则作比较时更多地找出共同点，而不是不同点。我认为这样一种比较就整体而言比人们纠缠于“有多少新的?”这种习惯性问题要有益得多，对我来说也荣幸得多。尼迈尔先生在他的前言中说：在教育事宜中“一切应取决于较长期的经验”。假如这是完全认真的，那么在他与我之间无疑存在着不可排除的会引起争议的根源。假如这是洛克与卢梭所主张的，那么我便完全知道如何用他们著作的精神来分析他们的这句话，并且正因为如此，我可以直截了当地声明我是他们的反对者。我请尼迈尔先生谅解，与其说我相信他的某种话语，不如说更相信他的整个著作！使他决定性地超过国外学者，并使我们有理由为德意志骄傲的，以我看来是他的原则中存在着明确的道德倾向；而洛克与卢梭的原则是完全受天然的任性支配的，这种任性几乎是无法通过极不稳定的道德感情来缓和的，他们的目的是创造出一种没有冲突的精神生活来。但是，正确的道德原则不是能从经验中学到的，正相反，对经验的领会是受每个人在这方面一起发生作用的信念限制的，对于这一点我肯定无须对尼迈尔先生作论证。假如我补充声明，这本书的出版应归功于我细致地进行并在各种各样机会中搜集的观察与试验的小小积累，如同归功于我的哲学一样，那么一切争论就可以避免了。

一、偶然的训育与连续的训育

区别分析教学与综合教学的根据同样可以拿来供训育作参考。因为在训育中许多方面也有赖于学生表现出来的状况。如同在教学中分析已发现的学生思想范围以便加以纠正一样，学生的行为也需要得到某些把他引上正道的反应，而且需要对偶然出现的情况产生的结果加以控制。在任何活动中都会出现类似的需要，并让人感到个别的、间断的、偶然要采取的训育措施与那种在同一前提下按同一计划工作下去的连续的训育措施之间存在的差别。连续的训育措施越符合目的，并越严格地得到执行，事情就越能处理得当，越有效力。这种效力不但有助于利用有利机会，而且有助于避免各种危害。一般地说，这种结论也是正确的。我们不应当在训育时忘记它！在这方面也有一种错误的经济学，这种经济学希望一有机会一下子取得许多成效，而又忽视去保持并不断扩大已经取得的这些成效。与此相反，有一种正确可靠的取得成效的方法，这种方法依赖于建立与巩固各种关系，使同一种观念、同一种决心不断得到重新创造，并借以得到强化与巩固。

因此，我们首先应当留心使连续的训育走上正确的轨道，并保持在这一轨道上。当偶然采取的措施可能打乱了先前确立起来的秩序关系时，应当更加留心。异常的处置与异常的事件，特别是惩罚与奖励，它们容易使儿童留下不能持久，更不能积累的印象。通过一种活动很快地把一切重新恢复到以前的状态，好像一切都没有发生似的，这乃是训育的特殊艺术。

二、按特殊意图进行训育

首先我们必须回顾在第三章中论述的道德性格中“可以被决定的部分”与“决定的部分”。人们愿意忍受、具备与推行的天然欲望和意愿是可以被决定的。公正、善良和内心自由等观念是决定的部分。这两方面都起源于整个思想范围，因此，它们的发展有赖于心灵的各种活动，即动物的本能与精神兴趣。但是，因我对思想范围的形成发表了许多意见，故对其起源不再在这里赘言了。我们现在不如考察一下现存思想范围的结果，考察它们是如何双重地——一方面通过被决定的道德，另一方面通过决定的意愿——表现出来，并因此同训育的限制和促进这两者发生冲突的。这里有一种结合的工作放在我们面前要做，这种工作类似于在第二编中为描述教学过程而作的表格式阐述。至于为了使青年人养成忍耐、求索和勤勉的精神以及公正、善良和内心自由的观念，偶然训育应当做些什么，连续的训育应当做些什么？它们在上述培养目标中如何在抑制、决定、调整和支持方面进行协作，特别是为了培养儿童的每一个道德观念，它们应当如何通过保持童心、通过赞许与责备、通过提醒与警告以及通过道德自制力的可信赖度的提高对整个培养工作作出自己的贡献？对这一切一步步想出办法来，乃是我们留给读者，更确切地说，是我们留给刚刚从事教育的教育工作者去解决的问题。鉴于上述一些理由我可以聊以自慰：我在这里似不必再一次尝试编织各种概念来形成一个始终模糊不清的纲要，而可以满足于自由地补充一系列与这方面有关的意见以指明这种编织的可能性了。

一种真正的性格表现不仅取决于意志的道德性，而且同时也取决于在意志中反映出来的东西（如果道德决定不改变行为方式的方向的话），取决于一个人想要实行和实行什么。两个人在意志的善良方面可以完全相像，但是，假如一个人必须通过道德决定来克服自身的脆弱而多变的心情，而另一个人必须通过道德决定来支配自身的全部坚定而有次序的追求，那么这两个人的善良在行动与效果方面就很不相同了！道德的决定将在后一种人那里得到支持，而且这种人除了他能够做到人们所敢于做和能想到做的一切以外，还可以作出比他人更好的选择。从这种选择中，道德的决定又能在面临他自己本来无法排除的外来障碍时获得一种有力的、敏捷的和有助的方法。最后，性格已坚定的人，他们的行动将按照每一种义务激发起来的自我决定，始终一贯地进行下去；相反，另一种人总是中途停顿，而后又从头开始，为了履行最一般的义务，他们不得不常常直接从道德的观察中去获得动力，因此就形成了最高尚和最低贱结合在一起的一种矛盾的混合体，这种混合体借助一方使另一方受到挫伤。

但是，假如一种选择、一种准则和一种为外部活动拟定的坚实计划不同时来源于一个人求索与追求的努力，不通过忍受与接受的准备来继续下去，那么如何能决定并通过行为准则来巩固欲望呢？如何能在欲望中决定并通过行为准则来巩固这种选择呢？那种坚实的计划又如何能确立呢？这一切都集中在选择这一点上；而如果勤勉不能适应求获的愿望，如果忍耐不能坚持到真正适当的时候，那么外部活动中的不连贯性与内部活动中的分裂是不可避免的。审慎的思考最终便将陷入那些在本质上与道德没有共同之处的事情的错乱中，然后，在其中可以看到并强烈想要达到善良的那种纯洁而明朗的心境也会消失。这样，对民族来说也就失去了善良、富裕与外部秩序，虽然这种善良以及富裕与外部秩序不会倒退。

尽管如此，包括忍耐精神、求索精神和勤勉精神的各种心理状态是相互迥异的。忍耐精神是顺从的，求索精神是坚决而稳定的，勤勉精神始终是一种新的起点。忍耐的原则是消极的，求索的原则是积极的，这两种原则都顽强地把注意力对准同一事物，而勤勉的原则要求把心灵的眼睛不断地从一种事物转移到另一种事物上。

因此，要想用一种出色的力量把这三种非常不同的心理状态在一个人身上统一起来，这似乎是困难的。而更困难的是为了制订一项活动计划而使所要忍耐的、所要求索的和所要推行的事物一致起来。它之所以更加困难，是因为活动计划按理说不可能是完全具体的，而相反只能包含一般的活动准则，依照这些准则一个人可以考虑如何利用各种可能的机会来发挥特殊的技能与优势。虽然如此，我们还是首先来探讨一下各种精神，然后作一个总结。

从儿童早期开始就有忍耐的练习了。最小的儿童将由天性决定去服从这种练习；而只有一种完全错误的教育方法，由于一方面放纵，另一方面严厉，而对儿童忍耐造成困难。我们感谢现代教师细心地作出选择正确的中间路线的决定。我把这种决定视为可以实行的。

从儿童的早期开始业已有了求索精神的练习。从教育学上看，这种练习比前者要棘手得多。我们一方面应当考虑一个少年儿童已想使用他的占有物，另一方面应当考虑一个孩子还不知保存他的零用钱。这一点足以提醒我们，虽然在儿童早期就必须建立节约的观念，但也必须保护那种与排斥别人不相容的天真无邪的仁慈。在这里不用对道德作探索，对儿童天性的观察已使我们明白，真正的求索精神根本不是一种反复无常的片刻占有欲，而是一种持久的占有态度，因此是以心思对准一点的坚定方向为前提的。假如这种真正的求索精神在儿童身上很早就表现出来，那么这将预示着一种心理疾病，至少预示着这种儿童缺少生气，因为这样，儿童就将在一切对他来说很新鲜的世界上过分地去忙于接受与尝试，以致可能没有时间把事物的纯粹占有念头保持在思想中了。因此，与其有意不让儿童的这种疾病产生出来，不如在儿童的这种疾病自行表露出来时，应用自然的矫正手段，加强对儿童进行多方面活动的刺激。但是，渐渐地将有一些可以让儿童占有的事物存在，儿童将指望对它们的利用，不断地感到它们被人取走乃是一种损失。这些事物可以称为儿童自己的，通过它们可以使求索精神得到训练。但是儿童作为“他自己的”占有下来的东西，不应当比他在思想上要保持的东西更多。进一步说，将他自己的东西与别人占有的东西进行交换可以引起儿童迫切地去衡量事物的价值的愿望。这使我们可以给儿童金钱时刻的到来做好准备。为了在这里使儿童获得一种财富来自辛劳的感情，可以让儿童适当地获得其劳力的报酬。但是，假如我们按照祖母的办法，常常用超过市场的价格去购买他们的小产品，那么这个目的就会丧失掉。至于求获荣誉的一切是与其相似的。贪图荣誉，这在儿童早期将是一种疾病。同情与娱乐可以医治这种疾病。但是，因为天然的荣誉感随着体力与智力的增长将渐渐地缓慢地发展起来，所以我们必须细心地保护它，无论如何防止它受到致命的伤害。因为人在生活中需要荣誉，就像需要财富一样，谁抛弃了这两项中的任何一项，谁就在社会中真正可以被认为是一个不中用的人。假如教育的矫揉造作对这两者的自然发展有所阻碍与耽误的话，那么这在以后将造成一个人无可救药的懦弱，或者使突然觉醒的感情产生突变和较容易接受最普通的偏见。因此，应当注意一个儿童是否在某种程度上受到其伙伴的重视，或者是否由于小缺点而成为他们嘲弄的对象。在后一种情况下应当使他离开这种真正有害的交际，只是不要惩罚那些嘲弄者，因为他们不值得你们大惊小怪。但是你们的教育观察将告诉你们，那种嘲弄在委托给你们的儿童身上会留下什么样的结果。请医治他的弱点，更显著地发扬他的优点，为他选择这样的伙伴，在这些伙伴中他的优点可以被大家明显地感觉到，以至使他能够抵挡别人对他的一切责难。

最后，从儿童的早期开始就有了勤勉的练习。我们能够并应当促进、控制和不断观察儿童由周围事物驱使而表明有志从事的最早期的事务，并完全温和地、逐步地尝试使他持之以恒，较长期地盯住同一个对象，追求同一个目的。假如我们先前已经了解，在儿童游戏中存在着认真气氛以及那种可以使他在快乐的时刻振作的自发努力，并知道如何防止他走那种阻碍他奋发向上的下坡路，从而使他在其不久将要抛在身后的幼稚状态中得到教育，那么我们也可以常同儿童一起游戏，在游戏中把他引导到一些有益的事上去。对于教学来说，无论是分析的还是综合的，目的都是为了达到基本观念的清楚，以便开始进行真正的教育工作，为此，我们应当尝试通过最短的途径来激发儿童的活动。智力活动也是健康的！它正如四肢活动与内部器官活动一样。这一切都应当一起活动起来，以使儿童达到他能够达到的成就，并不至于使某种能力丧失殆尽。只有那些在没有兴趣的情况下长久从事的活动会毁坏智力与身体。但这种情况的产生并不迅速，以至于我们可以从容不迫地去克服某些不会一开始就引起儿童兴趣的活动造成的最初困难。我们应当习惯于各种各样的勤勉。总是那种明显能获得成功的工作将使儿童立志勤勉，总是那种在各种活动中作出的独特选择使儿童的性格与活动计划富有特性。

但是，这种勤勉志向应符合求获的愿望，而两者应以忍耐性来加以武装，这种忍耐性也就是一种主要为达到这种愿望和这种勤勉所必要的等待与忍受的耐久力。我们不应当在这方面用各种特殊的训练与锻炼在某种程度上给早期教育造成困难。一般的修养根本不可能使儿童自己想知道他愿意成为什么样的人物，并按此来限定他的兴趣。一个有多方面修养的人在多方面做了准备，他可以迟一些作出选择，因为他将在任何情况下都容易获得必要的技能；而且通过较迟的选择不断地获得保障，不因误解自己的素质与常变的客观情况而失算。

但是，我们应当期望一个具有清醒头脑和有教养的青年人，通过推迟了的选择把他对忍耐、求索与勤勉的各种倾向正确地结合起来。因为这与其说是某一种预习，不如说是一种积极的审思活动。我们恰恰应当让这种审思潜移默化地影响他。我们应当防止自己通过各种次要要求，通过无限制的训育要求，去干扰儿童正在开始进行的自我决定。对于较脆弱的儿童来说，这种要求可能不知不觉地会变成一种真正残酷的桎梏。确切地说，我们应当习惯于用青年人的方法来观察其世界与未来。

因此，关于智育是全部教育中心的主张，在这里将重新提出来。只有那些被我们认为迟钝或者头脑古怪而任其生长的人们，或者那些被人不负责任地用一根青年人容易接受的细绳拉来扯去的人们，他们不知道如何恰当地相互交往以及与世界交往，并使自己精力磨损与消耗在他们自己追求的各种矛盾中，而最终更可能因必须考虑生计和多余的小市民礼仪而消沉。这些现象会引诱教育者用一系列小心翼翼的手段向青年灌输普通生活的全部技巧，甚至用关于这些事情的废话囊括成长着的青年人的注意力，充塞书店。当一个人的健康与智力兴趣的热情得到了关心，那么生活需要的理智与应变能力最终会自己集中出现在他身上。不过我想指出，为了一生都有坚定的思想、稳定的勇气，为了依靠更多的内在的态度较容易地来实现道德自制，那么前面已论述过的训育工作对此是有帮助的。

我们决不能忘记，我们在这里已经谈到的仅仅是道德价值基础的奠定而已。

造就忍耐精神、求索精神和勤勉精神，使一切在道德决心中表现出来的性格不再需要决定与加强，而仅仅需要使一种与道德不相干的十分坚实的性格得到决定与加强，这恰恰不是训育的一项重大任务。相反，训育的真正任务是，在教育的全部进程中观察与纠正上述这种训练与道德训练之间的关系。因为事实上这方面一切都是相对的。明显重要的一方应当在道德这方面，但这是指在轻与重两者自身中的重的方面。在对轻浮的青年教育方面这两者轻重之分在很长时间里是细微的。某一方面稍微有所侧重，最后将决定他们的一生。在对于那些有坚定热情、很早就注意善良与财富包含着荣誉的青年进行的教育中，这种很强烈的观念有时是与深刻的道德与宗教根底相一致的。但是，我们应当如何对观察与纠正这样重要的关系作出若干规定来呢？我承认我无能为力，而且相信，这是那些正在实践的教育者在这方面所能取得的一个贡献，任何理论都还远不能分享它。因此，我将继续论述这种关系的第二部分，确切地说，这部分要求我作一些评论，可是由于实践哲学的贫乏，这种评论只能是很简短的。

我曾把公正、善良与内心自由称为原始的多方面性，一般与这种多方面性相联系的是通过对学生提出服从的要求使他们获得道德概念。同时我也已经提到，在表达上，“公正”一词包括两个特别不同的、相互完全独立的实践观念。这两个观念就是正义与公平。为了说明它们的性质，正义的格言可以是各取其属己者，而公平的格言是各予以其所当得者。为了使我们相信，我们那种不成熟的天然正义感是用奇特的方式将这两种要求杂乱地混合在一起的。我们姑且可以想一想那所谓公正的尺度，问一下自己，当有人要求收回他的财富时，裁判者将如何应用这一尺度。或者我们可以稍微认真一点考虑“愈公正就愈不公正”这对矛盾，以便理解这里拉丁文的“公正”一词，恰恰与我们的“公正”一词一样，无疑也必须理解为两个完全不同的概念的组合，其中一个概念不包含另一个概念，也并不由另一个概念来决定。但是，这个以往在实践哲学中造成很大混乱的原因，可以成为教育学合并这两个不同观念的动机。也就是说，它们多半是同时和在同一情况中产生的；它们在同一种决定中混合起来，因此不容易推测，一个无偏见的儿童，他增长了对这一种观念的道德洞察力，是否同时会忽视对另一种观念的注意力。那些在其孩子间维持秩序的母亲们无数次地按这两种观念来作决定，这自然不免总会有些错误，而其多数错误是因为她们过分地想在这方面管理这些儿童而造成的。

这一点使我在这里不得不以教育学眼光作出评论。教育本身的重要工作就在于使青年人的正义感早期就变得活跃起来，使其他良好的训育与管理能毫无困难地自己进行。假如儿童已被允许更多地以他们自己的方法彼此交往，或者适当地允许他们这样交往，那么包括在正义感中的各种道德观念将会在他们中成为最先产生和最自然的观念。因为人们——不管是成人还是儿童——相互交际便会产生那种与道德观念相联系的关系，并且这种关系会自动地丰富起来。每个人都很快会具有一些本身的与为别人承认的东西，他们相互交往，交换多少有一定价值的物品与服务。只有成人的干预与儿童对这种干预可能性的预感会使一切正义的事物在儿童心目中成为不确定的东西，并使它们不为儿童尊重。父亲的善意管教与任何一种专制的管理一样也有这种影响。因此像管理公民一样管理儿童显然是不可能的。但是，我们也许可以为我们自己定下这样的原则：绝不要在没有重要理由的情况下损害儿童之间的现存关系，使他们的交际变成勉强施行的礼貌。当儿童之间发生争吵时，我们始终应当首先了解他们已经商定了什么，他们相互承认的是什么。我们首先应当假定，在某种意义上这一切关系到儿童自己的事情。然后，我们就应当给予每个儿童应有的帮助，绝不让正义受到粗暴的伤害。最后，除了这一切之外，我们应当指出，对儿童最有益的事情乃是每个儿童自动地献出他自己的和他应得的东西，这也就是今后他们在争吵中要采取的一切妥协的主要标准。假如训育已超越最初阶段，那么它就绝不允许学生习惯于把他的正义感作为其行为的决定性理由，只有别人的正义才可作为他的严格的准则。任何人都不许可编造一种正宗的正义；任何人都不许可武断地认定，能以一种更合理的正义代替现存的正义。

“善”这个词使我们想起了“仁慈”。把两者区别开来在这里是很重要的。正因为两者原来是有区别的，且相互独立的，所以尽管两者都不可缺少，但很少以同等力量出现，因此如果仁慈应当成为一种坚定的性格特征，那么两者都必须得到同样程度的关心。这就是说，有必要使性格的客观部分具有像自然感觉那样的丰富的仁慈，而同样有必要在性格的主观部分使仁慈的观念作为道德审美的对象发展成熟。哲学家从来没有给予后者以应有的地位，[①] 只有在宗教学说中谈到这样的格言：除了清静与沉着的反省以外不缺少什么。人类常常遇到的不幸似乎是，这种仁慈仅仅在感情上保持下来，并会像性格由于镇静而变得冷漠一样消失掉。如同我将在别的地方更详细地阐述的那样，[②] 要保持仁慈观念的纯洁性，事实上并不容易。仁慈的性格作为一种感情或良心是不应缺少的，为此应当积极地激发同情心（这里可以不必说明仁慈与同情心的差别）。在这一点上训育与教学相一致，它在这里的任务是使儿童相互有较多的同感，即认识到他们是苦乐与共的同伴。假如我们容忍利害关系的分裂在儿童之间不断出现，那样将要出现相反的效果。但是，另一件事情是，应当使同情和仁慈伴随着某种苦乐产生，使儿童自己认识到什么是仁慈。当我们谈论仁慈时，使鉴赏力理解赞许的时机也就来到了，后者是冷静地思考的必然结果。含有仁慈观念的图画，显示仁慈观念的事实故事可以凭借最独特的个性达到形象化的最高水平。不过它们不应当仅仅通过感动儿童来夺去他们的心，或

① 英国人与其追随者不正是这样吗？我们只需看一看，施莱尔马赫先生是如何轻而易举地驳倒他们的（见他的《道德的批判》一书）。但是像他这样一个把机智同和善结合起来成为一种美好现象的检察官，恰恰容易在这方面感到满足，并由于他在第111页上看到的可笑的东西可能完全忽视探索心灵深处的真正要素，这一点也许是未来的伦理学出版物《现实的启示》才能说明的。

② 恰恰是仁慈与公平这两个观念以往常常被误解了，它们往往需要思辨艺术对它们作正确的说明。

者来干扰他们那种对它们已能表示满意的情绪。假如儿童的易感性自发地把情感与观察结合起来，那么我们便可以高兴地欣赏儿童们可爱的情感的涌现。我们不应当更进一步地刺激他们，而应当和缓地中断我们的欣赏并恢复严肃的态度。除非鉴赏力的成熟性与坚定性出来阻挡，并唤起另一种智慧来，否则这种感情的涌现会消失，且随着儿童年龄的增长而衰退，它们会被他们后来的智慧嘲笑，被认为是年轻时的愚昧，并会被深思熟虑的自我主义准则有力地抑制下去。假如仁慈的性格有一段时间未被重视，那么它是多么容易由于它本身的演变开始腐败起来，这是一种最不愉快的教育经验，自然这种经验是我们根本不希望有的。就这一点而言，我们往往担心通常很好的天性会过早地成人化。

以天性而论似乎存在着两种几乎对立的人，一种倾向于善，一种倾向于内心自由。[1] 善良的人，当别人顺利的时候，他们真正感到高兴，他们自己也往往爱安乐，在感情的种种变化面前作很大让步。坚强的人，不为命运所屈服，而且不想知道什么是屈服，他们只习惯于把屈服者称为懦弱，而且冷酷地谴责他们。这种差异在这里绝不存在于那种产生仁慈观念和内心自由观念的鉴赏判断之中。两种观念是彼此完全独立的，而且正因为如此，它们既不相互支持，也不相互对抗。这种差异却存在于能使上述两种观念的实行或变得容易或变得困难起来的性格之客观部分中。我们应当想到柏拉图的“心灵”与“欲望”两词。那种易感的、有欲望的心灵自身包含着许多乐趣与厌恶，正是在它之中具有积极同情的原则，因而也具有天生仁慈的丰富源泉，并常常还具有性格主观部分对客观部分的服从，而后者乐意为这种倾向提出相应的准则。然而，易感性越

① 在这里我必须请一些读者不要把内心自由想象为超验的自由。只要我们自动地反对我们那种接受义务约束的倾向，我们就会知道，什么是内心自由了。但任何教育学也许都不知道什么是超验自由，因为没有论述过；而我的教育学也不知道它，因为我的哲学是谴责这种超验自由的。

弱，一切活动与活动能力的觉悟范围越大，真正决定性意愿的能力也就越大（这与在上面关于行为作为性格原则一节论述中所谈到的一切相一致），而且为洞察的意愿打下了基础。作为自然感情的仁慈往往是与洞察力一点也不相容的。确切地说内心自由并不是无条件地遵循自然感情。因此，假如缺乏仁慈的观念，那么内心自由将为它的冷漠而骄傲。而内心自由正是如此使热情与仁慈的人有充分理由愤怒起来。因此，这种观念的修养就显得越加必要。但是，关于如何正确阐明内心自由观念的问题，其实，它首先是哲学的任务，然后才是教育学的任务，所以假如我要在这里进一步探讨内心自由观念的话，那么必然会把它说得模糊不清。不过我得指出，我们不应当对青年人太多地谈论其本身观念的统一性，他们应当按照自己的倾向来建立这种统一性。

就实践观念而言，与其说我作了说明，不如说我保持了缄默。读者也许可以推测到，从中可以引出教育性教学的某些更严密的定义来，特别是引出综合教学的定义来。此外还可以推测，只有通过这些定义才能完全说明荷马以后的索福克勒斯与柏拉图及在他们以后的西塞罗①与埃皮克特②等人的读物的教育性质。假如有人在读了《奥德赛》之后接着就想开始读索福克勒斯的《菲洛可得图》的话，那么也许在将索福克勒斯书中的奥得苏斯与荷马书中的奥得苏斯所作的对照中可以提供与此有关的某种启示。假如对于柏拉图笔下的苏格拉底有了认识，正像后者在其《批判篇》与《申辩篇》中表现出来的那样，假如在以后斯多葛派的道德学说引起我们对康德与费希特观念形态的研究，那么我们也就可以问，那种对于教育来说极为重要的积极宗教的历史基础到底会有什么影响。我们自然用不着提醒读者：假如我们不继续钻研这些观点中的每一个，而把它们粗略地混合

① 西塞罗（Marcus Tullius Cicero，前106—前43），古罗马哲学家、政治家。——译者注

② 埃皮克特（Epiktes，前138—前50），古希腊哲学家。——译者注

在一起，那么这是完全不符合教育学要求的。对这种事情作详细说明，不是普通教育学的任务，普通教育学的任务仅仅是引起大家思考，想一想按照它的基本要求，什么是必要的和有益的。

正因为如此，我在这里，对如何通过首先为培养多方面兴趣着想的教学来培养每一种实际观念的问题，就不再展开论述了。但是，也许任何人都根本不可能忽视，怜悯的同情、起支配作用的社会兴趣以及有利于鉴赏力发展的情绪一旦被激发起来并被保持住时，许多观念便一定会自发地发展，因此，实践哲学的精心讲演只需向较成熟的青年人阐明主要概念，并作出严密的定义，以便进一步说明道德的基本原则。

除了必要的教学以外，教师的创造力始终应当在安排与利用各种时机方面发挥作用，使道德感情在这时机中能够清晰而生动地表现出来，并得到锻炼与应用。难道我还需要指出在这些机会中最好的机会是家庭节日吗？应当让教育者注意与参与每一个这样的节日活动。但是，假如我们相信在这种时刻获得的好印象可以从此开始对整个一生不断起作用，相信这种印象对以后的生活具有重要的影响力量；假如我们希望在这样一类心灵活动中能够形成一个人的全部观念形式，那么就犯了极大的错误。虽然如此，对教学授予青年人的一切进行的内部加工，对经验与知识的看法，永恒真理与善的早期观念产生的力量与这些观念的统一，这一切都取决于青年人在这时产生并保持的情绪。

不仅是分散的机会，而且在可能的情况下也包括连续活动，都应当借以使人保持正义感、仁慈和自我克制。就仁慈而言，这样的机会与活动肯定是可以找到的；同样就正义与公平而言，只要在姐妹兄弟与玩伴这样的小圈子中并不完全缺乏占有、追求，乃至有关安排，或者训育不去过分草率地处置他们，那么在这些场合他们就会自行地对正义和公平进行虽然不连贯，但较为频繁的练习。使人内心自由的自我克制不仅在道德本身中，而且在一切可以被认为属于某种鉴赏的事物中，能够找到丰富的练习机会。在这里根本没有必要寻求教育手段，也不需要专断地、无目的地使儿童感到机会贫乏和加重他们的负担，这一切同内心自由毫无共同之处，因为内心自由存在于对认识的遵循之中。但是，我们应当很早地，并以一种不断增强的关切心情，促进儿童区别什么是与鉴赏相一致的和相反的意识，而如此，儿童便有一系列小义务要承担，其广度从争取纯洁性和纪律的努力直到社交关系所要求的注意。我们对儿童的这种义务所作的观察将给他们的心灵造成一种持续而有益的紧张。不过，正是在这些事情上教育者应当防止把训育强调到使儿童的认识不能接受的程度。这里，教育者不应当在训育中过分严重地处理任何一件事情——对于无拘无束的儿童来说小事将因此会完全变得无足轻重——但教育者应当尝试通过温和的督促来达到一切目的。在不得已的情况下可以采取管理的手段。但是，假如在这里把训育与管理混淆起来，假如持续地使用那种偶然使用可以使儿童将毁坏的东西重新建立起来的暴力，并顽固地使这种暴力在一切小事情上发挥作用，假如强化本来只有在儿童冲撞时才应强化的压力，那么，青年人的能力因此而消失，未受教育的野孩子最终因此而胜过过分驯服的懦弱者，这就不足为奇了。

少年儿童还不能评价教育的益处。如果一个 12 岁的儿童从早期开始就得到正确引导，他便会从需要引导的由衷的感觉出发把教育的益处视为高于一切。一个 16 岁的青年自己便开始了谋求教育者的工作，他部分地接受教育者的工作观点，并且把这种管理同教育者不断地对他进行的管理作比较。一个最了解自己、最直接地观察着自己的人，在这种比较中有机会比那种始终作为旁观者的人显然要正确得多，这是毫无疑问的。然后，他会感到他曾经被不必要地压抑了，因而他对教育者的顺从会渐渐地变为对其早年良师的宽容，这一点也是毫无疑问的。但对于这种宽容，他自己希望遭受得越少越好。于是他努力温和地去拒绝训育。假如一方面教育者没有注意到这种努力，另一方面学生也并不常犯错误，自己觉得对自己的检查现在应当落到自己手中，那么这种努力便会骤然激增。但是，无论如何，这种努力总是有增无减的！教育者这时容易产生一种错误的感觉，这种感觉驱使他突然结束他的工作，但是他的义务感阻止他这样做。他将更加少地干预他的学生，更加适当地，并越来越根据学生微妙的、易激发的可接受性条件来进行这种干预。他将尝试做到接触学生性格的主观部分甚于客观部分，并牵引握着缰绳的手，而不是缰绳本身。此外，这时一切都取决于完善地确定原则和纠正原则，借以继续指导学生的生活。因此，在训育几乎消失了时，教学还得继续下去。但是即使教学，其对象也不再是一个具有单纯接受心理的学生。学生将自己进行判断。他在怀疑中开始检验一切；他将进入别的、与习惯思想对立的见解范围，以便摆脱那种在习惯了的思想范围中受到的禁锢。新事物的魅力推动他获得奇特的印象，在这种印象的有利影响下，其头脑中渐渐产生的、以往未被注意的各种观点的细微差别获得表达出来的机会，并有所增长。正是在青年人对身体和交际关系发展具有强烈要求的年龄阶段，教育原则应当考虑这些变化。谁可以在这里保护辛劳的教育工作？谁应当保护它呢？假如不是其内心的正直，不是坚信不疑的真理，不是明晰与深远的智慧眼光，不是比别人与别的意见优越的感觉，不是学生反馈给他的对他关切的由衷感谢，从而使他可能产生这种优越感，那么还有什么能保护这种教育工作呢？当教育者犯了错误时，他应当有勇气来正视他所犯错误的结果，有勇气从这些结果中进行学习。希望这时已长大成人的青年人能够始终聆听别人的意见，希望时间会带给他教育的幻想、教育的启示、教育的烦恼与教育的欢乐！或者希望他能够影响教育的变化，试验与显示他的勇气，他的力量——天赋的、教育形成的和自己取得的力量！

附　录

不朽的赫尔巴特[①]

赫尔曼·诺尔

改革教育学大会以纪念赫尔巴特开幕，这也许是自相矛盾的。但是，促使我们这样做的不仅仅是这样的事实：赫尔巴特的生活与活动是紧紧地与格廷根联系在一起的——在那里他于1802年以教育学课程开始了他的大学生涯；在那里1806年出版了他的《普通教育学》，于1835年出版了《教育学讲授纲要》；在那里他结束了他的生命，而他那荒芜的坟茔就在阿尔巴尼公墓中——而且因为我们还相信，赫尔巴特还活着，恰恰在我们探讨教育学新问题时必须研究他。

教育学学派在其下几代渐渐地变得僵化起来，丧失了其缔造者所具有的强烈冲动，埋没在技术和纯粹的陈规俗套之中，这是所有教育学学派的命运。裴斯泰洛齐、福禄培尔就是这样经历过来的，而赫尔巴特也是这样经历过来的。赫尔巴特学派对教育，可以说对全世界教育，作出了巨大贡献，它以它的方式维护了19世纪德意志运动的精神，并把这种精神传播到海外。然而这一潮流最终淤塞了，仅仅残留下形式阶段这一条涓涓细流。但天才始终是不朽的，有一天他那源泉会重新喷涌出来。我们所了解的裴斯泰洛齐就是这

---

① 这是作者在1948年3月8日格廷根教育与教学研究所改革教育学大会上的报告，选自《文集》杂志1948年第8期。

样的，他今天比以往更有影响，而对赫尔巴特来说，这样一种复兴的时刻现在似乎已经来到了。

赫尔巴特具有完全天然的教育禀性。他那创造性的生花之笔就是教育的精神力量。他的教育学观点决定了他对一切问题，也包括对公众生活的看法。他与其他伟大德国教育家的区别就在于他高度的才智。他仅仅把柏拉图作为一位先驱，此外在德国首先重新认真地对柏拉图进行了研究。作为像康德和黑格尔一样有名望的哲学家，他了解他那个时代的全部教育领域，掌握各种科学，特别是数学与精密自然科学，而且正如伟大的语言学家洛贝克在悼词中说的那样，他还掌握古代语言，“能够非常熟练地口头和书面表达罗马语”。同时，他也是一位杰出的音乐家，在耶拿当大学生时已是一位出色的钢琴手，他创作的奏鸣曲中有一首被发表了。但是，他的心灵从不沉醉于这种客观的文化占有中，如同当年新人文主义和唯心主义学派所做的那样，他从不忽视主观、个人和他的内心形态。尼特勒在 1800 年写信给裴斯泰洛齐说：“在我们时代的伟大思想家中忘记了个人人性的观念，因此他们成了科学的恩人，而不是人的恩人。”而赫尔巴特在这方面完全坚持了人性的观念。他的真正的教育思想首先在于他决不放弃教育学的独立性，正是他第一个充分明确地表达了这一思想。

他维护了教育自身的权力，首先是教育针对国家和政治家所具有的权力：“那些把事物作为认识别的什么手段的人，是永远也不可能正确地认识这事物的；而同样，那些很久以来热衷于治国理论和虔诚的愿望的人，他们后来终于出于失望才想发明教育学——不是去求助教育学——才想发明一种必须是和可能会是那种政治理论支柱的新教育学，这些人也永远不可能擅长教育。”同样，他也反对教派，或者说反对哲学流派，用他的话说是反对派别，也反对想把客观系统性作为教学基础的那种博学，或反对想把人片面地教育成为机器的职业。他认为教育学是哲学必须把它作为一种事实来接受的既成实在，确切地说，必须把它算作一种自然规律的既成实在。而教育学自身的任务如同在《普通教育学》绪论中的名句所称的那样，“尽可能严格地保持自身的概念，进而形成独立的思想，从而成为研究范围的中心，而不再有这样的危险：像偏僻的被占领的区域一样受到外人治理”。关于教育学自身权力的这一真理也是我们今天作为教育者赖以立足的坚实基础。单就这种真理便可使我们比其他势力的下属获得更多的力量，赋予我们能够衡量生活中各种现象的标准，即衡量我们是否伤害儿童心灵或对儿童心灵有所帮助的标准。

“一个人可以树立的目的的对象对于教育者来说是根本不感兴趣的，而教育者感兴趣的主要是成长着的一代人的活动，即他那内在的和明显地表露出来的活动力与积极性的总和。”① 而这就是赫尔巴特确定的并构成他学说真正核心的第二个真理。赫尔巴特把人的这种精神活动称为他的兴趣。人直接感受到的这种兴趣，也就是说不是为了别的目的而产生的这种兴趣，乃是人的精神生活的源泉。“相当广泛地开拓这些源泉，使它们变得丰富起来并无阻地流动，这就是加强人的活力的一种艺术。”赫尔巴特不断地找到对这种自发性的新的表达形式，如“直接活动的这种丰富性”。而这就是他真正哥白尼式的对于教育学说的拨乱反正，正如他曾经说过的那样：人们要求青少年对学习与认识产生兴趣，“仿佛学习是目的，而兴趣是手段。我把这种关系颠倒过来，学习应当为从中产生兴趣服务。学习将过去，而兴趣应在整个一生中保持下来”。即使是最激进的现代教育学也不能超过这一点，就是美国克伯屈的《设计教学法》一书也引证了赫尔巴特的兴趣学说。达到“头脑清醒”，激发对直接活动的兴趣与需要，激发起“创造的好感”，使兴趣伸展

① 原文中这类引文未注出处，而且与赫尔巴特的原文略有出入。下同。——译者注

到成年时代，并扩展到高龄时期，这就是时代赋予我们的首要任务。当学校使用的教材不再取得成功，例如文科中学中教古代语不能成功的时候，那么我们将认识到教育的危险。

如何来激发这种兴趣呢？赫尔巴特十分明确地说：首先通过经验与交际。“有谁在教育中想撇开经验与交际，那就仿佛避开白天而满足于烛光一样！对于我们一切观念来说，那些丰富的、强烈的、具有独特明确性的内容，应用一般经验的练习内容，与实际、国家和时间的联系手段，对于人的客观现状的忍耐心，这一切都必须从精神生活的交际与经验这源泉中汲取。”赫尔巴特也把师生之间的关系视为这样一种交际经验，而训育在他看来首先是“连续的处理工作”。“教育者本身对于学生来说也将是一种丰富而直接的经验对象。的确，他们在课堂上进行交际，在这种交际中至少包含着与太古时代伟人或者诗人所清晰描写的人物之间进行交际的想象。”

这里我们已经在探讨上课，即教学了。从这方面出发来看，教学乃是经验和交际的补充和发展。这种教学是“教育性的教学”。赫尔巴特把这视为完全由他独创的用语。以往人们一直把教学与教育对立起来，而现在他把两者统一在教育性的教学之中。任何教学都应当是教育性的，而任何教育都需要把教学作为其主要手段，因为教学能使儿童建立正确的精神生活。经验只是不加选择地、偶然而不连贯地给儿童的东西，好恶混杂地动摇着儿童；教学应当对此作出艺术加工。

当时浪漫主义学派对卢梭的看法与今天改革教育学的大多数看法一样，认为如果教师能够做到只是留心观察并防止外来侵袭的话，那么儿童的精神生活就会像一朵花一样自己会有机地产生。赫尔巴特生于施勒格尔和谢林这一代之后，他的青年联盟——“自由协会”，来源于费希特学派，是与那时文学—哲学团体相并列的一群有头脑的人，但是，他把自己看作是完全独立于这个协会的泛神论之外的。如同基督教所说的，人并不是靠其天然的力量生存的，而是靠信念生存的，赫尔巴特也知道，精神不是天然的产物，不指望上帝的恩赐，而把良好的精神建设托付给教育。在他早期关于裴斯泰洛齐的教学方法的文章（1804）中，他已经提出问题说："人是否在他自身中具备了教育他的原则，就像在萌芽中已孕育着整个植物？或者人的个性结构是否首先产生于生活过程中？""人是不是那种把他未来的形象与生俱来地带到世界上来的东西，或者并非如此？就他的躯体来看，毫无疑问的确如此，但我们并不是问这个。我们说的是精神、性格、兴趣、整个情操。"人身上的矛盾向他表明，人不是一种纯粹的有机体。人的发展不仅仅是一种进化，而且也是一种后成。"因为人的力量只能发展其所接受的一切，所以关键就在于我们给予什么。"赫尔巴特驳斥了教育与园艺的比拟。园丁只能促进植物预定的进化，"而教育通过向人灌输思想、感情和志向可以深入到萌芽的内部，没有教育也许永远不可能获得这种思想、感情和志向"。裴斯泰洛齐的教学方法比以往任何方法都勇敢和热心地抓住建树儿童的精神，使之获得明确而清晰的经验的责任。"人并不要求一定的气候，而可以在任何气候下生存下去；人可以任意地变成野兽，或成为理智的人，他不断地受到环境的塑造——人需要建造他、设计他的艺术，以使他获得正当的形象。"但是，"这种正当的形象就是，如果他自己知道能够使他满意，如果他被别人尊重、与他们取得一致，如果他与他们组成一个愉快的整体，那么结果便使他能够真正地和起作用地加入到这个整体中去"。这种内容的完善及建设就是教学的任务。

教学如何能够做到这一点呢？赫尔巴特在这方面又有所发现，这一发现是没有时间差别的，它对于任何教学，不管这种教学何时何地进行，都是适用的。精神生活发生在两极过程中，"精神的呼吸"意味着，我们一方面要献身于经验，另一方面必须使它与我们的心灵联系起来，赫尔巴特把这称为专心与审思的交替。这就是精神的生命，精神活动过程的规律，而且也决定了教学论的两极性。

人格的统一不能因为倾心于多种兴趣及其对象而丧失。假如我们把这种倾心的收获不断地归入我们业已获得的认识系统中，那么就不会丧失这种统一。这样的每一种认识并不是对虚构力量的死板的占有，而是我们自己具有的力量本身。赫尔巴特也把它称为“新的器官”，借此我们可以获得经验，观察更深刻，感觉更正确，意志更坚定。这样在我们心中渐渐地建立起一个世界来，正如后来狄尔泰把这称为“业已获得的心灵联系”，赫尔巴特称之为“思想范围”，但这种“思想范围”在他看来也不只是知识的东西，而且是包括感情经验、我们的价值和目的体系的东西。我们并不始终意识到这种业已获得的思想联系，但它作为一种力量在我们身上起着作用，调节着我们的思想、感情与志向。它就是精神生活获得并按照其创造世界的一种形态。赫尔巴特认为：“我们的一切教育努力都会像音乐那样渐渐轻下来，并没有什么效果留下来，假如我们不在这音乐过后把砖头垒成城墙，以便给性格在明确的思想范围这个坚固城堡中提供一座安全住宅的话。”

具有决定性的，也是赫尔巴特所认为的，就是在这种恰恰只能实现精神生活的真正的教育过程中必须使生气勃勃的活动深入到教材中去，使兴趣的直接活动在定型以前一直向前推进。像在身体活动中对运动及其自由自在的快乐是首要的事情那样，在精神活动方面也如此。专心始终是首要的。活动的巨大功能就是无止境地自我塑造，但在加强这种功能时绝不允许失去自由的活力。

当教育改革运动于 1900 年兴起的时候，它是与学习教育和强迫教育相对立的，是想完全听任儿童自己自由体验与探索。改革运动从激发儿童的艺术能力开始，这种激发在这里意味着任何时候首先要使儿童摆脱传统形式的体验。教师的活动及权威应当让路，教学的形式解体了，儿童应当自己探索其世界，同时封闭的班级制也取消了，每个儿童应当有自己的节律并找到他个人的活动形式。教学论在片面强调创造性的情况下按“解放”的极端观念（即极端地让学生个人自由活动）发展起来。赫尔巴特也许会说：个人自由活动其实就是专心。每个人都知道，在这方面取得了多么丰富的教育发明，这使我们的教学方式与我们的学校焕然一新。

但有时候人们觉得在这样的班级中学习好像丹尼尔①处在狮子洞中，由于他缺乏教师的帮助，面对骚乱会像成人一样感到不安。歌德曾经在访问美因河畔法兰克福一所裴斯泰洛齐学校后描述那些片面地被解放的青少年："他们不怕任何人，而任何人都怕他们!"对于那个时代的类似经验以及对于卢梭和赫德尔以来要求让儿童一切都由"自己发现"的改革运动，赫尔巴特认为："他们要求儿童太多了，人们指望他们太多了，而缺少必须给青少年规定什么作为较高界限的认识。"早在30年代初改革教育学的这种局限性已被强烈地感觉到了。蔡特勒写了著名的文章。儿童当时在这种混乱中自己也感到不舒服，甚至对身体有害，他们不满地认为"这里学不到什么"，因为他们感觉不到使儿童精神产生愉快的那种工作方面的稳定的进步和能力的增长。而假如人们在大学中遇到他们，那么就会发现他们会因遇到困难而伤感，他们在这种困难中长大了，这种困难使他们成为各种改革教育学影响的受害者。1931年我在《教育》杂志上发表的《教学论中的极端》一文中已经指出了这一点。这样他们便投向纳粹。在这种教育学中忘记了把活力归纳到审思之中；"统觉的综合统一"，那种在有条理的思维中产生的内在意愿，面对正在产生的联想活动巩固这种意愿，这正如冯特曾经说过的那样，乃是最重要的但也是最困难的任务。我认为，经验活动的积累、明确而牢固的概念及其内部的整理，这些任务今天比以往显得更有必要了。但这种整理工作和有意识负责作出的安排不可能来自儿童自身，而只能出自与引导者良好的合作过程中，出自引导者自己必须具有使性格首先变得真正完满和生气勃勃的决定性能力。

① 德国人常用的姓，泛指一般儿童。——译者注

这种经验活动的积累就是获得牢固的概念，而不是获得预定的系统、授予儿童某种教条或原理，只是使儿童习惯于智力活动的过程，使儿童完全能够从低到高并随时使他们自己能够控制综合的这种功能、对有关联系的观察和对价值关系的经验，而这又是赫尔巴特的深刻见解。他和新人文主义一样并不认为思想经验的高级活动是与日常现实对立的，相反，他“通过让儿童学习按照成人的方式把这种现实看作是一个大整体的一部分”，从而在精确地了解是什么和应当会是什么的整个实在论指导下尝试使“处于现实中间的儿童上升为较出色的人”。使日常生活富有精神活动的意义，这在儿童生活的开始阶段就可以进行了。通过《论对世界之审美描述是教育的首要工作》，赫尔巴特把高级活动引入日常生活之中，这里他认为教学并不是仅仅向儿童提供事物，而是必须始终使儿童同时也了解事物对于高级活动的价值以及两者的一致性。因为赫尔巴特没有把学校和生活分割开来，而是把审思纳入生活，所以他可以使他的教育学对最低年级也发挥作用，并不仅仅成为高级中学教育理论家，而且也特别明显地成了国民教育的理论家。

但是你们将会问：什么是形式阶段和方法呢？赫尔巴特当时看到有各种不同的方法，裴斯泰洛齐的直观演示和要素教学、巴泽多的自由交谈、由已学者作系统讲演和一切通过应用和练习来学的理论。他像莱布尼茨一样认为，这些方法中的每一种只要不否定别的方法的话，都是正确的，并且断定这一切方法的基础存在于通过专心与审思来学习的精神活动过程中。裴斯泰洛齐提出了最重要的方法，让学生经验事物，并对之进行观察。巴泽多的自由交谈解放了儿童的想象力，这种想象力依靠经验得到了很大发挥。赫尔巴特非常重视儿童的这种自由想象活动，因为儿童的创造性主要是在这种活动中形成的。然后就必须使儿童找到规律、价值与用途，最后使之找到的规则在不断更新的经验和练习中得到尝试和巩固。这就是心智活动的过程，这种过程是以某种形式用各种彻底的方法完成的。当高迪希有一次在奥格斯堡中央研究所的大会上阐明自由的脑力劳动理论，并勇敢地批驳赫尔巴特时，他给我们举了他的工作方式中的一个例子，而这种方式却同样勇敢地坚持了赫尔巴特的形式阶段。他不能有别的选择，因为这正是脑力劳动的过程。由于赫尔巴特对这种形式阶段作了刻板的划分，并进行操练——在耶拿莱因实验学校儿童一直可以预计到紧接着什么样的阶段是正确的——因此赫尔巴特学派最后变成了一种死板的技术，但这不是赫尔巴特的过错，或者他只应负极小部分的责任，因为他老年时的著作《教育学讲授纲要》确实已显示出某种僵化成分。在他年轻的时候，特别是在他最初的笔记中（这些笔记如同其他伟大人物的笔记那样往往比完成的著作更丰富），他对每一条途径都是开放的。他在《普通教育学》中指出："使听者仅仅处于被动状态，并强迫他痛苦地否认自己活动的一切方式，是使人厌恶与感到压抑的。"早先他谈道："教学方式的许多复杂现象，在这里使各种各样的意图有充分活动的余地，但不应使本质的东西失去其纯粹的形式。"而在后来《关于心理学在教育中应用的几封信》中他还写道："一个人不得不接受的别人的形式或者提供给他的外来形式越多，他就越来越变得不像他自己。我们并不隐瞒，受教育越多，能想象的时间就越少；范例越多，自己的作品就越少。""有些学生在我这儿受到的教育比指望得到的要少。为什么？我想让人尽可能自己发现。假如他们很少有所作为，那自然可惜！但是，我不喜欢那种与其说是促进自由想象不如说是妨碍自由想象的教学。"

然而这种教学的局限性在什么地方？面对我们的艰巨任务，今天将在何处进一步发展？赫尔巴特认为，真正符合教育学的教育只有同家庭、整个家庭生活以及家庭生活交际联系起来才真正有可能。他觉得学校剥夺了教育思想的自由，因为作为独立的教育学要达到的最终目标——个性、个人精神，在学校中被吞没于群体即集体之中了。这种态度表明了他所主张的、我们今天对他产生怀念的、他认为在教学之外的家庭生活中所具有的大多数活动安排，比如体育。他认为一天的三分之一至一半时间必须让儿童在室外活动。这同样适用于艺术训练，可以在家庭中进行，也可以安排在课外。然而，由于他的教育学还是转向了学校（完全限于单纯的教学方面），因此就必然会是抽象的并停留在智育上的。在他那个时代，儿童还完全生活在家庭中，并在家庭的风俗、经验和家庭教师所指示的环境中成长的。今天，这样的生活被彻底破坏了，我们必须完全从下面重新把它建立起来。我们的伟大任务将是教儿童学会生活。赫尔巴特学派的海曼·利茨已经认识到了这一点。赫尔巴特本人也指出，性格的发展取决于“为青少年建立一种生活方式，其中他们可以按照自己的，而且是正确的观念，进行在他们看来是认真的活动”。但是他不相信在他那个时代的世界上“能够建立重大的普通机构来使青少年进行适当活动”。今天我们看到了幼儿园、全日制学校、勤务营、学生自理组织和学习小组等具有的这种可能性。但是，审思及其汇集与形成，即耐心而坚定地建立一种有规则的精神联系，对此并不是多余的。它们也必须把这种新的生活编织在一起，并创造那种源于生活而高于生活的伟大气质，如同赫尔巴特曾经激昂地（这种激动情绪他是很少有过的）说过的那样：“生活的兴趣应当与能同生活区分开来的心灵尊严统一起来。”

赫尔巴特教育学体系的作用[①]

B. 艾伯特

一、赫尔巴特的教育学体系

赫尔巴特认为，对哲学、心理学和生理学事实的理解是教育理论与实践的重要前提。但正因为如此，赫尔巴特认为教育学的独立性在于它是教育过程的理论，而如何将这种过程实际地组织起来则是它的研究重点。赫尔巴特的教育学体系只能“通过建设性地把每一种教育现象的目的、内容和方法联系起来”加以说明，因为在这一体系中，教育过程在社会决定的目的与内容这一方面同社会—心理本质另一方面之间的辩证关系是很明显的。

在引证了我在《教育与学校史年鉴》上《论赫尔巴特教育学中目的—内容—方法的相关性》一文以后，我在这里想论证赫尔巴特教育学理论体系，并接着通过对赫尔巴特教育学理论起决定性影响的具体思想和政治范畴的论证来说明它的社会作用。

1. 赫尔巴特在他的哲学理论范围内论证了人在原则上所具有的可塑性，诚然这种可塑性是受生理—心理和社会条件限制的。这种可塑性概念成了赫尔巴特教育学理论的基本概念。因此赫尔巴特可以被列入进步的民主主义资产阶级教育家的行列中，民主主义的

① 译自《教育与学校史年鉴》，柏林国营人民与知识出版社 1982 年版。

资产阶级教育家，比如像夸美纽斯和在其创作中处在第二阶段的裴斯泰洛齐，都把一切人的平等作为他们教育学理论的出发点。

2. 赫尔巴特从这种可塑性概念出发阐明了教育理论，即教育过程的理论。这种理论的内在联系是由目的—内容—方法的相关性决定的，它“把一系列教育学知识在科学论上证明可靠的科学整体中综合起来”。

3. 在赫尔巴特教育学结构中目的—内容—方法的相关性反映了同封建专制的普鲁士实际教育政策的分歧。普鲁士的教育政策把教育限制在两个方面：一方面为了保障封建和大资产阶级相对于中等资产阶级的教育特权而在文科中学中较高地评价人文—语言—文学教育，而较低地评价自然科学教育；另一方面对于国民学校来说，为了维护或发展现存的阶级结构而把教育完全限制在基础学科和宗教方面。

这种分歧是受赫尔巴特以下两个基本观点影响的，这两个观点同时也提供了我们历史地评价其教育学的钥匙。

(1) 由自然科学与技术进步推动的社会发展。社会生产力的发展，要求提高公民个人的教育水平。

(2) 教育的社会作用在于首先通过对国民的道德教育维护现存的国家。

4. 从这一点出发，赫尔巴特对教养与教育，对“教学”为一方面同“管理”和“训育”为另一方面之间的不可分割的统一性获得了最彻底的认识，正如在“教育性的教学”“兴趣的多方面性”作为教养与教育目的以及“道德性格的力量”等概念中表达出来的那样。教养与教育目的的这种内在的统一性是建立在赫尔巴特教育学理论所阐明的思想成熟与道德之间的基本关系这一基础上的，这种基本关系是由心理观念机制产生的。

5. “道德性格的力量”这个教育目的把意志的教育作为核心。打上了道德烙印的行为意志把其在思想成熟过程中获得的认识产生的力量同道德规范联系起来。

6. 赫尔巴特在人的全面教育的要求中把以多方面兴趣的培养为方向的教育目的，同资产阶级的进步教育学联系在一起了。赫尔巴特把兴趣理解为必须培养的主动性精神，从而获得了对教育学理论发展具有重大意义的目的范畴，而这种理论发展是与教学计划理论上解决教材充塞问题有联系的。

当时他认为把多方面兴趣作为目的有可能解决这样的社会问题：在 19 世纪科学和技术迅速发展以及社会分工不断扩大的情况下，一方面怎样才能保证达到这个过程在客观上所要求的教育水平，同时另一方面怎样才能达到符合人的本质的那种尽可能使人获得全面教育的理想？全面的精神活动的训练使学生可能做出有目的的行为，并有可能使普通教育向专门化教育过渡。

7. 赫尔巴特把兴趣的培养视为人的主观能力的形式教育，从而低估了全面教育的决定性成分，即教育内容在教育过程中的作用，因此正是他自己给他富有成果的教育学倾向造成了局限性。赫尔巴特没有明确地把一定的学科归入一定的兴趣类别中，因此，就学校类型来看，通过什么样的教育途径达到兴趣的多方面性，是主要靠学习年限较短的实科中学开设的实科课还是靠学习年限较长的文科中学开设的古典语言文学课，这是无关紧要的。

赫尔巴特主观上真诚地追求的人的能力的全面培养，最后由于其形式教育的性质在客观上导致了不同等级的教育。赫尔巴特想通过平衡的多方面性把人发展为一个完整的人，但同时这种完整性是各按其受教育的可能性而获得不同程度的发展，这样赫尔巴特就掩盖了全面培养会由于其形式教育主张导致不同等级教育这样一个事实。在不同发展程度背后，事实上隐藏着不同的教育内容，这种不同内容使那种作为维护阶级社会必要条件的双轨制得以保持下来，并且为了不至于危及这种社会而使增加自然科学教育的迫切性得到缓解。

如果说赫尔巴特出于他的形式教育目的认为教育内容、“教学的材料”在教育过程中只有间接作用，那么不能忽视，他认识到自然科学具有独特的教育价值，它们如同古典语言文学一样“至少同样属于完全的教育”的内容。赫尔巴特强调，培养经济方面后继者的高级市民学校或实科中学尤其应把“实科”作为教育材料，但文科中学也不例外，虽然在这种学校中“实科”相对古典语言文学要有所减少。

8. 从教育内容只具有间接作用这一点出发得出的结果是高度重视教养和教育方法对于个性全面发展的意义。赫尔巴特以教学的形式阶段，清楚—联合—系统—方法，创造了他的教学理论的科学基础。他的这种教学理论至今基本上还是适用的，因为它事实上把握了认识过程的基本规律性，即直觉—抽象—应用的顺序。赫尔巴特借以排斥了以往常用方法中高度重视学生接受能力的一面，而强调了学生的主动性。然而，由于他把教育目的对准兴趣而忽视其同教育材料的密切关系，因此从促进主动性出发发展人的兴趣的这种潜在的进步作用被削弱了。这样一来，从方法角度看来可能实现的全面的科学教育，由于教材选择为社会所决定而受到了明显的限制。

赫尔巴特的教育理论同他的教学理论一样把主动性、道德行为的训练放在首位。如果说赫尔巴特把监督、威胁、压制、恐吓作为消极的教育手段的话，那么反过来必须确认，他追求建立在“情感一致”基础上的师生关系，并基于这种关系把多样性的活动作为真正的教育手段。

赫尔巴特教育学理论中作为系统化成分的目的—内容—方法的相关性，一方面从人的发展的生理和心理过程结构中，另一方面从其社会作用中取得了它们的联系。而后者正是我们要在此分析的。

二、关于教育学体系的社会作用

（一）赫尔巴特的社会立场

确定一个教育学体系的阶级内容，始终是用来评价这种教育学体系的决定性标准。这个问题在对赫尔巴特作马克思列宁主义说明方面同样起决定性作用。

G. 施赖特尔在他的分析中得出结论：赫尔巴特在与封建势力和资本主义势力的分歧中“无论如何并没有站在进步一边”。F. 霍夫曼把赫尔巴特的政治观点归入温和的自由主义，介于正统和自由主义的“政治之间”。

相反，企图掩盖或低估阶级问题，正如后期资产阶级教育史学一再这样做的那样，这在客观上有助于促进帝国主义教育学意图的实现。在对赫尔巴特的解释方面，这种情况尤其可以从 H. 诺尔与 R. 洛赫纳那里发现。他们把赫尔巴特的教育学理解为“教育自主”与“摆脱价值观的科学”的范例。

后期资产阶级教育学的其他一些解释尝试则相反，明确地指出了赫尔巴特个人及其著作的政治性质，例如 H. 波皮克（1905）、T. 弗兰克（1912）和 T. 弗里茨虚（1921），特别是最近 V. W. 阿施穆斯的解释。

赫尔巴特关于人的形象的解释可以作为理解其教育学社会立场的出发点，因为他不仅把人明确地解释为个别的实体，而且也解释为社会的和历史的实体。他指出，我们“全部精神存在本来就具有社会性；我们的个人生命只能是从人的共同生命中分离出来的，前者在后者中获得并将永远获得生存、帮助、条件与准绳”。

赫尔巴特的这一判断驳斥了从纯粹个人或自主的角度出发来理

解其教育学的每一种企图。确切地说，他的教育学恰恰提出了社会批判的解释。

赫尔巴特几乎在其一生的所有阶段看到了国家和社会问题，这早已在他 1808 年的《一般实践哲学》中，尤其在 1819 年发表的文章《论好事——反对教授斯特芬先生》、1825 年《心理学作为科学》的心理学观点中，并再一次在 1836 年《自然法与道德的分析说明》中有所反映。此外他在现实政治的推动下作的一些报告通过对政治时事问题的分析更明确地表达了他的国家观。

18 世纪末至 19 世纪前半叶的德国社会深受资产阶级自由主义势力与容克封建旧势力之间斗争的影响。这种斗争对资产阶级自由主义势力来说关系到保障资产阶级权力，为自由竞争的资本主义发展提供必要活动余地的问题，而对容克封建势力来说，他们力求恢复和巩固他们的权力地位，这种权力地位在法国资产阶级—资本主义影响下，特别是在拿破仑占领时期已经被动摇或铲除了。众所周知，在维也纳会议以后容克封建势力得到承认，并对紧接着出现的、声名狼藉地使一切自由运动遭受迫害的“反动和复辟”的时代打上了他们的烙印。随着 19 世纪资本主义的进一步发展，自由资产阶级，也包括部分民主资产阶级才得到加强，因而能够越来越明确地提出自己的政治要求。封建阶级利益与资产阶级利益之间的矛盾不断尖锐，最后在 1848 年事件中导致了革命的爆发。由于大资产阶级出卖人民群众的利益，革命再一次以反动派的胜利而告终，此后这种反动便既代表封建容克的利益，又开始代表大资产阶级利益了。

德意志各公国的王公们自然总是对巩固其政治权力感兴趣的，而且试图通过使互相抵触的阶级利益得到平衡并通过与大资产阶级结成同盟来达到巩固其政治权力的目的。同时他们依靠正统原则，依靠他们的神圣出身所具有的权力。“王位与圣坛”同盟变成了他们反革命权力政策的工具。

正统原则在浪漫主义的国家理论观中，特别是在“历史法学派”的观点中找到了依据。“历史法学派”的领导人物 F. K. von. 萨维格尼（1779—1861）可以说是其中的一个。在法国革命中自然法在法律上论证了资产阶级解放是合理的，浪漫主义国家理论与这种自然法的启蒙学说不同，它依据的是“国民组织”学说，这种“国民组织”反映在与其相适应的“国民精神”方面，并从论资排辈原则中找到它的依据。自由资产阶级和民主资产阶级要求制定适应资本主义条件的国家宪法，浪漫主义国家理论违背这种要求，具有明显的保守性。马克思在说明历史法学派时揭露了其反动性，指出这种学派“以昨天的卑鄙行为来为今天的卑鄙行为进行辩护，宣布农奴反抗的鞭子——只要它是陈旧的、祖传的、历史性的鞭子——的每个呼声都是叛乱”①。

这就提出了这样的问题：赫尔巴特是如何对待这种国家与社会理论的？他自己的国家与社会理论是如何同他的教育学联系在一起的？最后，他的全部政治著作与教育学著作是为什么样的阶级利益服务的？

（二）赫尔巴特的国家与社会理论

一般地说，赫尔巴特仅仅是十分抽象地来看待当时现实社会问题的。如同对待他的教育学认识一样，他也尝试依据理论原则来说明他的政治观点。这些理论原则可以说只有在我们可以把理论想象归结为实践的情况下，才能揭示其社会的作用，这就是说揭示它们是适应保守势力，还是适应进步力量。换言之，我们不得不比赫尔巴特更为间接地来说明这些理论的具体政治意义。

赫尔巴特在他的国家理论方面如同在他的教育学方面一样是从他的哲学与心理学基本立场出发的。他指出：“国家的逻辑概念就

① 《马克思恩格斯全集》第 1 卷，人民出版社 1956 年版，第 454 页。

是在一定基础上的社会制度的逻辑概念，这种社会制度是依靠唯一的存在于这种制度本身之中的政权得到支撑的。”当他确认这一点时，他既是从逻辑角度又是从伦理角度出发来理解国家的。

这里表明，这种“社会制度”可以与道德标准相一致地转变为一种唯一的“有灵魂的”社会。这样来理解的抽象的国家概念应当作为处在历史发展过程中的具体国家的标准，并可以确认，真正的国家事实上可以在多大程度上取得“有灵魂的社会”这种名称，在多大程度上能达到这种伦理标准。

从逻辑角度出发看，赫尔巴特国家理论的主要支柱就是“社会”这个概念[①]。赫尔巴特把“社会”理解为通过共同目标联合在一起的人群。这一目标是不能由个别人的意志达到的，而是与这一人群的整个意志，即社会的共同意志，联系在一起的。

一方面，这意味着，个别人只要能没有冲突地把各种社会的不同目标同他个人的目标统一起来，那么一个人就可以属于若干个社会。另一方面，这意味着，国家包括了若干个社会——所有那些处于这个国家领土内的社会。赫尔巴特认为国家作为机构具有行使政权保护这些“社会”的职能，即保护各种具有不同利益的人群，从而同时保护每一个人。用赫尔巴特的话说：国家是通过政权来保护社会的，国家的目标是各种在其权力领域形成的或将形成的社会所具有的一切目标的总和。

他的政治观点的唯心主义立场也可以从这一点看出来，赫尔巴特试图把实际利益的冲突归结为心理因素。这就是说，他从他的心理学中引导出国家理论，正如从中引导出教育学一样：“在社会中起作用的力量，就其根源来说，无可争辩的就是心理力量。只要这些力量通过语言与行为在共同的物质世界中表现自己，它们就会结合在一起。它们在物质世界中相互制约，这就是利益争吵和社会摩

① 这里“社会”的概念有“社会阶层”的意思。——译者注

擦的一般表现。”

就伦理角度看，国家，即支撑它的“社会”，乃至各个公民，是通过统一的道德理想和对这种道德理想的统一责任心结合起来的。赫尔巴特的国家伦理观符合他的个性伦理标准。当他像柏拉图一样把国家视为“对于迟钝的眼睛来说可以看得到的”“大字”，而把“我”视为“可以更舒服地看得到的”“小字”的时候，实际上他同意了柏拉图关于个人与国家之间存在着伦理一致性的信念。

像个性伦理学一样，社会伦理学也应当通过早已众所周知的五种道德观念来加以说明。赫尔巴特认为这五种道德观念应当控制“无数理性动物”的共同生活，这就是：法制社会的观念、工资制度的观念、管理制度的观念、文化制度的观念、“有灵魂的社会”的观念。

法制社会的观念是与法的个性伦理观念相一致的，这种观念包含着承认现存法的要求。它的法律出发点是大多数人，他们生活在因其丰富的产品引起争斗的土地上，这就是说所有制问题与占有问题。赫尔巴特国家伦理学的保守倾向反映在这里：他并不想用这种观念来纠正业已存在的占有关系，而仅仅把它作为未来占有关系形式的准绳。这意味着，他不仅维护现存的占有差别，而且无视今后社会内部的财产分配必然是这种不合理传统的直接结果，这种传统排斥了在未来重新开始按照“法”的观念对财产进行分配的可能性。

工资制度的观念试图把公平的观念用于社会的共同生活。报酬与惩罚将与道德动机结合起来。

管理制度的观念可以从仁慈的观念中得到说明。人们应当组织起“普遍的最出色的关系，这就是说尽最大可能使一切人都满意的总和”。

当时的社会矛盾在事实上反映出来了，因此赫尔巴特在这方面说明了仁慈的观念、正义的观念和公平的观念之间存在对立的可能性。这就是说，正义力求保留传统的各种占有关系，而公平力求一种接近均等的分配；可是两者几乎不可能以最大可能使一切人的需求得到满足的方式统一起来。因为赫尔巴特认为个人需求是具有社会造成的差别的，如果探讨一下这些差别的话，那么它们只能使一部分人满意，而这必然要通过剥夺另一部分人的需求来补偿。赫尔巴特的管理制度认为解决办法可以是，一切人都“充满相互的仁慈，把普遍的最出色的关系视为比任何个人利益更高尚的事情”，这就是说，社会利益高于个人利益。

出于这个原因，管理制度首先必须关心公民道德的教养与教育：“现实的人需要这样一种团体，这种团体使他们能够互相理解彼此的目标。因此每个人必须学会理解他必须作出的牺牲。假如管理缺少公众的支持，假如各种认识的手段得不到相应的分配与传播，那么怎么能达到这种理解呢?”

赫尔巴特把成绩原则作为个人“地位”的标准，因此这一原则并不产生于个人活动的特殊内容中，而是产生于这种活动——无论其是高尚的还是低贱的——同社会福利的相关性中。“是否对正义的制度、管理制度、工资制度或文化制度作出成绩，这不能说明人们价值的差别，但是每一项贡献都可以从其对整体的作用出发来加以衡量。这方面也许可以说明贡献大小的区别，从中得出社会价值的差别，从而表明一个社会成员比别的成员更重要。”

因此在具有灵魂的社会的观念中存在着对于社会各部分规范来说交叉性的标准。有灵魂的社会把一国之中的各种社会的意志综合为共同意志、共同的国家意识。

与其说赫尔巴特的国家观既不同于自然法—启蒙运动派契约论，又不同于法的历史学派的后期浪漫主义国民组织学说，不如说这种国家观是这两者之间的一种妥协。虽然赫尔巴特同法的历史学派一样，仅仅因为国家机构的存在而把当时国家的这种历史上形成的机构看成有价值的，但事实上他的国家观更接近于自然法—启蒙运动派的学说。虽然他并不赞成这种学说的基本观点，即国家的产生可以归结为统治者与被统治者之间自愿的和明智的妥协，但他如同启蒙运动的思想家一样深信，在一种按道德规范组织起来的国家中，个人的利益必然是与共同的利益一致的。这种理论毕竟带有民主的倾向，从中可以看出，它体现了作为新兴资产阶级反对封建专制国家的斗争工具的作用。

假如我们把赫尔巴特的国家学说同社会现实联系起来，同那种由19世纪前半叶普鲁士采用的“半封建、半官僚的君主专制”①的形式联系起来，那么就可以确认：

一方面，赫尔巴特无疑是在道德上维护现存国家制度的。在某种程度上可以说，他在评价政治实践方面是接近历史法学派的保守主义的。他希望“我们生活在正统和自由的统治下，这种统治也许能够通过保护我们而持续地给我们带来幸福，只有在这种保护下才可能使我们如此从容地、如此无拘无束地……触及各种政治意见”。或者还可以更言简意赅地说出他的意见：“上帝维护国王！”

尽管赫尔巴特自然也清楚地认识思想与现实之间、实际与未来之间存在的距离，他却仍用他关于“有灵魂的社会”的学说创造一种理论工具，宣称现存政治实际是阶级和睦的实际。因为他认为国家的“共同意志”表达了社会各小团体的利益，从而也表达了各个公民的利益，而这种见解在客观上掩盖了阶级对立。所以他对当时政治现实的态度打上了保守和基本上是反革命性质的烙印。

另一方面也不能忽视，在他所要求的社会福利与个人福利的一致中包含了也可以作进步解释的出发点。诚然他除了在对文化制度作出的解释以外，几乎没有利用这种进步的解释。这种进步倾向在他的政治观点中所起的作用比在他的教育观点中的确要小。这就是说，他那关于个性全面发展的教育理想就政治角度来看在某种程度

①《马克思恩格斯全集》第8卷，人民出版社1961年版，第15页。

上也能起到进步作用；而且，如果整个人道主义的意志与个人的人道主义意志在事实上相互一致的话，也就是说一旦社会不具有对抗性时，那才有可能。

赫尔巴特一方面使他的教育学在社会现实与未来的裂缝中得到繁衍，另一方面也希望教育在现存的关系中对国家产生文明化的影响，从而向国家证明改良的需要，这些可以从他说的话中看出来："责任感、注意各种原因、承认必然性、正义、善、美与效益，除此以外治国艺术再也找不到其他支柱了。完满的安定是根本不存在的。对付巨大祸害的最大可能的保障就在于对整个民族进行道德教育。"

（三）教育学与国家观的关系

在说明赫尔巴特整个著作中关于教育学与国家观的关系时，我们必须考虑到，赫尔巴特的教育学理论一方面是与他的国家理论相一致的，另一方面也反映了普鲁士的国家实际与学校实际，从中可以看出他对于个性全面发展的教育的社会价值和职业专门教育的社会价值的各种观点。总而言之，从赫尔巴特的国家观出发来看，教育学主要有三项任务。

一是个人的普通教育应当适应每个人的能力及本人的生活需要，使他能够达到某种社会地位与个人荣誉，这就是说个人能力的全面发展。

二是个人的专门教育应使他能够达到个别社会集团的某种目标或整个国家的某种目标，这就是说职业或专门教育。

三是使公民树立国家观念的道德教育，这种教育是应当排除侍从、自由民、知名人士和统治者之间的区别的。假如探讨一下赫尔巴特关于教育学与国家理论之间关系的观点（就像他对个人与社会关系的见解那样），那么就可以对上述三项任务作如下说明。

1. 个性全面发展的教育

正如我们已经注意到的，赫尔巴特的教育目的狭义地说可以用“兴趣的多方面性”来加以说明。他把这种多方面性理解为尽可能和谐地进行平衡的能力培养，使个人能够适应从人的属性出发对完美性提出的道德要求。因此，教育过程是为广泛地使个人达到完美化服务的。这种个人的全面性在文化制度中保持了其社会性。这一点是建立在道德上得到证明的，对个人提出的必须在个别社会或整个国家个别社会内保持和谐的要求基础上的，并考虑到不使个别社会成员分工的专门化导致相互缺乏对彼此不同任务的了解，从而破坏社会的和谐。

2. 职业专门教育

不仅是文化制度（为整体完成专门任务），而且包括管理制度（为尽可能满足一切需求而作出贡献）都要求每一个公民对社会作出一定成绩，而这种成绩同时也决定了他在整体中的社会地位。赫尔巴特把对于国家生存必要的人的活动分为六种形式：

（1）原料工业（原材料的获得、收集和提炼）；

（2）产品生产（原材料的加工）；

（3）贸易（销售）；

（4）教育与科学（知识的保持与完善）；

（5）服务（私人服务）；

（6）管理（官吏的服务）。

国家必须提供始终与需要相适应的专门教育，并应当考虑，“必须衡量每个人的工作，以对他的活动表示满意”。

赫尔巴特关于国家对其公民职业教育的特殊兴趣作了如下说明：“按国家的意图，一个班级应当学习属于工商业方面的东西，另一个应当学习属于保卫国家的东西，第三个应当学习属于官吏阶层的东西，第四个应当学习属于科学文化和艺术的东西。国家按照这种观点设立各种学校。”

按照赫尔巴特的观点，国家是以公民的有用性与能力为方针的，由于这种方针以及由于强调国家荣誉，教育过程在教养与教育统一方面受到了限制。因此，赫尔巴特的全部追求在于：只要有可能，旨在使个人和谐发展的教育过程就应摆脱国家的影响。他说："不顾及国家的真正教育，其根本不为政治利益所触动，根本不想使一个人为别人受教育，而是使每个人为自己受教育，正因为这种教育在某种程度上一视同仁地来培养本来有差别的个性，使他们在成熟的时候能够相互结交，所以可以为国家培养最出色的人才，而由国家方面来安排的教育最后会违背国家本身。"

因此，赫尔巴特觉得通过家庭和家庭教师的教育，而不是通过国家的教育，是教育过程的最有利的组织形式，因为只有前者才最能考虑成长着的青少年的个人特殊性。

在这里反映出来的和国家有联系的"教育性教学"与职业教育之间及全面发展与专门化之间的冲突，不仅可以通过赫尔巴特关于教育过程的个性心理的观点来加以说明，而且可以从赫尔巴特教育理论对两个有关方面的看法来加以表达，一方面是他的国家理论，另一方面是关于当时普鲁士国家实际和学校实际的看法。

赫尔巴特通过他的国家理论所表达的国家理想是用"有灵魂的社会"这种思想来表述的，假如说他是把全面发展与专门化的关系同他的国家理论联系在一起的话，那么符合逻辑的结论是：国家必须通过其"管理制度"和"文化制度"对一视同仁地组织全面发展与专门化的教育过程承担责任。

假如说赫尔巴特是把全面发展与专门化的关系同普鲁士国家实践与学校实践联系在一起的话，那么他是从国家责任中推导出旨在全面发展的教学内容、组织以及教学论与方法的，因此赫尔巴特认为国家的任务仅仅是属于教育责任以外的职业教育。这种思想似乎就是解决这种矛盾的可能的出发点，以至于赫尔巴特借以间接地批评普鲁士的普通学校教学质量不高。

总而言之，赫尔巴特追求广泛的全面能力培养，这种教育最后必须归结为专门化教育，使人在分工的社会中保证能得到他特定的位置。

因此，他关于教育学和国家理论之间的，即社会的教育任务和政治任务之间的关系的观点，是与启蒙运动的进步思想相一致的。启蒙运动的进步思想主张保障以个人“完美性”为目的的广泛的普通教育，而旨在使人在社会上成为有用的人的扎实的专门化教育是建立在这种普通教育基础上的。诚然，赫尔巴特由于其主张的保守教育内容而同启蒙运动的进步教育家有所区别。他的教育内容在涉及当时社会具体历史状况的地方可以表明他关于国家和社会的观念。

3. 使公民树立国家观念的道德教育

按照赫尔巴特的观点，国家向其公民的教育提出的要求，也就是说专门化教育，不可能产生专门的道德影响。确切地说，公民与国家的道德关系将产生于较狭隘的教育目的，即产生于“道德性格的力量”，这种力量就是国家生存的“锚”，“最大可能的保障”。

比较理想的是使个人与国家都受共同的规范，即五种道德观念约束。因为赫尔巴特认为可以把具有普遍约束力的德行，诸如节制、节约、勤奋、灵活、平易近人和公民观念等，同五种道德观念结合起来，所以他觉得五种道德观念特别适合用来解决由社会各阶级（侍从、自由民、知名人士和统治者）之间的关系中产生的社会冲突。这种对社会适用的规范的教育完全旨在培养“合群精神”，赫尔巴特认为这种精神是“对社会不可缺少的最大的善”。

如我们所知，赫尔巴特认为性格的道德力量的试金石是行为，即道德活动。在这种行为中，个人和社会的利益必须是一致的。因此需要让青少年超越作为锻炼与活动场所的家庭这一有限的活动范围，也到社会的公共场合去，从中表明国家有义务使其管理制度尽可能保持开放性，并在其机构中把这种开放性同教育结合起来。而学生有必要尽可能形象地体验作为道德关系的国家社会关系。因此教育者应当使成长着的青少年在国家的一切社会关系中处于适当的位置上，并使他感到其生存是完全受制约的和依赖他人的。这样安排的道德教养与教育的结果是教育公民具有国家意识，并使学生理解现存的占有关系与权力关系以及共同的道德的国家理想，而且应当在客观上有助于保证社会各阶级的和谐相处，从而保障国家的生存。

因此很明显，赫尔巴特的教育学同其国家理论之间有密切的联系。他的教育学一开始就考虑到了个人的社会制约性。假如我们要问，怎么来评价这一事实，那么可以说：一方面，赫尔巴特具体的政治的教育意图和措施在客观上具有保守性；另一方面，不能误解那种主观上对他起主导作用的人文主义动机，即试图反对随着资本主义日益发展而同时不断加强的专门化教育及其相联系的个性限制，而强调个性全面发展的人文主义传统。因为他要在使个人得到全面发展和一般发展（其中也列入了对国家的责任感）的同时也授予扎实的职业专门化教育，所以赫尔巴特能够克服新人文主义教育构想在理论上的片面性。同时，当他也肯定在文化制度与管理制度内的专门化教育的职能具有教育价值的时候，在某种程度上他采纳了启蒙运动教育学的认识。因此他可以把“完美性”与“有用性”理解为统一的，而不是对立的。

赫尔巴特对《普通教育学》的自我说明[①]

本书没有前言，此说明代替前言更恰当，因为作者一刻也不想隐瞒他自己在这里所说的。他必须对其著作的学术性作一点提示，而这些对他这本《普通教育学》的读者来说与其说是明确的，不如说是模糊的。

作为科学的教育学乃是哲学的任务，而且是整个哲学的任务；既是理论研究，又是实践研究的任务，同样也是最深入的超验研究的任务和把一切事实综合在一起的理性判断的任务。作为实施技能的教育艺术乃是需要的产物，一般的、迫切的和日常需要的产物，但也是有其他较高和较低要求的多种多样需要的产物，在学校和在家庭中引起不同尝试的多种多样需要的产物，要获得男性和女性的不同经验的多种多样需要的产物。因此，思考着同时实践着的教育者不仅受到了思辨疑问的困惑，而且受到要完全适应某些现实状况所产生的困难的纠缠。教育者使命的伟大之处必然在于：或者使他受到了很大的打击，或者使他受到高度的赞扬。诚然，这种最伟大的使命往往被极轻率地接受，尔后又被抛弃。我们虽然看到有许多教育者，但只有少数将他们的工作视为事业，这种事业不仅要着手去做，而且要努力完成的。

谁想说明阅读本书的正确方法，这里有三种选择可以提供他作报告时参考。或者，他似乎可以先向读者说明教育问题，逐一说明什么是要逐一去做的，比如卢梭在《爱弥儿》中写的那样；或者，他可以把工作分解成各个组成部分，并说明什么是要逐一关注的，

① 发表于《格廷根学术报告》1806 年第 76 期，第 753～758 页。

什么是要必须同时关注的，什么是要持续关注的；最后，或者他可以从哲学原理中推论出作为一种使命的整个教育，并从其内部规律性来说明这种推论，而不拘泥于时间次序与教育类别。这第一种方法较适合于修辞学教师，但最不适合于说明事实，因为我们必须像卢梭那样使心智服从肉体，以便能够想象前进着的智力发展之连续性可以像刻度尺一样划分为等级，只要我们认为身体形成的时期是确定的话。身体可以起延缓和激发作用，也就是说当被延缓和激发的东西在先前出现的时候。但这是心智的特点，心智是可以获取、增长和完美起来的。要事先知道这种完美的时间阶段像事先用“年”这种代表方式来确定未来世界的历史时代一样是愚昧的。不过，一般地观察，在青少年教育中什么应较早、什么应较晚地进行，这与其说是教育学认识的开始，不如说就是教育学认识的结果，就像这第一种方法本身始终是相互联系在一起而不可分割的一样。第二种方法也让人担心由于其被分解而很难获得成功，因为在教育中几乎没有什么工作是可以设想让人从其他工作中完全分离出来的，先进行知识教育，接着进行审美教育，然后进行道德教育。其次进行与教学内容分开的教学论讲解，这是否意味着对偏见的庇护，好像这种教育是在心灵中，如在心理学大纲中写的那样前后发生。但更糟的是作者不能照顾到他与读者的关系，仿佛他让自己去选择第三种方法来做。他究竟应从什么样的哲学系统中推论出教育来？他将毫无益处地将自己的东西放弃掉而接受极不负责的批评。每一个新流派都会遇到公众对它的怀疑，而这种怀疑也会对教育学产生。教育学会高兴能赢得其读者健康与正直的眼光，会高兴可以不考虑它先前一方面能给自由论，另一方面能给大脑结构论留有多少余地。

现代教育学根本不为其想要作为一种思辨艺术作品而骄傲，而且它欢迎那些对它表示敬意，要从头到尾读它的人们再从头到尾读它一遍。在这种情况下也许教育工作部分的某些最内在的联系（在要领方面是可以区分开来的）可以比面面俱到的内容说明能让人了解得更清楚。现在为了不再拖延对本书的说明，因此一开始就可以说，书中一切是有条不紊的，就像法国花园一样。人们可以发现本书的一、二、三、四先成对排列在一起，尔后有交叉的分节。为什么如此迂腐？这一点年轻的教育者是可以回答的。对他们来说没有什么需要比概括出他们必须作出的各种考虑更突出了。相互交叉的分节的关系就像形式与内容的关系。虽然把它们综合起来的联系方式是一切学术性描述方式中最容易的一种，但并不因此而成为不可或缺的。对于教师来说最显著的区分也许是管理、训育和教学之间的区分。这就是本书分成三编的原因。我们可以发现，第一编简短地描述了儿童管理，似乎先说一下就完全可以提出真正的教育即思想教育了。应当训练的是兴趣的多方面性与道德性格的力量，这两种表达构成了第二编、第三编的标题。在第二编中谈到了教学，在第三编中谈到了训育。这就是说教学介于管理与训育的中间，教学的明显特征在于其本身，在教学中教师与学生共同与第三者打交道，相反训育和管理直接触及学生。但纯粹维持秩序的管理也是重要的，在实施中同起陶冶作用的训育也是有区别的。这里“训育”这个词是在非通常意义上用的，如果人们事先确定“zucht”这个词按一般用法本来究竟是表达什么的话，便会对笔者作出谴责的。有时候明显会产生困惑，公共教育不会比私人教育少遭遇到这种困惑，即人们不知到哪里可以找到训育者。本书来介绍这一点，简单地说是不可能的。不过有一点还必须指出，标题只是表明要谈论普通教育学。因此，本书只是提出一般概念及其一般联系。书中既不谈论男子教育，也不谈论女子教育；既不谈论农民教育，也不谈论王子教育。本书也几乎没有谈到学校。必须用完全不同的概念来思考的、自成一体的所谓体育，在这里也完全被撇开了。但完整的概观提到了属于流行思想文化的东西，较多地提到了男子的教育，而不是女子的教育。此外，因为普通教育学概念可能说不清楚关于像我们学校这种特定机构，最后因为它恰恰只允许对早期儿童提出少量要求，确切地说他们必须首先服从饮食规定，所以，如果一位官方报告人向公众介绍说，这本所谓《普通教育学》纯粹只能在家庭教师必须在父母监视下把一个孩子从 8 岁一直教到 18 岁的特殊情况下应用，那么这是不足为奇的。

雅赫曼关于赫尔巴特《普通教育学》的书评[1]

很少有一本像现在这本书那样使书评遭遇如此大的困惑。笔者在这本书中几乎找不到他按书名有理由期待的东西，更不用说找到他正当期待的东西了。这本书宣布是“从教育目的引出的普通教育学”，也就是说由一种原则引出的教育科学的一般理论，这种原则包含科学的实际目的，并把各种科学原理结合在一个系统中。但在整本书中没有提出原则。道德是教育的最高目的，这一点只是偶然地并联系以前的论文提到的，而又是同作者的其他主张相矛盾的。人们找不到对这种偶然提到的目的作的科学推论，因此，这本书仅仅包含了各种各样的心理学、人类学、伦理学和教育学的意见及建议，而没有说明它们同系统教育学说结构的内在联系。这种集大成的分类本身是没有逻辑的。几乎没有一个概念是作了界定的，是作了透彻的阐述和一贯到底的。最后，其语言故意寻觅晦涩难懂的表达和搭配，并常常给人以一种崭新的而深邃的哲学发现的假象，而读者却是徒劳的，他们除了最熟悉的、陈腐的思想外找不到什么。现在书评将使读者相信对本书所作出的这种评论的真实性。

赫尔巴特先生的书从长达 40 页的绪论开始。但这一绪论并没有引导每位读者可从书中得到什么，即引导读者去了解整个学说（按书名）被推导出来的根源，这就是说去了解教育目的，尽管这本书的第一编用了这一标题。作者从这一句子出发进行论述：“通过教育要想得到什么，教育要求达到什么目的，这是由人们对问题的见解决定的。”但因为一本《普通教育学》应当说明的不是已发

① 发表于耶拿《大众文学报》1811 年第 234～237 期第 81～110 栏。

生了什么，而是将发生什么，所以书评期待作者现在提出命题并进行阐述，进行教育的见解必须是针对通过教育想要得到什么，即针对教育目的的。我要什么？我应当要得到什么？我应当要怎样？这是可能的吗？而且我通过什么手段和途径能达到这个目的呢？本人认为这些问题包括了教育者的全部工作和教育科学，因此教育学理论和实践是从这些问题出发的。对这些问题的回答本来首先要把目的与手段区分开来，提出在这门科学的首要基本概念方面占统治地位的各种不确定性，并能够建造起教育科学的学说大厦。不回答这些问题，我们就始终不知道教育和教学（作者甚至还补充了管理与训育）处在什么样的相互关系中：它们是联合关系还是从属关系；是不是共同整体中的部分；是不是在实践中为达到最高目的而共同起作用的手段；它们中的一个是不是整体，而另一个是不是部分；是否一个说出了目的，另一个说出了手段。作者不正确的立场与对某些基本概念忽略不提和忽略不论对我们面前的这本《普通教育学》的整体质量和对各个部分的阐述将产生什么样的负面影响，这将由这本论著的书评来加以论述。

作者谴责大多数从事教育的人事先完全忽略了对教育工作形成自己的见解。在他谈论了卢梭对学生的锻炼和洛克保守的教育之后，便警告想把教育单纯建立在经验之上的做法，但他在详细论述中不是“单纯”地讨论与其他东西相对立的经验，而是根本混淆了一种经验，个别经验与整个对每个教育者始终是重要的经验。作者也警告了最新哲学在教育学上的应用，并希望教育学尽可能严格地思考本领域的概念，更多地培育独立的思想，成为研究领域的中心，并摆脱肯定使其深爱的哲学，我们相信，作者在这里说出了他自己的判断：因为他认为只能把他作为教育学基础的对世界之审美描述视为一种新的哲学命题，而且应当把整个教育学建立在这一描述之上。其次不能忽视，作者如何想把这种不可否认的、原则上是纯粹理性科学的教育学从哲学中分离出来。我们的意思是：没有哲学根本谈不上普通教育学；我们在原则上应把教育学本身就视为哲学。

在得出科学可以视为一副眼镜，没有科学就会失败的结论之后，作者把可以先验地表明人的整个活动可能性的心理学称为第一门科学，尽管心理学远不是全部科学，但他作了非常充分的补充：我们还没有掌握它，在我们掌握它之前需要很长的时间，而在我们能够要求教育者掌握它之前还将要更长的时间。作者相信认识这样一种科学的可能性和困难。我们想问：如果心理学还根本不存在而又说它是教育者的第一门（即最重要的、不可缺少的）科学，那么这究竟有什么用呢？为什么作者不首先着手探讨心理学呢？他是了解心理学的可能性和困难的，而这已是一半工作了呀！此外，我们相信，这样一种心理学对于论证普通教育学来说比对于教育者更不可缺少。作者继续写道："因此，了解我开头说的——通过教育要想得到什么，就显得更有必要了！人们可以看到其所要观察到的东西，只要一个具有良好头脑的人留意观察人的心灵，那么他就会获得一种心理见识。一个教育者应当留意的是什么，这个问题必须像清晰地呈放在他眼前的一张地图一样，或者像一张建筑井井有条的城市平面图一样，在这上面各条与实际相似的路线都同样地相互交织在一起，以至没有事先练习观看，也能一目了然。我在这里就要为那些没有经验而希望知道他们应当寻找并具备什么样的经验的人提供这样的一张地图。(作者在第 10、11 页剥夺教育者所有获得经验的兴趣，这正确吗?)[①] 教育者应当带着什么样的意图去着手进行他的工作，这种实际的考虑，或许暂时可以详细分析到我们按迄今具有的认识所必须选择的各种措施为止，这在我看来就是教育学的前半部。与此相应的还应当有第二部分，就是要在理论上说明教育的可能性，并按各种情况的变化去说明它的界限。但是，直到现

① 括号中的句子是书评作者的插入语。下同。——译者注

在为止，这样的后半部像其必须赖以为基础的心理学一样，只能是一种虔诚的愿望而已。一般人把这前半部作为一个整体，而我自己姑且也得赞成这种说法。”因为这一段表明了这本身根本没有突出一定目的的书的目的，因为它包含了作者的界定与教育学的分段，而且因为它从各方面看是典型的，所以书评必须在这里援引它。作者说明了了解通过教育想要得到什么是极其必要的，并借以限定了他的这本书的范围和内容，因此是不可能产生普通教育学的。相反书评认为更有必要的是要知道通过教育应当得到什么，因此本来可以在这本书中找到比给那些没有经验而希望知道他们应当寻找并具备（为谁?）什么样经验（什么方面?）的人提供一张比地图更多的东西。普通教育学究竟应当是这样的一张地图还是教育科学的理论？在我们面前它既不是一张地图又不是一种教育科学理论，而如果作者请没有经验的人去获得经验，那么他就完全曲解了他的著作。

但最令人注目的是作者对教育学的分段与界定。照他看来教育学分两个部分。一半是现实的，一般可以作为整体的半个部分；另一半是应当存在而直到现在还是虔诚愿望的半个部分。但谁接受对一门科学分段这种虔诚愿望呢？为什么作者不去实现这种虔诚愿望，而送给我们这教育学的第二个半部呢？我们认为要根据已作了很多探讨的科学撰写出一本新书来，本来恰恰必须负有责任地补充还缺少的东西，而不是用另一种话语来重复已说过的东西，通过“直到现在”这句话，作者确实承认有可能在理论上说明教育的可能性，这对科学来说是最重要的、不可或缺的。他也不否认，如果他尝试作这种说明的话，便对科学作出了真正的贡献。但我们要问作者，如果教育的可能性还不清楚，那么是否能谈论普通教育学和引出普通教育的目的？如果他还不相信教育人是完全可能的，那么还会有某一个理智的人接受教育儿童的工作吗？科学和实践教育学能仅仅从现实中推导出这种可能性吗？虽然按经验人是可以教育的，这两者就可以断言人的教育必定是可能的吗？人是完全可以教育的事实究竟告诉我们什么样的经验呢？这就是说孤立的外部经验的事实并不能得出教育可能性的结论。可是作者如同书评一样肯定完全相信教育的可能性。因此两者必须有理由能够先验地说明这种可能性，至少书评具有这些理由，因此他并不缺少教育学的第二个半部。此外，他把这一部分同教育目的的探讨相结合视为第一个半部，或确切地说视为先验地阐明了的纯粹教育科学的部分。作者对第一个半部作的界定一般地说也应当适用于整个教育学。我们觉得这种界定是我们不必作界定的一种模式，但因为读者早已了解这种界定，所以我让读者自己来对此作出评价。本书谈论的科学的另一界定在整本书中没有出现。

分段的第二个半部探讨怎样通过教学进行教育，并包括了关于使学生形成思想范围、关于教育者通向教育职业的途径和关于用来进行教育的手段的许多值得一听的真理。不过遗憾的是作者没有利用这一机会确定教育同教学的正确关系。虽然他承认没有无教学的教育这种概念，就像他反过来在文中不承认没有无教育的教学一样(作者在前言中的意见与绪论中的完全不同)，但我们不清楚他是否把它们视为替换的概念，或者把一个看成是另一个的重要特征，人们是否不能在任何场合说：如果不同时进行教学的话可以进行教育，没有教育是否可以进行教学。作者确实承认，这里的两个概念在适当的场合将有清晰的区分和详细的定义，但我们不管在这里还是在别的地方都找不到。

此书本身分成了若干编。第一编的标题是“教育的一般目的”。但是，作者没有——哪怕用一句话——谈及这第一个最重要的内容，没有一句引言，没有说明对下面分段的理由，便开始论述关于儿童的管理。读者不知道从哪里冒出来这种论述。同时作者在开头承认，人们可能会产生争议，这一章在任何地方都属于教育学范畴，但他并不了结这一争议，并没有说明为什么属于教育学的理由。他认为，他称之为教育的心智陶冶的关心与单纯地为了维持秩序的关心是根本不同的。后者在他看来是管理。但他对教育的界定显然太狭隘了，因此，他说的管理的本质区别也就无法理解了。如果别人这样来界定教育，对学生秩序的关心已可以在这种界定中理解了，那会怎么样呢？在作者看来管理和教育是两个相关联的概念，是整体的部分观念。但它们是这样的吗？而什么是整体呢？后来补充了带形容词的“真正的教育”，在这里对我们是无济于事的，因为没有“非真正的教育”这个概念。而作者也并没有指出真正的教育与管理的本质区别，而只是讲了教育与管理的区别。按照本书下面的论述我们应当相信，作者的意见是，关于管理的这一章根本不属于教育学，因为他想把这种作为教育负担的管理撇在一边。作者说道，但因为也许有人会感到将受到谴责，而他们同作为家长负担的孩子生活在一起是他们职责的最愉快的一部分，所以人们会很轻易地对在教育学中不谈管理的作者说，他不懂教育，因此我们的作者也对此并不缄默。这样的一种结论和解释！但作者接下来认为，教育学的作者必将自己对这样的缄默作出谴责（而原因是什么?），如“把各种不同的工作混杂在一起，就做不好工作；如果把它们完全分开来，这在实践中也同样是不可能的”等等。这就是为什么在教育学中必须谈儿童管理的理由！紧接着作者说道：“满足于管理本身而不顾及教育，这种管理乃是对心灵的压迫，而不注意儿童不守秩序行为的教育，连儿童也不认为它是教育。此外，如果不紧紧而灵巧地抓住管理的缰绳，那么任何课都是无法进行的。”而我们要问：两者之间真有如此本质的区别吗？难道要从教育者那儿夺走管理吗？而究竟谁应当在课上抓住缰绳？如果两者如此紧密地联结在一起，如这里强调的那样；如果一个没有另一个不成，也不应当如此，那么为什么没有任何证明要把它们分开来呢？我们相信，把儿童管理与教育分开来是违背教育目的的。而维持秩序和驯服粗野的不服从者，两者同样都属于教育，因为两者都必须把在同孩子接触中发生的一切调节到不伤害儿童的心灵和道德，必须对他们有促进作用，而且因为有关的手段必须只是根据教育目的而选出来并加以应用的。教育者在他同孩子的所有关系中永远不会终止教育者的身份，他绝不会变成一位警察，始终不会视学生生来就是要成为一个理智的人。他有理由支持他所采取的为维持其学生秩序的一切措施，从而使儿童不是出于外人的压力而是出于他自己的决定去行动。他的原则必须是，在所有场合唤醒信念和兴趣，而不仅仅是要强制。因此他在训练中绝不会说：现在我仅仅是在管理，而现在是在教育，现在又在进行管理和教育；他在同他学生关系中所做的一切，不管是威胁、禁止、表扬、批评、奖励、惩罚还是教学，都是一件事，都是教育。而作者除了威胁、强制和监督等以外不知道其他用来维持学生秩序和抑制粗野的不服从行为的措施吗？通过软化学生性格，通过感化、理智的说服以及在课上有趣的、生动的和清晰的讲解不是更合适吗？这难道不正是教育者手中最强有力的缰绳吗？不仅教育者维持秩序的目的，而且他为此所采取的手段都证明了作者对所谓的管理与教育作出的区分在教育理论中是一种不正确的，在实践中是一种无益的，甚至是有害的区分。

在第一段中作者为我们讲述了“儿童管理的目的”。在作者看来，这种目的（没有提出分段理由）是多方面的：首先是为了避免对他人和儿童自己产生伤害，不仅是在眼前而且是在将来；其次是避免争吵和不调和；最后是为了避免社会参与它没有充分权力参与却被迫要参与的那种冲突。但作者认为，关键在于管理并非要在儿童心灵中达到某种目的，而仅仅是建立一种秩序。而紧接着他却补充道，对儿童心灵的培育是完全不能忽视管理的。我们觉得这整个推理是不确定的，我们认为有必要说明我们为什么完全不赞同他的理由。在第二段中作者讲述了“儿童管理的措施”：第一种措施是威胁；第二种是监督。这方面 50 页后的一处令我们十分费解：“我几乎不敢对监督公开表达我的意见，至少我不想急于表示并详尽地加以阐述；否则，父母与教育者们将会认真地认为这本书势必造成危害。”总而言之，这里的一切是如此捉摸不定，因此没有人能得到一种清晰的认识。作为儿童管理不可缺少的监督，作者几乎没有进行论证，只是指出严格的管理所造成的极其危险的后果，以致在这种危险下每一个教育者都决定宁可完全不作监督；特别是没有让人了解他所提出的特别的、作用相反的各种监督的标准，即很有治疗作用的监督、在儿童早期没有危险的监督、在短期中特别危险的监督、极其危险的长期持续的监督。“在这些可以被视为例外的（特别危险的）情况下，人们必须选择最认真和最勤奋的监督者（笔者认为这并不容易，但接下来的说明也许没有读者能捉摸出是什么意思了），而不是真正的教育者；如果我们越是不能假定在这种情况下可能给教育者施展本领的机会，那么在这方面就越会错用他们。”教育者究竟到世界的什么地方去寻求锻炼其本领的好机会呢？作者对迄今走过的臆想中的新路颇有几分得意，继续写道：“当我进而讨论到儿童管理必须给予儿童心灵以帮助——权威与爱——的时候，我的意见也许又与其他教育家相接近了。”但这种接近足以清楚地证明作者本不该疏远其他教育家。因为如果维持秩序的管理需要儿童对管理者尊重和爱的话，那么把管理者同教育者区分开来，把管理与教育区分开来，这无非是文字游戏而已。在几次不作解说与说明的论断中我们可以看到，只有在管理结束之后教育工作方能开始。至此，我们不得不认为，教育只是根据过程长短才把教育途径分割开来的，因为他断言，不能在没有教育的情况下进行管理。但这方面我们又了解到他是横向分割教育途径的，因此，在进行教育部分工作前，首先必须进行管理部分工作。而谁能使它们协调一致呢？假如作者稍对我们提供一种标记，我们可以借以来判断什么时候可以结束管理阶段，什么时候让位给教育等，那该多好！特别是当他在第三编甚至把训育与教学置于这两者之间而造成更大混乱，以至我们必须对我们的学生一步接着一步地进行管理、训育、教学和教育时，我们更可提出这样的要求。

我们这里跳过接下去的两段，即“以教育代替的管理”“在与管理的对照中看真正的教育”，因为在它们中包含的真理是众所周知的，一知半解与谬误没有多大意义。

第二章为“真正的教育”。作者不愿意参与关于进行过度教育还是根本不进行教育的争论，而是说道：对我们来说，问题仅仅在于我们能否预料未来人的目的，替他早一点把握这些目的，并为他追求这些目的，这样他总有一天将会感激我们。假如是这样，我们便不需要其他进行教育的各种理由了（为什么?），我们（谁?）可以爱孩子们（谁的?），并通过他们也去爱人类。爱是喜欢疑惑不决的，就像爱不希望绝对命令一样。这个问题中的关键究竟是什么?因为这里根本没有谈及儿童教育活动的原因，所以这种结论怎么适合呢? 关于问题本身的实质我们马上有机会可以作出解释。在第一段中作者提出了这样的问题：教育的目的是单纯的还是多方面的?但他接着并不谈教育目的单纯性还是多方面性，而是谈论一个和几个目的。本来他应当先问是否存在着一个或几个教育目的。包含了整个教育学说大厦基础的这一段需要进行特别严密的考察，就像作者指责的思想家那样，他们常常被追求科学的统一性所误导，人为地使那种按其本性而言多样性地并列在一起的东西挤压在一起，并从中作出推论，这自然是其思考力差的论证。但更糟的是：如果故意地放弃对科学统一性的追求，对那种按基本性是相互有关的并构成一个整体的东西不作前后一贯的论证并从一个原则中作出推论。这种谬误（即第一种）在作者看来不涉及教育学（为什么不?），但我们认为，后者更加不涉及教育学。作者承认，感到有这样的需要，用一种思想来理解像教育这样一种工作的整体，它具有无穷多的部分，而各部分又是最紧密地联系在一起的，从这种思想中能够显示出计划的统一性与精力的集中性。教育研究必须得出结果，以便使该结果完全可以得到应用。他认为，这种教育研究结果是不可能没有这种统一性的，于是我们被驱使去要求和假定原则的统一性，从这种原则中期待得到那种结果。我们不想进一步驳斥作者的错误结论，去证明他把结果搞成了原因，把原因搞成了结果，因为如果人们不事先知道原则的统一性的话，就不可能知道教育是一种其所有部分都如此紧密地统一在一起的工作，而且教育学研究的各种结果都必须是一致的。我们在这里主要想指出，读者现在迫切地期待从原则中得到有关原则的提出与论证以及整个科学的推论。但读者读到的不是这些，而是根本不属于这些方面的内容，关键是三点：第一，假如这种统一性原则确实存在的话，那么，人们是否知道在一个概念之上建立一门科学的方法？（这种方法竟如此无人知晓吗？）第二，事实上存在的这种原则是否能真正产生一门完整的科学？（如果不是这样，那么这种原则就不是这门科学的原则了。）第三，这种科学的结构以及它所产生的这种观念是不是唯一的，或者是否含有其他的，即使不太适当，却是自然的、不能完全排斥的成分？然而作者并没有回答这些方法论的问题，而是告诉读者，他在其《直观教学ABC》第二版中可以看得出来的论文里按必要的方法论证了道德是教育的最高目的。读者虽然对在另一本书中说明普通教育学的基础是不能感到满意的，但至少有希望可以找到所期待的原则。然而当读者读到第78、79页上的文字时，这种希望又破灭了："这篇论文本身可以表明，该文中论述的这种联系（道德教育与其他教育问题的联系）在一定程度上没有详细地涉及教育的所有部分，而本来只要它们是存在于这种联系中的话，就应当予以说明。关于我们不能置之不理的一般教养的直接价值，关于这方面的一些其他观点是更迫切需要作出解说的。因此，我坚信把德育置于首位的探讨方法确实应当是教育的主要观点，但不是唯一的观点，不是能概括一切的观点。这里要附带说明，在那篇论文中业已开始的探索应当继续下去，必须直接依靠哲学的完整体系来进行这种探索。但现在，直到哲学探索在某时变得清清楚楚以前，教育还无暇休息。我们更希望教育学尽可能对哲学的怀疑保持独立性。出于这一切理由，我在这里采取这样的办法：使其对读者容易些，不太会误入歧途；使其对科学来说，各点都能顾及。但这对最后作全面考虑与对整体作总结来说，在某种程度上都欠佳，因为有一些问题总会在孤立地作出的考虑中被遗漏，而且在使各种现象达到最完美统一方面也会有这些欠缺的。”

这一处包含了我们这位作者明显的信念，充分说明在这本书中包含的种种缺点。对此我们上面已经提到过了。正如我们在这里发现的那样，作者根本没有一种坚定的出发点。一会儿他说道德是教育的最高目的；一会儿他提出把道德置于首位虽然是教育的主要观点，但不是教育唯一能概括一切观点的方法；一会儿又强调要认识关于普通教育的直接价值的另一些观点，而不向我们说明普通教育及其同最高目的和主要观点的关系，没有说明他自己的观点。因此，我们也不可能进一步了解他所选择的论述途径，而只能从中了解他的一些极不能令人满意的特征。但是，如果割裂开来的思考始终是多余的，而多方面性又缺少最完美的统一，以致作者对于上述思考与概括在某种程度上并无优越性而言的话，那么这就足以证明，这条途径对于“从教育目的引出的普通教育学”来说不是一条正确的途径，因为一门科学的正确途径既不能把思考割裂开来，也不能是多余的，不能把多方面性完全混合在一起。这里应当指出，如果对过程不加论证的话，作者选择的途径不是一条比较容易的并不太会造成误解的途径，因为只有从科学的基本思想出发的途径才是最容易的、最可靠的并且能直接涉及各点的途径。此外，决定作者开辟这条陌生途径的理由完全是站不住脚的，因为道德是教育最高的也是包罗一切的目的。在人的身心本质中原有的东西以及通过教育产生的东西都没有直接的价值，而只有在某种程度上对道德有所帮助。因此，道德单独地决定并包罗了教育的所有部分。在那篇论文（《论对世界之审美描述是教育的首要工作》）中业已开始的探索，如果应当进行下去的话，必须直接依靠哲学的完整体系，而且为什么它不走这条途径，这对我们来说是无关紧要的。道德、道德哲学和教学的成败并不取决于这种探讨。我们十分理解作者，完全知道他想说什么："直到哲学探索在某时变得清清楚楚以前，教育还无暇休息。"然而，它没有必要的休息。书评认为，我们已掌握的哲学如此之多，足以把道德作为教育的最高目的，并借以建立完整的教育体系。但作者无视心理学、真正的教育科学，并在这里也无视道德哲学的影响。他怎么能着手撰写《普通教育学》，对此我们自然不可理解。在缺少心理学、教育科学和道德哲学的情况下是不可能产生一种与这本《教育学》不一样的《教育学》的。对此既不能使"那些有责任用自己的方法去创建教育学的人们"满意，也不能使"那些感到有责任"去把教育学作为科学来钻研的人们满意。

作者在第 80 页上说："从教育的本质来看，统一的教育目的是不可能产生的（作者如何来证明这一命题呢?）。这是因为一切都必须从这样一种思想出发来进行考虑：教育者要为儿童的未来着想。因此，学生将来作为成年人本身所要确立的目的，是教育者当前必须关心的，他必须为使孩子顺利地达到这些目的而事先使其做好心理准备。"我们要问作者：为什么一切都得从这一个思想出发？而他既没有证明这一点，又没有证明这一思想本身，并且对这一必要的理性要求也许不想说什么。书评认为，作者在与他顺便援引的教育的最高目的作为教育学的最高原则相矛盾地提出的，并借以建立其普通教育学的命题，不仅是不正确的，而且是不可能的。一个并非无所不知的教育者怎么能知道学生在未来作为成年人将达到的目的呢？可以承认，他也许能够这样做：使其学生以可能的方式成为他能够成为的人，或者任意地想要成为的人，而不是以其理智决定成为他应当成为的人。即使学生作为成人想要成为魔术师或硬币伪造者，他也应事先为此准备内心的轻浮吗？再也没有比否定理智和道德的目的更不幸的想法了。而按我们作者的思想，在教育学中一切正是从这种目的出发的。因为对他的道德倾向是没有什么可以持异议的，所以是不可能在这一命题上建立普通教育学的。

作者从这一没有理由的主张（从教育的本质来看，统一的教育目的是不可能产生的）和这样一个原则（有各种各样个体就要为教育学提出许多种目的）出发，重新摇摆到显然对立的一种主张上去了。他并不想说教育的许多方面可轻而易举地归纳到一个或几个（如此不确定！）主要的形式概念中去，但他在这里按照他援引的注释仅仅说了逻辑分类，而不是从一个原则出发的科学推理。学生未来的目的范围可以分为：一种纯粹可能的目的领域和一种完全与此区分开来的必要目的领域。前者他也许今后总会把握住并在任何范围内去追求的；而后者，假如忽略过去的话，儿童是决不会原谅自己的（这是必要目的的特征吗?）。总而言之，教育目的是可以按照未来成人——既非教育者，又非儿童——的意向目的和道德目的来区分的。但概念的逻辑分类在这里与我们无关，我们关心的是目的的哲学论证以及从目的出发作科学的真正的推论。撇开我们不清楚什么是未来成人的可能目的，我们现在还不知道它同道德目的究竟有什么关系，它们是从属的还是联合的，这就是说，由于缺少对事物彻底的、哲学的论证，我们仍然搞不清最重要的基本概念，而这些基本概念是为整个科学的统一性和使命服务的。

第二段是兴趣的多方面性——道德性格的力量。1. 教育者如何才能在事先把握学生只有在将来才有可能达到的目的？作者没有解释他提出的概念并回答他提出的问题。尽管每个读者一定完全能联系各个对象去思考那些学生也许在未来会把握住并在任意想象的范围内去追求的只是可能的目的，可我们在这里看到——恰恰是同上述说法发生矛盾的——这种目的的对象作为纯粹意向的事情对于教育者来说是根本不感兴趣的。只有未来成人的愿望本身，乃至他出于这种愿望对自己提出要求的总和，才是教育者本着善意去实现的对象。而学生必须赖以应付其自身各种要求的能力、原始的兴趣和活动，按培养完美的人的思想来看，这些方面乃是教育者作出判断的对象（即能力、兴趣和活动应按完美的人的思想来判断，而究竟什么是能力、原始兴趣、活动和完美的人的思想呢?）。我们甚至看到：浮现在作者眼前的不是个别目的的一定数量（个别目的无论在什么地方都是我们事先无法知道的），而主要是成长着的一代人的活动，即他那内在的和明显地表露出来的活动力与敏捷性的总和。难道这不是十分矛盾的吗？刚刚所述的如何同作者提出的教育基本规律一致起来呢？他有什么理由把这种明显表露出来的活动力与敏捷性的总和称为未来成人也许今后总会把握住并在任何范围内去追求的可能目的呢？这种内在的明显表露出来的活动力与敏捷性（没有它们就没有道德可想）不是像作者把它们归纳到其中别的一切那样属于必要的目的吗？而未来的成人会原谅把它们忽略过去吗？在提出了好几点模糊的见解之后，作者终于在第 85 页上把“必须把过分强调多方面性，即许多事情”（可以这样定义吗?）区别开来的兴趣的多方面性作为教育目的的第一部分，但没有确定把它们归入纯粹可能的目的领域还是必要的目的领域。但“因为意愿的对象、意愿的各个方向（这是一种同位语吗?）都不比其他东西更使我们产生兴趣（这对吗?），所以为避免弱点与优点的并列（这是一个什么样的理由！这仅是一个补充理由，还是多方面教养本身的理由?），我们还得补充一个限制词：平衡的多方面兴趣。由此我们可以得到通常的一种表达：一切能力的和谐发展”。作者之所以摒弃这个通常的表达，是因为他不考虑能力的多方面性和各种能力的和谐发展。这就是说，作者不讲以往教育家所说的和谐地培养学生的各种能力，而讲培养学生的多方面兴趣。书评认为过高估计了这种兴趣，以致会迫使学生平衡地接受多方面性。但因为两个原则说的并非同一件事情，前者意在培养儿童的主动性，后者意在培养儿童的接受力，所以作者不能不加证明地就用他自己的原则代替通常的原则。而他又如何证明我们应当使儿童对一切都平衡地接受与关注呢？本来他不应当涉及能力的多方面性与和谐发展，因为他像其他人一样知道，心灵之所以不能分解为几种力量是因为关于能力的多样性是为了表明它们的不同功能而说的。而如果他今后以谈各种心智状态来代替谈心智的力量表现，那是否会好些呢？明显表露出来的活动力与敏捷性无论如何是不可能以平衡的多方面性兴趣来适当地加以说明的。因为前者表达了我们称之为能力的形式训练的问题。但兴趣的多方面性是明显地指向教材的，心灵是以它为方向的，并为此将使心灵变得愿意接受与关注它。而后来作者自己也忘记了这一点，并谈到了兴趣以及能力。

1. 教育者应当如何把握学生的必要的目的？这一个问题也没有得到回答，相反作者坚决而严肃地提出了道德教育问题。因为我们只能探讨更重要的问题，所以就越过这一段的结论了。

2. 把学生的个性作为出发点。这里谈了关于教育目的众所周知的消极说明，个性被忽略过去了。但我们没有了解到出发点。

3. 关于把上述不同目的综合起来考虑的需要。作者虽然提出了这种需要，但并未谈如何满足这种需要。如果他说“只要不无视事实上存在的多方面的要求的话，我们就不能从一点出发来阐明我们的教育意图，除非（为什么?）我们必须把多方面要求归纳到一点上，作为我们单纯的计划的目的”，那么让我们以我们已经谈过的事实来评论一下这种错误的、自身矛盾的见解吧。谁把握了他整个教育工作归属于其中的一点，谁也就把握了从这一点来阐明其工作的一点，因为这一点在这两种情况下是同一点，只是按我们不同的视角来看成了起点或终点。假如作者完全看到了这一点，即一切教育的唯一目的，并从这一点出发阐明整个教育学说，那么他的这本著作的结构与阐述就会完全不一样了，但他像现在所写的那样，而本来可以不去涉及如此纷繁的教育目的的。他本来也不应当费力去把各种目的统一起来，把所有那些不同的和可能的目的作为达到教育的唯一的最高目的的手段来描述。通过提出“个性是否与多方面性相容呢?”“个性与性格的关系如何呢?”“多方面性怎么能接受道德的严格限制呢?”“道德的谦恭所具有的庄严朴质怎么能容忍五光十色的多方面兴趣来文过饰非呢?”等问题，同样，通过说明个性是突出的，多方面性是平面的、没有棱角的和圆滑的等，困难便毫无好处地堆积起来了，但不仅在这里，而且在下面几段中也没能使人满意地消除掉。作者用矫揉造作的语言打扮起来的阐述是完全不适合用来使人进行对最容易理解的事物产生明确的认识的。因此读者既难于了解个性多方面性和性格的概念，又难于了解它们的相容性，作者的结论是:“个性越广泛地与多方面性融合在一起，性格就越容易驾驭个人。”

第二编“兴趣的多方面性”，第一章“多方面性的概念”。尽管作者在第一编的几段中已谈到兴趣的多方面性，而在这里还没有先对这些概念作出界定，只是通过标题提到了概念问题。关于多方面性我们只能了解到：也许在语言习惯中还没有赋予“多方面性”这个词以充分明确的标志，有人建议用全面性来取代它。作者也许以后将成功地把多方面性的一切主要方面完全列举出来，可以使人相信多方面性是最贴切的表达（原因非常不能令人满意)，并在这里把多方面性的主体和客体区分开来。假如应当解释概念的话，我们认为，作者本来必须先解释“兴趣”这个确定的概念，然后才是“多方面性”这个确定“兴趣”的概念。但现在这里完全颠倒了，因此我们无法理解多方面性究竟要表达什么和标志着什么。在作者完全出乎意外地描述了轻浮之后突然称:“现在我们已做好了进一步阐述的准备。”（专心和审思）没有人看出作者对什么做好了准备，通过什么做好了准备，作者如何从多方面性出发谈及这两点，因为他事先没有一句话来引导一下并把它们分成两点。我们又白白地期待作者对它们的定义了。因为作者是用如下一些话来打发读者的:“谁曾经热衷于人类艺术活动的某一种对象（也就是非自然的对象)，谁便会知道什么叫作专心。”接着他还谈到了专心与审思。

对于这两者我们还读到如下一些："人格……依赖于审思。各种专心活动是相互排斥的。正因为如此，它们也排斥那种必须借以使它们统一起来的审思。"（必须？为什么是这样的呢？如果审思必须使各种专心统一起来，那么它们不会排斥审思。）"我们所要求的专心活动不能同时产生（这是什么?），它们必须逐个产生。首先是一种专心活动，接着再有另一种专心活动，然后它们才在审思中会合起来（这里可是同时发生了）……但是，这取决于当各种专心活动会合时产生什么结果。（究竟产生什么?）假如各种专心活动把某些矛盾的事物凑合在一起的话，那么就绝没有可能产生纯粹的审思（现在读者明白究竟产生什么吗?），因此也不可能有真正的多方面性（究竟是什么？作者代之说什么?）。"书评完全不能承认通过这所有的推理已经得到了科学，即使是很少的科学。在他看来，从一切对审思和从中产生的多方面性的专心及其会合和渗透中就会得出这种浅陋的思想来；人必须大量地和尽可能彻底地思考，并把他在意识中想到的同有序的整体结合起来。作者不想让许多心灵力量起作用，然而他论述多方面性、专心、审思等，就像论述各种力量那样，并使心灵的各种活动和状态人格化，从而使他的语言在极简单易懂的思想方面变得抽象与难懂。整本书提供了这样的证明。接着是下面一段："各种专心活动是应当交替进行的，它们应当相互转化，并过渡到审思；而审思又可变为新的专心。但就其本身而言，每一种活动自身都是静止的。静止的专心，只要是纯正而明确的话，是能够看清楚各个事物的。（作者在这里是不是陷入专心太深了？书评至少必须停止跟着他去讨论专心，只要是纯正而明确的话，是能够看清楚各个事物的专心。）因为只有将一切在提示中会造成混乱的事物撇开……专心活动才会是明确的。（这不就是说，专心会变得不纯正吗?）……静止的审思可以看到许多事物的关系，它把每个个别事物看成是这种关系的一个成分，并处在恰当的位置上。"现在终于出现了一些定义。这些定义作者通常是觉得厌恶的，但读者一定会对此觉得可笑。“一种丰富的审思活动产生的最好的次序叫作系统……审思活动进一步就是方法。”作者说，许多人用这个词，但不知道它的实质。（我们怀疑，许多人现在是否学了它。）“这件困难的工作大体上可以留给教育者去做。在方法上控制自己的教育思想，这是必不可少的。假如眼前这本书没有使人感觉到这一点，那么它对于读者实在没有什么裨益了。”书评必须肯定，这本书使读者感觉到了这一点，但不会表扬作者。

第二章“兴趣的概念”。按作者的看法，当人类活动的萌芽似乎被掐断的时候，当虽然不阻止内心活动的各种表现，但也许阻止了其极端表现的时候，兴趣的概念便产生了。作者讲这些话时到底在想什么？他至少表达得也许使任何读者都无法在这里想到什么。“一、兴趣与欲望”。“兴趣处于单纯的观望与着手进行之间。……兴趣则在观望中形成……只有在兴趣已知觉的东西突出地占有一个人的心灵，并由于某种原因在其他观念中起作用的情况下，兴趣才高于单纯的知觉。”同样这些特点和比较不能使我们知道确定的概念。“二、注意、期望、要求、行动”。其他被激发起来的心灵状态也就这样被提出来了，但像通常一样没有任何区分和理论依据。令人注目的是作者把沉湎于欲望的专心称为“不光彩的”，因为这种专心按作者自己的意见乃是向活动的一种过渡。接着的第136页处是为作者尝试推论服务的：“具有耐心的兴趣绝不可能会过分丰富；最丰富的兴趣最易于保持耐心。在兴趣中，一个人可以容易地去完成他的各种决定，而且使他觉得到处都很容易，并不会因为有其他要求而取消他的计划。”读者，现在一下子把所有这些概念，即多方面性、审思、纯粹的审思与丰富的审思、专心、静止的专心、纯粹的专心和单纯的专心、审思与专心、清楚、联合、系统、方法、耐心的兴趣和丰富的兴趣、欲望、注意、期望、要求和行动等，并列在一起。试问，他是否认识了它们的相互关系及其同须受教育的主体的关系？他是否能把这些应为说明多方面兴趣服务的概念综合为能理解的原理？

第三章“多方面兴趣的对象”。每个人都相信，现在作者将论述兴趣的对象了，因为他说：“兴趣就是专心所追随的、审思所积聚的对象。”接着说：“现在我们便应当涉猎兴趣的范围。”但他直接补充道：“但我们是否要列举有趣的事物的数量呢？我们是否为了不忘记在有用的课题目录中的值得了解的题目而迷失在课题中呢？这里有一种沉闷的困扰气氛向我们袭来。”我们又一次读到：“观点上的小缺点是应当更正的。不要在有趣的事物中忘记了兴趣，不要对事物作分类，而应当对心理状态作分类。”书评必须承认，笔者觉得这种说明完全是滑稽可笑的。这里只能是讲作者观点上的缺点，因为如果他答应论证感兴趣的东西的话，那么人们只能把兴趣的对象，而不是主体感觉中的兴趣想象为心灵的一种状态。即使人们对心灵状态进行分类，那么就像作者在第一段谈及认识与同情那样，或像我们可以表达的那样，认识着的心灵和同情着的心灵状态虽然可以视为思考的有趣对象，但作者并不谈思考，而是把认识和同情作为心灵状态——兴趣的对象。但这到底讲了什么？指的是什么？作者根据什么把人的心灵状态分为认识和同情这两种？它们同第三种心灵状态——兴趣关系如何？它们两者是否应当是第三种心灵状态的组成部分？这可能是如此，因为它们是兴趣的对象。“二、认识与同情的成分”。书评在心灵状态的成分中完全想象不出什么来，因为不知道这些成分究竟是什么。关于被称为认识的心灵状态是多方面性、它的规律性和美的关系，关于被称为同情的心灵状态是人类、社会和两者对上帝的关系。也就是说，社会如心灵状态的一个成分，难道就是同情吗？书评承认没有能力在其中找到某种意义。由于作者把这些成分列为心灵状态的对象，因此事情就变得更为混乱了，因为他说了多方面的认识、对人类的同情等等。而他究竟是如何获得这些成分的呢？他说：“因为我们只讨论多方面，所以我们就不必费心去论证其分类理由了，而只需探讨各成分之间明确的对比。试想：除了下列各项以外，还有什么呢?”可用什么理由去打发读者呢？为什么它应当仅仅是多方面的？是否应当任意地接受这些成分的种类和数量？我们同样不了解这些成分的对比与特殊差异。多方面性与其规律性是否处在纯粹的对立之中呢？规律性表明了属于多方面性的东西。同样人类的概念确实存在于社会的概念之中，它们如何能处在对立中并特别不同的呢？

第四章“教学”，“把人交给自然，或者甚至把人引向自然并让自然来训练，那是愚蠢的。因为，什么是人的自然本性呢?”这里作者完全混淆了自然与人的自然本性，而且也没有回答提出的重要问题。“一、教学作为经验与交际的补充”“二、教学的步骤”。在这两节中出现了一些即使不是新的，却是值得一听的真理。不过遗憾的是，作者完全用模糊的语言和对兴趣的随心所欲的分类勉强地论述这些真理。第 150 页上说的一些只适用于糟糕的教学。为什么作者把观察与教学对立起来？观察不可以与教学结合吗？每种好的教学方法不需要观察吗？究竟为什么应把压力与教学结合起来，而不同观察结合起来？对于现实情况来说，学生去自然界观察还是去教室中听课不是一样的吗？但作者本来就不想把观察同教学对立起来，而想把经验同教学对立起来。但这些与教学并不处在对立中，因为经验起着教学作用，而教学又可以重新进行得好像学生自己在经验一切。为什么第 151 页贬低教学，而第 154 页又抬高教学？结论如下：“教学一般应当：指明、联结、教导，给予哲学的观点。在有关同情的事项中，教学应当是：直观的，连续的，令人振奋的，深入现实的。”为什么教学应当这样，而不是那样，而且不多不少，这些问题作者又没有予以证明，而只是说，这些话是不容易说明的。但这能说这是科学的论述吗？“三、教学的材料”。“教学的材料存在于各种科学中。……每个人应当自问：在其知识范围中，什么是属于纯粹认识的，什么是属于同情的。”但作者在第 179 页作为回答所说的并不包含心灵状态，而是诸如数学等科学对象。这种接着出现的离题无助于读者了解教学材料。假如作者想要联系由他作的关于认识与同情的心灵状态的这种区分来提出教学对象，那么他本来应当对此作出分析，但是，难道应当按照认识与同情来包含知识对象吗？难道不是一切知识都属于认识，而同情不是与一切知识相结合的吗？按照我们的观点现在是不清楚的。由于作者毫无理由地从兴趣的多方面，甚至从各种心灵状态出发，对教学作分类，现在又在科学中寻找教学材料，勉强地让心灵状态去适应它们，因此读者陷入到了作者何等的混乱与矛盾之中！如果本章第182页关于教材的言论让读者到下一章“教学的过程”中去了解关于教材的论述，这是不符合逻辑的。至此，我们在关于教材方面除了知道它们存在于科学中之外，一无所获。第182页说：“教学涉及事物、形式和符号。”这里说了什么，是极不令人满意的。第182页称形式为“普遍现象”，第186页称形式为“抽象”，第188页称形式为“在事物中相互平行的个别特征”。“各种事物对于孩子来说，只不过是在抽象过程中得到概括与分类的各种特征的既成组合。”而接着称：“不幸的是没有人真正认识到具体事物可以作为各种特征的组合来理解。”所以世界上除了作者以外没有人理解这一点。但作者怎么能说明事物对于儿童来说就是这种组合呢？“四、教学的方式”。对于这个重要的概念，如果我们把它同教学方法作比较的话，则显得更重要了。但作者对此几乎不置一词。开始说：“方式在任何地方都不受欢迎。”然后说：“但愿把任何矫揉造作的方式排斥于教学之外！”最后又说：“教师在确保正在进行的工作能顺利进行下去的范围内，可以给学生最大限度的自由，这种方式乃是最好的方式。教师始终只要使自己以及学习者双方都感到满意即可。”这建议究竟想说什么，我们无法理解。

第五章“教学的过程”。作者只答应作一简单概述。在前一章中已论及了教学的步骤。而这里是以“教学的过程”来命名新的一章的。我们相信，这两个对象属于一章，因为我们觉得步骤中的过程也是过程。“一、单纯提示的教学—分析教学—综合教学”。提示教学的规律是作了清楚的说明的：“描述应使学生相信所描述的即其所见的。”但完全不明确的是：“分析教学更多地依靠其本身的力量，所以也能更多地具有普遍性。”其次是：“分析教学通过分解其所遇到的特殊现象，上升到一般的领域。……由于分析教学可以上升到一般，因此它有利于，也有助于作出各种判断……综合教学是建立在它自身的基础之上的，只有它能够承担教育所要求的建立整个思想体系的任务。”联合性的综合虽然被认为是最普通的一种综合，但作者对此没有作出说明。作者把与这种完全不同的方式称为是真正思辨的综合，并除了说明它基于关系之上外，没有作其他解说。但听起来很特别的是作者作了如下直接补充：“但是关系的方法还无人知晓。教育学（如果无人知道，教育学又如何知道呢?）没有揭示这种方法的使命（为什么没有这种使命呢？如果它已有使命谈论思辨的综合的话）。同时对自然抱一种严肃的批判态度也不是儿童早期要做的事情。”最后一点想说什么，为什么放在这里说，这是我们所不能理解的。其间在这一节中作了一些极好的说明。特别使我们满意的是作者关于教学的论述，说教学应综合地培养同情。相反，直接强调与没有任何依据的论证是关于语言教学和在这方面古典读物的有关论述。同时，书评也不能同意的是：分析教学和综合教学根本不是对立的，不但从教学对象看，而且从应用它们的时间角度看都如此。作者仅仅说：“综合教学必须很早就开始，而其终点却是找不到的。”第 230 页上说：“假如聘请教师太迟，而他似乎也没有发觉被延误的儿童并非变坏，那么他就应放弃希腊语著作，而更多地依赖分析教学。”什么样的教师能根据这一点来工作呢?

现在谈到了在上一章阐明的关于分析教学和综合教学概念的联合应用。“二、教学的分析过程”。作者把它分成 6 项：以经验、思辨、鉴赏、对人类的同情、对社会的同情和宗教为标题。“三、综合教学的进程”也同样。因为可以不作节录，所以我们请读者自己去读这两节。“四、关于教学计划”。“教学计划就是这种机会的准备（就是在上述这些序列中出现的东西可能纳入教学的时候）。”从整一节中一个人很难学习到什么是教学计划，如何制订教学计划。作者又谈到了分析教学和综合教学，在这里发表了一些出色的思想。但如果作者觉得（在关于工作连续性的第268页）最有经验的教师似乎还需要获得经验，那么这表明自己缺少对有经验教师的了解。常常有一些极平常的和众所周知的事物对作者来说显得如此新鲜，好像在他以前没有人想到过它们似的，因此他十分着重地讨论它们。例如，他说：“应当明白，在一种严格教学的一切外部条件中，头等重要的和绝对必要的是（是什么呢?）；每天为同一种课业安排一课时!”这究竟说明了什么样的重要真理?“但是无论什么样的教学计划，假如它所提供的机会得不到利用的话，就会成为泡影。”这是不是说，不实施的教学计划就是无用的吗?在这一节的最后几页作者自己也不可能理解。“一切教学计划中最空洞的（第272页上这样说）莫过于为全省与全国拟定的办学计划了，尤其是校务委员会拟定的那些空泛的计划。这种计划在制订之前，学监未曾听取每个学生的愿望，未曾考察每个学生的优点与弱点，未曾了解他们相互的私人关系，并借以为计划准备应有的参考资料。”我们可以说每句话在这里透露了作者自己既没有当过学监，也没有拟定过各种办学计划，既没有在校务委员会中提出过建议，也不了解学校，特别是不了解学校组织和系统，而是在没有任何知识和亲身经验的情况下作出判断。首先作者把学校教学计划同课程表混淆了，因为明显地他从教学计划出发谈到的事情只适合于课程表的一些情况。此外，全国办学计划并不像作者所说那样空洞，而恰恰相反，必须为全国（由谁来拟定?这里不是决定的地方）拟定一个一般的办学计划。假如确定目标使每个人感到困难，假如普通人的教育应基于民族性之上，也就是说假如应由学校教育来促进国家教育的话，那么这个办学计划应当包括整个学校系统和各级各类学校，并以一个目标把它们统一起来。但作者想如何来制订办学计划呢？每一所学校应有一个特殊的教学计划，并按照每个人（也许每个教师）的优点和弱点、愿望和私人关系来拟定。这将是一个多么五花八门的、摇摇摆摆的计划呀！各所学校的教学计划会有那么多不同！作者关于这整个工作的观点显然是不正确的。学校不是为教师而存在的，它是有其确定目的的，国家是根据其利益，或者民族根据其自身民族教育来组织学校和建立各所学校的。因此教学计划不是为了使教师高兴，而是为了学校和为了要达到目的而拟定的。不仅学监，而且整个校务委员会也是由教学委员会选出来的。这里以及关于学监的要求的一些论述至多是针对教学计划的实施而言的，是针对课程和课时分配而言的，在这方面每个负责的学监将考虑教师的能力和愿望。但这种考虑与限制不属于一般办学计划，也不限于由谁来负责。因此，作者对国家干预教育事务的判断同样表明他把计划同实施、把道路同走路的人混淆了。

第六章“教学的结果”。作者把心灵的充实解说为是这种教学的结果。“一、生活与学校”。第 288 页对心灵状态作了极差的描述：“在心灵中，生活的乐趣是与内心崇高的感觉一致的，后者知道如何从生活中解脱出来。”“二、对青年教育期结束的考察”。作者在这里把教学的结果视为同性格培养的结果紧紧连在一起的。随着真正多方面性教学的发展，性格的正确方向也就被考虑到了，“但性格的稳固性、坚定性和不可伤害性又是另一回事了”。作者想对这两者作充分的说明，好像没有一定的心理学与实践哲学前提也是可以的。但书评的意见是，没有这两种科学的前提根本不可能充分解说清楚，不论是解说性格形成还是教育，都一样。

第三编论证的是“道德性格的力量”。第一章“究竟什么叫作性格”。我们不了解为什么性格要通过形象的表达、意志形态，而不是通过性格的特性来说明。我们不了解性格的消极部分，因为就决意不要的来看决意不要即意志，与决意要的是一样积极的，不要与要（意志力的表现）是一样的。但有欠缺的意志，就是说某一种意志，是根本不存在的，也根本不能用什么去命名，无论是“决意要”还是“决意不要”。根本不存在的东西，也不可能有形态，因此缺乏的意志也没有性格。“一、性格的主观与客观部分”。作者说：“有一种由来已久的怨言，说人常常好像有两个灵魂。观察自己，可以了解自己，会使自己满意，并指导自己。但是，在观察之前，当他沉浸在事物和事物外表之中时，他已经有了一个意志，有时也已经有了一种非常明显的性格特征。这就是性格的客观部分。观察着的主体，以一种新的、在完全不一样的心境中产生的意志对这种客观部分表示认同或不认同。”我们觉得作者在这里混淆了各种概念。我们把意志同欲望能力区别开来，把前者理解为根据对规范的观念自我决定行动的能力，为了表明人有一种意志，这方面应包括他必须意识到他自己和他所具有的规范理性，因为只有在意识中，只有带着意识他才能作出自我决定的行动，没有意识，他将被不是他自己的别的什么来决定，因此我们不能说，他要这样。这就是说，人在观察自己、了解自己以前（按作者意见，这时他还沉浸在事物外表中），他虽然可以有欲望和习惯，但没有意志以及性格。因此作者觉得值得注意的性格的主观部分与客观部分的区别按我们的见解是毫无理由的。他说的客观部分并不如他所认为的是一种旧的意志，观察着的主体在用一种新的意志充实着它或与它对抗，而是每一种客观意志部分，这就是说作为习惯或天然欲望超越人的自我意识来决定他行动的东西，恰恰是我们称之为意志的对立部分。因此，我们不能说人有两种意志：一种是客观意志，另一种是主观意志。作者称之为客观前提的东西，不是别的，就是人在其中没有它的帮助通过清醒地了解自我意识来认识自己的力量状态和倾向性。自然教育者必须关心的是，不使恶的倾向由于无节制的欲望和不良环境扎下根来，并给以后的理性意志决定与性格形成造成困难。但他必须作为道德教师，并且既注意个性的主观性，又激发起自我意识，并帮助他的学生建立良好的意志。有谁想把教育与道德教导分割开来并让它们相继进行呢！“二、意志的记忆、选择、原则、冲突”。第二章“论道德的概念”中的“一、道德的积极部分与消极部分”“二、道德的判断、热情、决定与自制”，第三章“道德性格的表现形式”中的“一、控制欲望和为观念服务的性格”“二、可被决定的部分与决定的观念”“我们所要忍受的公正”“我们所要有的善良”“我们所要做的内心自由”，第四章“性格形成的自然过程”中的“一、行动是性格的原则”“二、思想范围对于性格的影响”“三、素质对于性格的影响”“四、生活方式对于性格的影响”“五、对性格的道德形态有特别作用的各种影响”，等等。

书评多么愿意详细地检验一下所有这些概念。它们在笔者看来属于心理学和哲学部分，而在作者这里没有任何论证，并且大部分根本不同教育学联系起来就提出来了。但笔者知道篇幅有限，因为笔者相信必须对第五章、第六章关于训育问题作一些述评。在我们的作者看来，训育是教育的主要部分，教育的名词是根据训育与牵引两个词来的。作者接着说：“通常人们把教育本身与教学作对照，而我曾经把它同儿童的管理作过对比（这我们已经知道）。为什么有这种差异呢?”这我们还不了解，而我们却读到了如下捉摸不定的见解：“教学的概念有一个显著的标记，它使我们非常容易把握研究方向。在教学中总是有一个第三者的东西为师生同时专心注意的。相反，在教育的其他一切职能中，学生直接处在教师的心目中，作为教师必须对他产生影响的实体，而学生对教师须保持一种被动的状态。因此，首先使教育工作者费力的事情是：一方面有需要教授的科学，另一方面有不安分守己的学生，这就是教学与真正的教育之间作出分工的原因（然而管理与训育待在什么地方呢?）。因为我们肯定不可能把管理算作教学，所以它必须被悄悄地纳入到这种真正的教育中去。如此，明确地应维持秩序的教育，在教育学中似乎不可避免地必然要提出处理秩序混乱的原则了。”书评确实不知道，作者对这些推理在想什么。这是确定概念的方式吗？是否应当把这种方式列入应有的关系中去呢？在各编早已论述了教育与教学之后，这里是阐述区分理由的地方吗？假如作者在这里以他独有的名词在谈论，那么显然表明他在教育学首要的基本概念方面存在着完全错误的观点。造成教育工作者费力的原因正是教学与教育的这种区分理由。但即使我们进行教学，造成费力的原因并不总是儿童！是的，教育工作者并不因为科学而费力，而是因为儿童而费力，教学作为突出的特点发生的第三者是基于错觉之上的。因为不是为了科学而进行教学，而是为了使儿童发展他的心灵力量，使他自己想思考，并最终获得知识以及获得良好的品质和审思的自由行动，所以在教学中儿童同样直接处在教育者的心目中，像在其他教育中一样。但作者想把他学生获得的认识储备完全称为第三者。教师与学生同时要探讨这第三者，因此我们强调，那么在其他所有教育中都有这种第三者。因为第三者不管是知识系统，还是感觉系统、品质系统或行动系统，这都一样。我们把管理的文字游戏留给读者自己去评价。

第 378 页称：“现在便容易对训育的概念下定义了。”而如何下这个定义的呢？“它与儿童的管理有共同的特征，它是直接对儿童的心灵发生影响的（但第 49 页断定，管理并非要在儿童心灵中达到任何目的，不是吗?），它与教学共同的地方在于它们的目的都是培养。”我们要问，它到底有什么同教育一样和不一样？应当再一次尝试来定义时间，并把它与管理、教育和教学区分开来，并再把后者区分开来。尽管在本书的最后可以找到这种区分，但区分对一些人来说仍可能是困难的。是的，作者在“一、训育对性格形成的关系”一节中自己作了定义：“对青少年的心灵产生直接影响，即有目的地进行的培养，就是训育。”但通过这一定义我们并没有获得什么认识，因为我们不理解，作者关于直接影响在这里说什么，因为每一种对别人心灵产生的影响只能通过某种手段来实现。所以我们不了解，直接的特点是如何把训育同教学和教育区别开来的。当我们读到，管理先开始，然后让位于训育，而训育又应当先于教学停止，当训育超过时间还在继续下去时，它是极有害的，但作者并没有给我们指出什么时候应决定停止的标志，这样事情就变得更加混乱了。“二、训育的措施”。虽然作者答应指出管理和训育措施的其他区别，但他并没有兑现诺言。因为他没有把他所说的管理措施同训育措施加以对比。从家庭与国家的比较中应得出关于惩罚程度的一些重要结论来。书评认为这种比较按照作者在第一编有关场合发表的意见来看是不可能的和不合适的。作者自己也说：“在这方面是缺乏原则的（真的缺乏，还是作者看来是缺乏的?），但我所要借用来作为例子的，我将尝试尽可能简单明了地作出说明。我们应当把违法本身同反对家庭警察的这种违法区别开来。违法本身，如一种坏的意图变为行为（故意），或明知要留意而不留意，以致产生了损失（部分过失），毫无疑问，不管是否了解事先作出的规定，这些违法行为都可以予以惩罚。在惩罚时要考虑可罚程度，在这方面管理仅着眼于行动造成的结果，而训育则还要看尚未付诸行动的意图。凡是在应当有意图而缺乏意图——如忽视——的情况下，惩罚往往可以是较轻微的，越不能证明过失一定会有意图，惩罚程度就应越轻。必须通过规定使人了解家庭警察并记住他。其惩罚可以根据事情的重要程度而定轻重。但是，在这方面教育者必须特别防止不将这种惩罚与影响心灵的行动混合起来，后者应只留给训育措施去完成。惩罚的等级划分对于国家来说尚且是难的，对于家庭来说就更难了。在家庭中一切都必须化为小事来处理。但这主要取决于管理的调子，通过这种调子，儿童必须感觉到，他在这里过去不是，现在也不是被作为学生来对待的，而是被作为社会中的一个人来对待的；他必须借此来为他在未来社会中的生存做好准备。从某种程度上说，精明的儿童管理乃是教学的一部分。训育的调子则完全不同，不是短促而尖锐的，而是延续的、不断的、慢慢地深入人心的和渐渐停止的。因为训育要使人感觉到是一种陶冶。”笔者不太容易地读完了这一些不彻底的和不确定的内容，现在说精明的儿童管理应是教学的一部分了，尽管第375页明确地说，不能把它算作教学。在家庭警察的惩罚方面教育者应小心防止受到深入心灵的行为干预（为什么不?），以便只让训育措施作出这种惩罚。这是一种多么随心所欲的、矛盾的、毫无根据的见解！我们要问作者，他自己是否尝试过按这本《普通教育学》去进行教育，比如说，他是否成功地采用短促而尖锐的管理调子与延续的、不断的训育调子，并感觉到了两者对其学生产生了独特的影响。下面一节像前面所有各节一样进行了分析，因此我们只要指出内容就足够了。“一、偶然的训育与连续的训育”“二、按特殊意图进行训育”。

书评或者根本不必对本书作出评价，或者必须像现在这样作出详细评价。书评作者选择了后者，但不是这本著作的重要性而是它涉及的科学的重要性促使他这样做的，书评作者希望借以消除它的各种有害影响。本书作者在公开的讲座中作的报告谈到了他的一些论著的内容，这些论著之所以应受到尖锐的批评，是因为年轻的大学生们非常容易相信他们老师的话，所以也会在老师的论著中找到颠扑不破的真理，并在他们实际生活中倾向于无条件地应用它们。在教育界这样一种照抄照搬是多么危险，这也许用不着书评来加以证明。笔者因此把揭开迄今看来借以掩盖着这本书的面纱视为一点贡献，并为那些正在学习教育学与在实践中进行练习的人把这本书的真正的面貌揭示出来。

赫尔巴特对雅赫曼书评的回答[①]

9年前我写了这本《普通教育学》，1806年新年此书已到了书店。1811年10月见到了书评。它的发表，按其结尾所说，是为了揭开借以掩盖着这本书的面纱，把这本书真正的面貌揭示出来。在《莱比锡报》与其他学术性报纸早已详尽地评论了该书以后，书评者还是如此估价自己。其次，这人想帮助听我教育学课的年轻大学生。他在书评中清楚而直接地谈到了他们通常会轻易地相信他们老师的话。换句话说，书评不仅涉及我的书，而且涉及我的教育学教席。我不必迅速作出回答，但现在，当我有机会看到耶拿《大众文学报》对我进行诽谤，并且我也想解释过去的这些错误的时候，我得对该报的编辑部表达我最大的诧异。其中首先是，它让人在读者面前，在任用作者的政府眼中竭力控告这本已出版了6年的书，仿佛作者在这么长的时间中对这一污点保持了沉默，仿佛他必须忍受现在有人把他这一本老作品正式作为衡量他能力与工作是否干练的标准。到底在德国写了多少书，它们一定要在6年后作为它们作者思想忠实反映的证明？只要书评要重新弥补6年中所耽误的，而编辑想反对其他文学报的早期评价，那么他们是应当想到过有关问题的。书评作者不顾一切地大胆公开自己的意见。而我今天大胆地反对他来为我的书作辩护，尽管我现在对于像9年前那样再写一篇感到困难。

当时我正要结束我那相当久的而我乐意做的教育工作。我希望保存我的结果并告诉读者。但这是困难的，因为我的结果是同我的

① 选自赫尔巴特《论我国当代时髦哲学的争论》。

哲学信念十分紧密地结合在一起的，而且因为我的科学研究走了一条早已偏离在公众中流行的教学意见很远的，而且偏离得越来越远的道路。我的教育学没有离开我的形而上学和实践哲学观点，但这些观点我在当时只是口头讲讲而已。当时怎么办呢？我必须把教育学写下来。因为它在我其他工作方面只是附带的事情。在写的时候较可肯定的是在对我的实践进行回忆时丢掉了新鲜的东西。教育学首先应当针对我的听众，但当然也应当针对关心我哲学原理的那些人。可是其他每一位读者也可以找到一些有用的东西。因此，这本书必须包括许多东西，可以谈许多东西。但在当时，计划和真正的核心肯定在许多方面是一个公开的秘密，这只有由以后的哲学论著来加以解说。

假如在我的那些论著发表前来一个书评作者，他首先就《普通教育学》的书名按他的方式哲理性地对这样一本书想出一种格式（而他的格式对于我是不适合的），认为是好的，接着就提出了责怪："在本书中没有提出原则。人们惦念着科学的分类。整本书是各种各样心理学、人类学、伦理学和教育学意见和建议的集大成，没有逻辑，没有必要的定义，用了晦涩难懂的语言。"① 假如他除此之外能给我带来关于他的教育学观点的出色意见，保持适当的界限，特别是让我的听众不要轻易地相信我的话，那么我将对他说，请耐心一点，我亲爱的先生！您没有打开了解我大门的钥匙，因此您很自然会产生责怪。请您稍等，我将去给您拿钥匙。

但我的书评作者碰到了这样一个时刻，此时每个人都知道就我的官方职位来说，首先必须对我的哲学观点作出评价，然后才对我的教育学观点作出评价，现在在所有的书店都有我表明实践哲学和形而上学主要观点的论著。

按照书名，我的《教育学》是从教育目的引出的，书评作者可

① 赫尔巴特在这里没有完整地援引书评的原话。下同。——译者注

以随便打开这本书，看到对这个目的的详细定义与说明有一定的篇幅。这个目的，用我的话说就是道德，也就是一般实践哲学。第一眼就可看到。它指出（《教育学》第83页刻意用大写印刷体）善意与完美这些词要说明什么。它们是两种原始的实践思想，属于道德的基本定义。其次在《教育学》的第86页上写道，德育不是要发展某种外表的行为模式，而是要在学生心灵中培养起明智及其适宜的意愿来。最后一句就是道德实在的定义，像我在《实践哲学》第266页上写的一样，即在它可以和前面所说的一切中找到完整的说明与辩解的地方，作了同样的解说，因为我习惯于为我（完全出于深思熟虑的原因）要简洁地处理的定义定位，使定义的恰当性能得到说明，使人们对此提出的所有问题能自己从各种联系中得到解答。借助上述这些想法（没有我的指点也可以十分容易地找到的这些想法），书评作者大概可以对教育学计划得到如下启示。

教育的目的是道德。道德是认识及其相应意志之间的结合。认识除了一些不确定的、涉及把思想应用于人类生活的知识以外，还包括各自独立的5种实践思想，相应的意志由一些截然不同的成分组成：原始而不确定的多样性的力量、天生的善意、对思想的注意、对意念可能起反作用的在各种必要场合对内心追求的竭力克制。道德这独一无二的词为教育提出了高度概括不存在这样一种简单的基本力量，只能在机制上发展起来形成道德，所以这个词就更具概括性了。道德概念的某些特点使教师有机会首先把目光投向学生。从所有其他角度看学生是非常不确定的，他是一种向各个方向努力奋斗的健壮的人。因此，他对其他实践思想没有多少意义，首先必须按完善的思想来评价他。当完善涉及力量的意向、伸展与集中的时候，它是具有三重性的（请比较《实践哲学》第90、91页和《教育学》第84页）。学生的力量意向大部分是一种天性；对主要事物的注意力集中在以后的年龄阶段才有可能与适当；而剩下来的是伸展，或者说是力量向某些事物的扩展——扩展得越多越好！

由于完善的思想并不是全部道德的标志，确切地说全部实践思想在其得到应用的所有方面是相互制约的，因此与一系列较明确的定义与界限相对立的这一概念越来越成为教育学说必须探讨的首要概念了。对道德概念的第一眼观察马上就从各种界限中产生了这一点：力量向奋斗的多样性扩展不允许产生与欲望和要求的同样多的多方面性（《实践哲学》第272页）。因此，可以这样来把握教育任务：兴趣的多方面性将作为意向（《教育学》第85、86页）。而因为力量扩展的途径是人们向学生提供一系列事物来吸引他和驱使他，所以为了完成任务必须有一些第三者放在教育者与学生中间，作为教师对学生开展工作的东西。这种东西叫作教学，第三者就是在其中进行教学的事物。这里应有的教育学说的部分就是教学论。

因此，教学论应置于其他关于教育者对学生采取什么行为的学说前面。这里它不可能马上获得完全的尊严。但当培养全部道德的任务重新在很大程度上被提出来，以至于主要事情将由教学按第一种观点来进行，并只有对一些规定作出补充的时候，它才会获得它的全部尊严。这方面可以与我的《教育学》很长的第三编第四节作一比较，这是本书的最高点，从这一点可一览全书，批评者在拿起笔来写书评以前，本来是应当理解这一点的。这本书的编排是《普通教育学》的一种尽可能适当的编排，假如这一点一开头并没有显示出来的话，那么现在从这一节处出发可以看到了。

我们现在把教育学说的两部分区别为：教学论——它是基于全部教育问题范围内的特殊任务之上的。道德性格形成的学说——它在最困难与广泛的部分结束之后，再一次地探讨教育问题的整体，以便对教学论补充一些必要的规定，这些规定涉及教育者如何对待学生的行为问题。我把这种行为称为训育。在某种程度上这种行为是直接由培养学生获得道德的要求决定的。

但是，教育者在贯彻上述一切规定时不可避免地会陷入与学生的另一种关系中，而不是真正从主要问题引出的那种关系中。后者涉及学生将来将成为什么样人的问题——一个有道德的男人或是一个有道德的女人。但现在当学生还是男孩或女孩的时候，应从其角度出发关心一系列事情。这些事情是必要的，即使不考虑道德培养也同样。这些事情在我们能够开始教育之前必须先完成。孩子们必须在学校中开始听教师讲课前规规矩矩地坐着，必须不攀越邻居的篱笆，因为邻居要保护他的花与水果。在应当考虑培养儿童正义感以前，首先应轮到上述这种思考。我把这一切事情概括为“儿童的管理”这个名字。而我认为非常有必要把教学从真正的教育学思考中分离出来，因为教育者不知道他要做什么，而且假如他不明白他要做的有多少应放在教养方面，有多少应通过管理这第一种要求来决定，并决定对他的这种管理作出怎么样的修正和补充，那么他就会对自己的计划不知所措。人们可以不必询问确定儿童管理目的的某一种正面的定义。教养与非教养是矛盾对立的两方面。它把真正的教育同管理区分了开来，而且不是教育者措施的区别，而是其概念的区别。他应当通过这种区别对他的所作所为作出说明。各种措施往往是交叉的，这就像在人的所有行动中几种动机同时在起作用一样。

因此，管理、教学和训育是三个主要概念。全部教育学说可以按这三个概念来论述。在对这些概念本身有了应有的理解后，对于知道如何同儿童交往的人来说，贯彻这里产生的三方面工作中的第一方面工作是相当容易的。我可以不再停留在这一点上了。在教学学说方面出现了大得多的困难。教学学说不能按要训练的心灵能力来划分，因为它们在这里仅仅是达到目的的手段。这些手段如营养品一样必须按天性和机会来应用，并在各种场合像一种完全有弹性的材料一样按教育学观点来组织。写一部教育学，使它摆脱旧心理学谬误与那些常常无条件地传授他们原本为学术应用而编写知识的学者习惯，这就是我这一本书的主要着眼点。假如说格拉泽尔式的占卜说早已存在，那么我将可以说，写一部摆脱宗教最新幻觉的教育学也曾是我的目的。在教学学说中可以和必须细分的，并且在把科学应用到教育学上时任何地方都要确定疑点的主要工作首先是，区别我们力求通过多样性的教学培养学生具有的心灵状态，或各种要使学生获得的兴趣，把它们区分为经验的兴趣、思辨的兴趣、审美的兴趣、同情的兴趣等。我在我的《教育学》中对此作了详述。谁想攻击这一点，对此我表示不能同意，因为我首先要求教师在这种区分中非常谨慎地把握方向，练习把各种教与学同此联系起来。谁不这样做，谁一定是一个十足的经验主义者，在我的眼中不是一个理论家。运用每一种科学的程度、文科中学和市民中学中教学的安排、把握各种辅助手段、为了同一个目的——同样对杰出的、较弱的或荒废了的学生这些主体作出恰当的教学选择——这一切以及其他一切对于经验主义者来说是难以作出决策的。这一切取决于不论在什么时候（在所有不同的状况下和为此采取不同方法的时候）都应去尝试使不同的兴趣达到平衡。这条规则是如此普通，以至于包括了女性及男性的教养，尽管借以激发起上述各种兴趣，比如思辨的兴趣，是多么不同。

其次，这一切兴趣在人身上始终应当尽可能处在平衡中，因此已作出的区分虽然适用于在任何可教育年龄阶段儿童都必须关心的兴趣的多样性，但这并不是借以对教学的进度作了规定。这包括一种完全不同的划分。要找到这种划分方法必须考虑人的各种心灵状态是如何变化的，如何一个接着一个发展的。对此的一般规定对于每一种兴趣来说只是一般规定，因此，假如已经找到了现在在找的一种区分（包括专心与审思的区分），那么这样那样的区分将是相互交叉的，各种区分由于一切其他成分与每一种成分有关而相互交织在一起。

从中可以看出，如同数学家说的那样，《普通教育学》的计划必须同有几个人的宴席相似，用一般的表格形式可以借以将 A 分为 a、b、c，又可以将它们再分成 α、β、γ，这里不必对 A 的各成分同B的各成分的进一步关系作解说了。当还有第三种区分，即真正的教学形式（纯粹提示的、分析的、综合的教学形式）与前面的相交叉时，就更不必多作解说了。因为教学论计划就是说明各种区分本身和把各种区分逻辑而综合地联系起来，采用的方法我已在我的《逻辑》的第一章结尾处说过了（《哲学导论教科书》，在关于形而上学要点的附录中）。

关于我的教学学说赖以为基础的计划的本质我在这里就想说这些。借以编写性格形成学说的计划也完全相似。谁记住了关于各种概念的整个划分，并已尝试过想一想它们是如何交织在一起的，那么他在浏览全书时，我相信他已获得了一幅地图或一个轮廓。只要不要求高级心理学的话（今天还不能对任何一种教育学提出这种要求），那么在这一轮廓中对任何一种教育学思考来说都很容易地可以找到其所属的位置。但今后来论证高级心理学是我在想写这一本《教育学》前就确定的目标了。在我这本《教育学》中我只能把这种真正的心理学作为还不存在的事物提一提罢了。因为在我新近进行的尝试中还没有想到。但编写这本《教育学》的计划是在以往实际尝试以后经过长年考虑确定的，在我拿起笔来写以前，这个计划经过了多次琢磨。所以写作本身进行得较快。不过计划并不完善，有些地方几乎是空白的与难以理解的，另一些地方在出现种种希望的情况下，即希望能为不了解我的哲学原理的读者作出说明的情况下，作了较为详尽的阐述。今后要给同一副骨架添上完全不同的肉，对我来说也许不难了，但这在9年以前怎么可能呢！当时我不可能通过援引某一种哲学论著来得到帮助，当时的时代哲学不如说在每一点上都给我设置了障碍——今天我对此还不知道可说什么。

而现在请判断那位把本书看成各种各样解释与建议的集大成而说它不是逻辑地（即不是按A、a和α）编写起来的人究竟对全书理解了多少！这位先生把他冗长的、空洞的谈论分4块在耶拿《大众文学报》上连载，现在大多数人都把它忘记了，而我不想给自己，也不想给读者带来苦难。把这位先生的这种谈论像刚刚发表的新评论一样作一番分析，后者与这位先生的评论相比更有见解得多！不过两者提出的教训（我不知道是针对什么样学生的）是一样的。这里仅举一个例子："我们的意见是，没有哲学根本谈不上普通教育学，而且我们在原则上把教育学本身就视为哲学。"正是这样！因此书评作者恰恰应当探讨作为我的《教育学》源泉的哲学，而不是他自己的哲学，并从我的哲学出发来解说教育学。

书评继续说："为什么作者不首先着手探讨心理学呢？他是了解心理学的可能性和困难的，而这已是一半工作了呀！"一半工作！哦，时髦的哲学家！你的心理学是如此容易吗？

"作者剥夺教育者所有获得经验的兴趣。"不，天哪！我只是想人们能真正地获得经验。教学谈到了这一点，谈到了可以如何获得经验，但不是在若干年不考虑教育工作者后提出他的经验。

"不过遗憾的是作者没有确定教育与教学的正确关系。这两个概念的区分不管在这里（绪论中）还是在别的地方都找不到。"而我遗憾的是，书评作者只见树木不见森林。没有什么比这种关系被我说得更认真、更详细了。整本书对此作出了论证，几乎可以说，只对此作出了论证。但这话题集中地、特别强调地说的是第三编的第四章，尤其是第二条完全直接地谈有关方面的问题，标题是"思想范围对于性格的影响"。这方面书评作者为了了解这里在谈论的教学与教育的关系还应当想一想：教学首先是要培养思想范围，而教育是要培养性格。后者不可缺少前者——这当中包含了我的《教育学》的主要思想。

"什么样的一种教育学语言！"书评作者夸张地说，我在谈论肯定要与儿童一起生活的人。而相反我要呼喊：批评者有什么样的一种理解力！他不懂这里指的是那些不懂教育学的雇佣，他们把神圣的工作视为讨厌的义务。下面是从幼稚到曲解的典型。这种幼稚对每一本书急于作出评价，它教导人们要把严肃与讽刺区别开来。这样一种幼稚——我不知道能用怎样的温和的名词来称它——早已比给我设置障碍有过之而无不及了，有时还是带有粗暴的指责的。

“教育者决不会变成警察。”这种说明也许在用一系列警察方式压制教育工作的地方有用，这些形式在儿童世界的用处是非常有限的。这一说明之所以针对我，是因为书评作者无法了解原委：管理者的动机与教育者的动机可以结合为同一种教育工作，而只在想应当有一半管理工作，一半教育工作。这种胡思乱想完全不是什么新的，而是由每个教师熟悉的思想变出来的（即使在表达上有些陌生）。所以在儿童早期重点是管理，在以后把那种仔细的处理称为训育，并作为重点。

“作者根本没有一种坚定的出发点。”我可以联系上述关于我这本书的计划的思考来加以回答。

“一个并非无所不知的教育者怎么能知道学生在未来作为成年人将达到什么目的呢！”书评作者想把它的作者打倒在地的智慧是多么俗气！此外，这位书评作者不比那个对我《哲学导论教科书》的评论者更善于阅读，否则他就会读到我这本书的第 83 页处了。我在那里回答了一个问题，它是书评作者提出的问题的前提。回答是这样的：这种目的的对象作为纯粹意向的事情对于教育者来说是根本不感兴趣的。得到考虑的是愿望本身，是活动。这个问题的一丝不苟的答案是在《实践哲学》中关于完善思想的学说。

“再也没有比否定理智和道德的目的更不幸的想法了”，书评作者没有理解这种想法，因为他想不到，这是一种只有他才能按其余各种实践观念作出进一步决定的想法。

“我们看到，恰恰是同上述说法发生矛盾，这种目的的对象对于教育者来说是不感兴趣的。”哦，多么令人惊讶！书评作者真的阅读过，可是他上述毫无根据的谴责又一次没能把漏洞堵塞。好吧！也让我的反驳这样写！其次，我在这里对我的这本书作一精确的说明，我一直是把我完善的思想作为用现存方式推敲出来的，是与教育学有联系的。

“假如作者完全看到了一切教育的唯一目的，并从这一点出发阐明整个教育学说，那么他的这本著作的结构与阐述就完全不一样了。”相反！作者非常仔细地看到了唯一的目的——道德，并正因为如此，即因为他觉得这一个目的非常神圣和丰富，所以像其现在那样建构与阐述。

现在我已回答了书评一半以上的评论，但书评没有超越我这本书有准备的思考。耶拿《大众文学报》的两整版却言之无物。书评第 3 块的第 1 页也同样只是说出了书评作者没有理解。那么究竟为什么要写书评呢？无疑因为他的理解是事物的标准！此外，我应当想到，也许不难理解，在兴趣多方面性存在的地方，必须常常有从一件事过渡到另一件事的心灵状态出现交替的情况，但这种交替为了不至于分散起见，应回到心智的集中上——对许多不同事物的专心应当回到对所有这些事物的审思上来，也就是说所要求的兴趣的多方面性不但需要专心，而且也需要审思。而这些尽管我在我的书中作了比这里更简短的、明白的阐述，但作者还是不懂。

书评就这样空洞地延续着，以至于我不得不想起了一句古老的格言：空空如也。要不是对这个书评绝对的空洞无物还能找到下列一段美妙的论证，我也许真的可以就此搁笔了：

“结论如下：‘教学一般应当指明、联结、教导和给予哲学的观点。在同情的事项中，教学应是直观的、连续的、令人振奋的和深入现实的。’为什么教学应当这样，而不是别的那样，而且不多不少，这些问题没有予以证明，而只是说，这些话是不容易说明的。但这能说这是科学的论述吗？”

从书评的这一段可见一斑了。

指明、联结、教导和给予哲学的观点等这些话是与清楚、联合、系统和方法有联系的，后者在第一章中已作了阐述。直观的、连续的、令人振奋的和深入现实的等这些话在这里是注意、期待、要求和行动的标志，后者在第二章中作了说明。这些话作为标志应当得到它们的应用，这在第176页可以看出。那里这样说："在培养同情心时，应十分重视使兴趣能够达到高级阶段，即要求与行动，而其他培养方面则是以注意与期待为终结的。"

上述这些话是把第232～261页上表格中出现的说明联结起来的完全必要的标志。在这些表格中上述一切都有联系地作了论述，即同包含教学最普遍形式规定的第一、二章相联系作了论述。比如第232页写道："让儿童指出各种事件可以放在一切活动之前进行。"这里在提出"指出"时应当联想到在第一章说过的如何使学生清楚他们应当专心思考的观点的一切。

因此，谁不能说明这些话，即谁疏忽了本书的计划，而简单地断定，按我的习惯建构的计划连我自己无知的眼睛也不能马上看出的话，那就不是什么计划了。那么我要说，他没有能力跨过用各部分之间必要的联系手段建立起来的桥梁。

这里作为书评作者的他说出了对他自己的评价。

假如有必要对这一评价作一点补充的话，那么可以提供这样的情况：上面提到的第三编第四章完全是为说明全书而定的，并仅以各块需要而得到了引用，而这位书评作者为了无话找话，把第一编中的所有深思熟虑的观点硬是搞得支离破碎。书评认为对全书作出的各种注解，即属于心理学和道德哲学的各种概念在这里大部分是与教育学无关的。

而我要再一次问一问，耶拿《大众文学报》编辑部怎么能刊登这一书评?！从这一书评的各方面发出的唯一刺耳的声音是：我对作者不理解！

可我利用这个机会对这一书评所讲的话不仅关系到我，而且关系到我当时在兰茨胡特大学正直的同行克彭，如果不厌烦的话，还可以说，涉及所有德国大学的全体教授。我已经从书评的结论中作了上述引证，在这一结论中谈到了公开讲座上我讲的课，谈到了年轻大学生的盲目追随以及消极影响的防止，这种影响涉及像教育学这样重要的科学。也许大家会想，这是这类书评的极端。不！耶拿《大众文学报》走得更远，它超过了自己。请看1814年5月第83期，那是弗里德·沙夫贝格的讲话，据说他分析了“克彭学说极有害的结论”。书评者继续写道：“这种结论是可悲的。而如果我们想哲学教师对他们学生的未来思维与行为方式产生重要的影响，那么我们不得不衷心希望，在选择教师时只能根据科学和性格决定的功绩，剔除每一个不称职的教师，或尽快地重新开除他们。”

我们看到，这里关系到职位与面包！假如哲学教授们同他们上司关系不太可靠的话，那么现在是他们在自己的法律顾问那里询问他们必要时可以在什么情况下用什么方式控诉耶拿《大众文学报》编辑先生的诽谤和谴责或诸如此类的做法的时候了。

至于我，最近至少有一个书评作者想在耶拿《大众文学报》上用坦率而简明的语言提议撤我的职。我将告诉枢密官艾希施泰特先生，但不采取法律行动。我认为我对受到我明智的上司的保护是有把握的。上面提到的艾希施泰特先生无疑也听到了读者的一些评价，也许会暗暗地更小心地注意不因书评者的激动而怀疑他自己的评价。正因为如此，我衷心地请求书评作者今后能发表一些出色的书评来评价我，以便让我不得已投入的笔战用交谈的方式来代替无聊的责难。我永远会感谢富有思想的书评，也永远不怕尖锐的批评，因为大家都知道，这种批评起因于人们爱好自己独特的体系，并尽可能反对一种新的东西。

古宾嫩政府参事雅赫曼先生以前是但泽耶考文科中学校长，他抛出了从标题看是对《教育学》作出评论的一只又大又空的瓶子。我现在猜，他在得到我的必要说明后正关心如何装满他的这只瓶子，换句话说，他将会对我这本书作第二次评论。事实上，这是可行的。这出于两点原因：第一，我在这里要说明——这是没有理由事先规定的——我请求把我的《教育学》就其主要内容看完全作为一本刚刚才由我写出来的书；我一点也没有对涉及我某些地方文风和描述的谴责表示恼火。第二，政府参事先生在这里将会找到最好的机会来改进他自信的粗心，好像他正是在他对克劳斯的一部分草稿的出版具有敏感性的时候，成功地对我这本书作出了评论。而且，他没有一点点原因由于我没有请求原谅，相反仅仅愿意十分恭敬地聆听更高指示而对我发怒。不过参事先生想必十分了解，从这方面对他党派性产生的怀疑增加了。这种怀疑像事情本身一样是很自然的，因为一个正派的人会发现在这样一些情况下只能写出轻浮的、目空一切的书评来。

总而言之，我希望时髦哲学用一些话来表明，我多么不想不公正地对待它。它是人的天生弱点，而其本源是不坏的。希望随着他所处时代一起前进的人像我们在日常生活中服从感性印象一样会服从对流行哲学体系的全面印象。而假如他要从现代文献中为自己选一篇偏爱的哲学论著的话，那么这方面无疑会以一种对科学朦胧的敬重为基础的。因此赶时髦的哲学文章始终比讨厌的、根本不关心超感性的经验主义好，比脱离各种思考的明显狂热要好。

最后我请读者不要用不恰当的眼光看我这篇小小的争论文章。每一种生活方式都有它的不幸之处。我的生活方式使我不断地遭到非议，我不能完全无动于衷地接受这种非议。真理表明常常会受到误解。假如我们十分软弱的耳朵害怕噪声，不可避免地造成饭碗被砸碎，那么我们就不可能了解智慧的核心了。

赫尔巴特生平及著作年表

1776 年 5 月 4 日	约翰·弗里德里希·赫尔巴特诞生于德国奥尔登堡。他父亲是当地的一名司法官，母亲是一位医生的女儿。
1788 年	进拉丁语学校二年级学习，该校于 1792 年改为文科中学。
1794 年 10 月	进耶拿大学学习。
1795 年	发表 6 篇关于哲学史的论文。
1797～1800 年	在瑞士伯尔尼的施泰格尔家当家庭教师。1799 年在布格多夫结识裴斯泰洛齐。
1802 年	取得博士学位与教授备选资格，并成为格廷根大学私人讲师。其间发表《论裴斯泰洛齐的新作〈葛笃德怎样教育她的子女〉》《致三位太太》《裴斯泰洛齐的直观教学 ABC 思想》。
1802 年 12 月	母亲去世。
1804 年	在不来梅作题为《论评价裴斯泰洛齐教学方法的立场观点》的报告。 发表《论对世界之审美描述是教育的首要工作》《裴斯泰洛齐教学方法之批判》。
1805 年	任格廷根大学副教授。
1806 年	发表《普通教育学》《形而上学概要》《逻辑概要》。
1807 年	完成《哲学导论讲义》一书，发表《审美判断》。
1808 年	发表《一般实践哲学》。

1809～1933 年	任柯尼斯堡大学教授，接任康德教席。
1809 年	发表《论师范学校的建立》。
	父亲去世。
1810 年	发表《论公众协作之下的教育》。
1811 年	与英国一商人的女儿玛丽·厥克结婚。
	发表《关于音学的心理学见解》和《关于教育学的阴暗面》。
1812 年	发表《哲学导论教科书》。
1814 年	发表《论自愿服从是君主政体中真正公民意识的基本特点》，完成《心理学体系》一书。
1816 年	发表《心理学教科书》。
1818 年	发表《论学校与生活的关系》和《对班级的教育学评定》。
1822 年	发表《论数学应用于心理学的可能性与必要性》。
1824～1825 年	完成心理学的主要著作《作为科学的心理学》。
1828～1829 年	发表《一般形而上学及自然哲学入门》（两卷集）。
1831 年	发表《简明哲学百科全书》《关于心理学在教育中应用的几封信》《论唯心主义同教育学的关系》。
1833～1841 年	任格廷根大学教授和枢密顾问。
1835 年	发表《教育学讲授纲要》。
1838 年	完成《对格廷根危机的回忆》一文。
1839～1840 年	发表《心理学研究》《关于心理学的格言》《关于实践哲学的格言》《关于教育学的格言》。
1841 年	《教育学讲授纲要》再版。
1841 年	在格廷根去世。